GRANDES LÍDERES

30 conversaciones reveladoras sobre el liderazgo

GEORGE BARNA

CON BILL DALLAS

UN SELLO EDITORIAL DE TYNDALE
HOUSE PUBLISHERS, INC.

Visite la página de Tyndale en Internet: www.tyndaleespanol.com.

TYNDALE es una marca registrada de Tyndale House Publishers, Inc.

Barna y el logotipo de Barna son marcas registradas de George Barna.

BarnaBooks es un sello de Tyndale House Publishers, Inc.

Grandes líderes: 30 conversaciones reveladoras sobre el liderazgo

Diseño: Stephen Vosloo

Traducción al español: Adriana Powell y Omar Cabral

Edición del español: Mafalda E. Novella

Publicado en asociación con la agencia literaria de Fedd and Company, Inc., 9759 Concord Pass, Brentwood, TN 37027.

Originalmente publicado en inglés en 2009 como *Master Leaders* por Tyndale House Publishers, Inc., con ISBN: 978-1-4143-2624-5.

Library of Congress Cataloging-in-Publication Data

Barna, George.
    [Master leaders. Spanish]
    Grandes líderes : 30 conversaciones reveladoras sobre el liderazgo / George Barna con Bill Dallas ; [traducción al español, Adrianna Powell y Omar Cabral].
        p. cm.
    Includes index.
    ISBN 978-1-4143-3296-3 (sc)
    1. Leadership—Religious aspects—Christianity. I. Dallas, Bill. II. Title.
    BV4597.53.L43B3818 2010
    253—dc22   2010018729

Impreso en los Estados Unidos de América

16   15   14   13   12   11   10
7   6   5   4   3   2   1

CONTENIDO

Reconocimientos

Debo una palabra de agradecimiento (o más de una) a las muchas personas que contribuyeron a transformar una idea interesante en una realidad tangible. Me siento honrado por la confianza que depositaron en mí y por su deseo de colaborar conmigo en este proyecto. Mi agradecimiento sincero para:

Los treinta grandes líderes que aceptaron ser entrevistados para este libro y que me permitieron usar el recurso más valioso que tienen —su sabiduría sobre el liderazgo— para ayudar a los lectores a entenderlo mejor;

Bill Dallas, presidente de CCN y antiguo compañero de aflicción (por ser como yo fanático de los Yankees), por la idea que motivó este libro y por lograr contactar a la mayoría de los líderes que participaron en este proyecto;

Deb Layman y Jay Mitchell, el equipo de tareas de CCN, quienes persiguieron a muchos de los líderes para solicitarles su participación y programaron las entrevistas;

Karen McGuire y Phyllis Hendry, quienes dirigen la organización Lead Like Jesus (Lidera como Jesús) junto con Ken Blanchard, por permitirnos gentilmente entrevistar al equipo de líderes del congreso 2008 de Lead Like Jesus, y por sus esfuerzos adicionales para facilitar las charlas con otros líderes con quienes tienen relación constante;

Esther Fedorkevich, no sólo por colaborar conmigo como mi eficiente y confiable agente en este libro, y por alentarme cuando el esfuerzo parecía poco prometedor, sino también por buscar insistentemente a varios de los líderes a los que finalmente entrevistamos;

Julia Dinwiddie y Marcia Zimmerman, quienes transcribieron con alegría y eficiencia más páginas de conversaciones de las que alguna vez se imaginaron que les encargaría;

Doug Knox, Jan Long Harris, Sharon Leavitt, Lisa Jackson y Sarah Atkinson de Tyndale House Publishers, por su estímulo para conmigo y compromiso con el proyecto, y por la buena voluntad de prorrogar los plazos de entrega mientras yo me esforzaba por definir qué hacer con el tesoro escondido de sabiduría que se había acumulado para que yo lo administrara;

David Kinnaman, Terry Gorka, Pam Jacob y Lisa Morter, mis colegas de The Barna Group, quienes una vez más me apoyaron mientras estuve ausente trabajando en este proyecto;

Bill y Amy Schultz, Dan y Katie Tapia, Tim y Tia Tice, Jack y Jana Woodruff, Tammy Anderson, Connie y David DeBord, Joel Tucciarone, Steve Russo, Kai Hiramine, Dona Eggar, Brant Gerckens y Jeffrey Barsch, quienes pidieron a Dios que bendijera mis esfuerzos por hacer que este libro sea práctico, útil, que transforme a las personas que lo lean y que enriquezca el reino de Dios;

Nancy, Samantha, Corban y Christine Barna, mi amorosa familia, quienes una vez más oraron conmigo y por mí respecto a este libro, y me animaron a seguir adelante cuando la situación se ponía difícil. Ellos se encargaron de mis obligaciones de rutina para que yo pudiera cumplir con las dos veces pospuesta fecha de entrega. Ellos me alentaron cada día a lo largo del camino de todas las maneras posibles. Los amo más de lo que se imaginan y me siento bendecido por tener una familia como la nuestra. Nancy, el ánimo que me diste después de leer los primeros capítulos me permitió respirar con libertad durante el proceso de escribir, lo cual ayudó considerablemente mis funciones cerebrales.

Gracias a todos ustedes. Espero que estén satisfechos con el fruto de nuestros esfuerzos conjuntos.

PREFACIO

ESCRIBIR ESTE LIBRO FUE una experiencia increíble y maravillosa. Disfruté muchas horas en compañía de treinta de los mejores líderes de Estados Unidos. Luego de haber pasado más de veinticinco años liderando, estudiando el liderazgo, escribiendo y enseñando acerca de él, no podría haber pedido una oportunidad más emocionante y exigente.

Cada cita que usted lea en este libro fue pronunciada por el líder al cual se la atribuye.

Sin embargo, tengo que confesarle algo. El contexto en el que se hicieron las declaraciones no fue el que se menciona en este libro. No existió un Encuentro de Grandes Líderes, con esos treinta dirigentes presentando sus ideas, ni una sala de espera en la cual compartíamos ideas y debatíamos entre nosotros. (Sí existen Encuentros de Grandes Líderes que se están llevando a cabo a lo largo del país, en las que participan algunos de estos líderes, pero ninguna podría darse el lujo de reunir bajo el mismo techo a todas estas personalidades, aun si milagrosamente se pudiera coordinar sus agendas.)

El proceso real fue mucho más tradicional. Compartí tiempo con cada uno de los treinta "pesos pesados," haciéndoles una serie de preguntas tipo y grabando sus respuestas. En total, preparé más de 150 preguntas relacionadas con las diferentes dimensiones del liderazgo. Luego elegí una pequeña porción de esas preguntas para hacerle a cada líder, adaptando los temas a sus áreas de interés particular, o a su experiencia, y a la cantidad de tiempo que tuvo a bien brindarme. Lo que usted leerá es la fiel transcripción de sus respuestas a las preguntas, aunque dichas declaraciones fueron proporcionadas en un intercambio más íntimo (ellos y yo) que el de una charla interactiva entre un grupo de colegas, tal como se describe en las siguientes páginas.

¿Por qué recurrí entonces al enfoque de "conversaciones en la sala de espera"? Le hago esta pregunta: ¿Qué le resultaría más interesante leer: la transcripción de treinta conversaciones uno a uno que abordan las mismas preguntas una y otra vez, o una presentación de diferentes pensamientos sobre un mismo tema reunidos en una conversación virtual?

Después de semanas de preocuparme por cómo hacer para que todo este fabuloso contenido cobrara vida para lectores que generalmente son muy versados en la doctrina del liderazgo, que están comprometidos en la práctica del mismo y que con frecuencia son personas impacientes y atareadas, un pensamiento me vino de pronto a la mente: crear el evento máximo de liderazgo e informar lo que había pasado entre bastidores, donde los líderes habían discutido entre sí.

Luego de haber participado en docenas de seminarios de líderes a lo largo de los años, tengo que reconocer que la mayor parte de lo que ocurre entre bastidores en esos eventos es sumamente aburrido. Los líderes generalmente disfrutan de estar juntos, pero por lo general hemos pasado por un viaje agotador para llegar a la reunión y estamos tratando de concentrarnos en los temas a desarrollar mientras pensamos en cómo y cuándo llegaremos a la próxima parada del itinerario.

Sin embargo, ocasionalmente hay un momento para relajarse y disfrutar de la compañía de los otros. *Grandes líderes* está basado en esos momentos mágicos, aunque sean escasos e infrecuentes. El relámpago destella una vez cada tanto, ¿verdad?

Como una especie de garantía de control de calidad, luego de terminar el manuscrito lo hice circular entre los líderes que había entrevistado, para estar seguro de que se sentían cómodos con la manera en que estaban representados en estas conversaciones. Después de hacer algunas modificaciones menores, obtuvimos el contenido del libro que ahora usted tiene en sus manos.

Así que, de alguna manera, lo que realmente tenemos aquí son los "grandes éxitos" de cada uno de estos líderes. He aquí algunos de sus mejores pensamientos en relación con los temas del liderazgo que están presentados en este libro. Y, a riesgo de sonar presuntuoso, este es el tipo de libro que me gustaría leer para explorar dentro de la cabeza de las personas que han estado asesorándome a lo largo de los años y que han demostrado, sin lugar a dudas, conocer el tema del liderazgo de una manera extraordinariamente sólida.

Como autor de casi cuatro docenas de libros sobre el liderazgo, la fe y la dinámica cultural, he ingresado en el proyecto de cada libro con grandes esperanzas y sinceras intenciones, pero he terminado cada uno con diversos sentimientos. Algunos libros parecían aportes muy positivos al mercado de ideas. Otros eran esfuerzos valerosos, pero no parecían lograr lo que yo había esperado. Me complace decir que este es uno de esos libros de los que estoy muy orgulloso de haber desarrollado. Tuve que superar un comienzo desalentador: el de tratar de convencer a una lista estelar de líderes increíblemente ocupados y solicitados para que me concedieran una hora o más de su tiempo, a fin de poder captar algo de su capital intelectual. Sorteado ese obstáculo, la próxima barrera fue la enorme cantidad de contenido acumulado: más de quinientas páginas de transcripciones con una amplia variedad de comentarios. Darle sentido a todo eso al principio me pareció una tarea imposible, pero al final, por la gracia de Dios, terminó siendo un desafío verdaderamente placentero y educativo, que estoy seguro convencerá a los lectores, de manera intelectual y emocional, sobre las dimensiones determinantes en la práctica del liderazgo.

En un momento dado, a comienzos del proceso, mi editor me llamó y me preguntó si el libro iba a ser bueno. A veces, cuando los editores han depositado un anticipo de los derechos en la cuenta bancaria del autor, necesitan alguna seguridad de que su inversión no fue una idea disparatada. Como me manejo con la verdad, admití que no sabía si el libro en sí iba a ser bueno, pero que me sentía seguro de que estaba aprendiendo muchas cosas. Percibí que mi honestidad no le dio al equipo editorial la seguridad que estaba buscando. Está claro que no había aprendido todas las lecciones sobre el liderazgo impartidas por mis mentores, pero en aquel momento no había terminado de hacer las entrevistas y de producir el manuscrito.

Ahora que el libro está terminado, puedo decirles honestamente —a ellos y a usted— que estoy entusiasmado con este recurso. En mi opinión, es ameno, verosímil, perspicaz y práctico. Y mi oración sincera es que a usted le provoque la misma impresión.

Como recomendación, si encuentra que los conceptos de algún líder son particularmente destacados o invalorables, lo aliento a investigar más sobre su razonamiento leyendo algunos de sus libros. En el Apéndice 2 presento una lista de algunos de sus libros fundamentales y más recientes.

Espero que no se sienta molesto ni ofendido por esta propuesta inusual para brindarle una forma accesible de capacitación en liderazgo. Lo que usted leerá son las apreciaciones, ganadas con mucho esfuerzo, de algunos de los grandes líderes de nuestro tiempo, y espero que usted descubra de qué manera se relaciona la sabiduría de cada uno con la de otros líderes de peso. Confío en que usted crecerá como resultado de sus aportes y ponga en práctica las palabras de sabiduría de estas personas.

Deseándole un mejor liderazgo,

George Barna

Ventura, California

Junio 2009

LA FANTASÍA DE UN ENCUENTRO DE GRANDES LÍDERES

¿CUÁL ES SU FANTASÍA?

Me imagino que todos, de vez en cuando, abrigamos fantasías. Si me obligara a confesar la mía, debería incluir un tanto de básquet en el último segundo para definir el campeonato de los Lakers; ejecutar una interpretación estelar de bajo en un concierto con localidades agotadas en la banda de Eric Clapton; y escribir un éxito de ventas que llegue a ser decisivo en la transformación de millones de vidas.

Ah, y una más: me encantaría pasar un día charlando con los mejores líderes del país para descubrir sus percepciones personales sobre cómo ser un mejor líder.

¿Se ha cumplido alguna de sus fantasías?

Bien, por raro que parezca, mi fantasía sobre el liderazgo estaba a punto de hacerse realidad. Acababa de llegar al escenario donde se llevaría a cabo el Encuentro de Grandes Líderes durante los dos días siguientes. Pocos meses antes, cuando vi por primera vez la lista de los líderes que vendrían a exponer en este evento, casi me caigo de la silla. Era lo mejor de lo mejor, e incluía líderes de renombre y probada eficacia de los sectores económico, político, ministerial, deportivo, educativo, militar y de organizaciones sin fines de lucro. Muchos de ellos eran líderes cuyos libros había leído, a cuyos seminarios había asistido, y cuyos artículos y reportajes en revistas habían atrapado mi mente y mi corazón a lo largo de los años. Aunque no conocía personalmente a la mayoría, ellos eran de alguna manera mis mentores. Es probable que conociera algunas de sus enseñanzas mejor que ellos mismos.

Aquí está la conexión con la fantasía. Milagrosamente, algunos meses atrás CCN, la compañía de radiodifusión satelital que había organizado y que transmitiría la conferencia para los sitios de enlace a lo largo de toda la nación, se había contactado conmigo. Bill Dallas, su presidente, me había preguntado si yo estaba dispuesto a oficiar como maestro de ceremonias del evento. Mientras me lo describía, convenciéndome sobre el valor de estar relacionado al Encuentro, yo reflexionaba sobre las numerosas conferencias de líderes en las que había participado o a las que había asistido a lo largo de mi vida. Nunca había estado vinculado con algo semejante. ¡Me habría emocionado por sólo estar dentro del predio del espectáculo! Pero ¿servir como maestro de ceremonias? Debía haber un error, pero no sería yo quien se lo señalara a los organizadores.

Y ahora, en pocas horas más, mi fantasía se haría realidad.

Entré a zancadas a la gran caverna donde se llevaría a cabo el evento, frente a miles de personas, además de transmitirse en vivo por vía satélite a decenas de miles más. Sentí una mezcla única y vertiginosa de emociones. Me sentía bendecido más allá de lo que podía creer, y estaba tan nervioso que el estómago se me contraía. Curioso por lo que estos grandes líderes y pensadores revelarían. Avergonzado de estar en el mismo escenario que estos gigantes. Entusiasmado de ser parte de semejante aventura. Horrorizado de que estas leyendas vivientes pudieran descubrir lo falaz que era su maestro de ceremonias.

Me detuve en la parte posterior del auditorio para captar la escena. El podio sencillo, que parecía estar muy lejos. El escenario largo y angosto, cubierto por cortinas carmesí de quince metros de altura y flanqueado por dos pantallas de video gigantescas. Los enormes parlantes de sonido colgaban sobre el escenario, firmemente sujetos al cielo raso. Una fila tras otra de sillas plegables acolchadas en el piso principal, rodeadas por dos plataformas de butacas de estadio. Reflectores que destellaban diferentes colores sobre el escenario mientras los encargados de rodaje probaban su equipo. El sonido apagado de las voces a la distancia.

Dadas mis obligaciones, me di cuenta, con cierta decepción, de que no podría sumarme al público en esos asientos. Pasaría la mayor parte del tiempo entre bastidores en la sala de espera, charlando con las "celebridades" antes y después de sus apariciones en el escenario. La mayoría de ellos también había aceptado dar uno o dos talleres, lo cual significaba que pasarían algo de tiempo extra detrás de escena. ¡Un plus para mí! Estaba ansioso por tener una buena cantidad de tiempo con los oradores del programa para conversar sobre nuestro interés mutuo: el liderazgo.

Esta sería, sin duda, la capacitación más intensa que jamás experimentaría, una explosión educativa, completamente diferente a cualquier otra con la que me hubiera topado antes. De repente me pasó por la cabeza un pensamiento desesperado. Debería haber intentado coordinar alguna clase de reconocimiento académico por mi participación en este evento, pero luego me di cuenta de que el mundo real únicamente otorga reconocimiento por los resultados, y no tan sólo por estar en presencia de los grandes.

Y además reconocí que necesitaba aferrarme a la realidad.

Lentamente caminé hacia las escaleras de la parte izquierda del escenario. Subí los cinco escalones de madera y me paré sobre la plataforma, en el centro, recorriendo con la mirada el enorme salón y absorbiendo el momento. En pocas horas más se dirían grandes cosas desde este mismo lugar, cosas que yo y muchos otros líderes necesitábamos aprender de nuestros estimados colegas.

Me di vuelta y caminé hacia el bastidor sin iluminar a la izquierda del escenario, desaparecí detrás de las cortinas e, inmediatamente, tropecé con una telaraña de cables que cubrían el piso detrás del estrado. Mientras desenredaba mis pies con dificultad, miré hacia arriba y alcancé a ver la ojeada furiosa de alguien del personal de montaje. Estaba probablemente a unos ocho metros de distancia, pero pude sentir el calor de su mirada quemándome. Rápidamente, despejé mi camino a través del desorden enmarañado y oscuro, y llegué a la puerta que daba a la sala de espera.

Me detuve en la entrada para examinar el gran espacio de techo alto. Este sería mi hogar durante la mayor parte de las siguientes treinta y seis horas. Y ¡qué atractivo que era! Por toda la sala había varios sillones y sillas bien mullidos, así como media docena de mesas cubiertas con manteles carmesí, dispuestas para la cena. En cinco mesas largas cubiertas por manteles blancos almidonados había baldes plateados con bebidas heladas y bandejas con comida colorida maravillosamente dispuesta. En las paredes había varios monitores de pantalla plana de gran tamaño para mantenernos al tanto de las presentaciones en el escenario principal. Agregue una tenue luz de lámparas empotradas y el suave sonido de la música funcional, y tendrá un ambiente muy acogedor.

Aunque me sentía abrumado, comenzaba a creer que esto iba a ser divertido.

Mirando hacia un rincón lejano de la sala, caminé hacia uno de los cómodos sillones y me dejé caer, dispuesto a revisar el programa y a concentrarme en la tarea. Había llegado temprano —demasiado temprano, en realidad— a propósito para estar listo y totalmente concentrado a la hora del espectáculo. Saqué el detalle del minuto a minuto que me habían dado los productores, pero la lista de conferencistas era tan impresionante que, por un momento, me desconcerté. Quizás era una tontería, pero comencé a sumar los años de servicio en el liderazgo registrado por todo el grupo y calculé que, acumulativamente, ¡habían pasado más de mil años en las trincheras del liderazgo!

Me volví a concentrar y terminé de revisar mis responsabilidades durante esos dos días: presentar a los oradores, agradecer a nuestros patrocinadores, cubrir las transiciones entre los conferencistas, etcétera. En la última semana las había repasado una y otra vez. No había nada nuevo por descubrir en estas páginas. El desafío ahora era realizarlo con precisión y excelencia, como dirían algunos de nuestros oradores.

Así que me recliné y respiré larga y profundamente, ensayando en mi mente algunas de las preguntas que había estado esperando hacer a estas estrellas del liderazgo. Algunas eran preguntas basadas en el estudio sobre el liderazgo que había estado realizando y escribiendo durante un cuarto de siglo. Otras eran consultas que algunos de mis colegas me rogaron que les hiciera a nombre de ellos.

Parecía que todas las dimensiones de la práctica del liderazgo serían tratadas durante los dos días del evento. La selección de temas que cubrirían nuestros expertos de calidad mundial incluía: la visión, los valores y la cultura; el carácter y la fe; la confrontación, el conflicto, la crítica y las presiones; el contratar y despedir personal; lo humanitario y lo motivacional; crear equipos viables; integrar la moral y las convicciones de fe en los esfuerzos propios del liderazgo; identificar a las personas con potencial de liderazgo y pulir las habilidades que necesitan desarrollar; ocuparse de los peligros del ejercicio del poder; el manejo de la crítica y las presiones; fortalecer el carácter correcto; usar el privilegio del liderazgo para servir a las necesidades de los demás.

Presta atención, George. Lúcete en esta prueba, ¡y podrás dominar el mundo!

Sabía que en pocos minutos se acabaría la calma cuando irrumpieran el personal de montaje, el equipo de transmisión y los coordinadores del evento, y cuando nuestros oradores se presentaran poco a poco para aclimatarse. Anticipándome a ese momento, cerré los ojos para orar, y pedí fortaleza, lucidez y sabiduría. De a pocos volví a abrirlos y eché un vistazo a la sala, con la esperanza de poder retener el momento en mi memoria permanente. Con seguridad este era un fugaz momento de calma antes de que golpeara la tormenta. Y con los oradores que estaban a punto de aparecer en este lugar, nos preparábamos para un huracán Categoría 5 de verdades y principios sobre el liderazgo.

No pude evitar sonreír ante ese pensamiento. ¡Que empiece la función!

CAPÍTULO 1

DESCUBRIMIENTOS REPENTINOS

COMO ERA DE ESPERARSE, primero una persona, luego varias y más tarde muchas, comenzaron a llegar a la sala de espera. La mayoría ignoraba completamente mi presencia, concentrándose en sus propias tareas apremiantes. Los nervios me acometieron, así que decidí hacer lo que suponía que todos los grandes líderes hacen ante el nerviosismo que precede a un evento: comer.

Caminé hacia la mesa más próxima y elegí una porción de frutas rebanadas. Naturalmente, tan pronto como me metí la primera porción de melón en la boca, llegaron cuatro de nuestros conferencistas invitados. Con esperanzas de encontrar un rostro conocido o, por lo menos, de recibir alguna orientación, dirigieron su mirada hacia mí. ¡Vaya manera de causar una primera impresión!

Rápidamente dejé mi plato y procedí a recibirlos. Allí estaba Don Soderquist, quien había sido presidente de Ben Franklin, la gran cadena de ventas minoristas, y luego gerente general operativo de Wal-Mart. También estaba John Townsend, el popular psicólogo y exitoso escritor. Tony Dungy, el entrenador que ganó el Super Bowl, también estaba allí, junto con Ken Melrose, quien había trabajado como director general de operaciones y presidente de Toro durante muchos años.

Luego de darles la bienvenida y de presentarlos unos con otros, llevé al grupo a la mesa de comida. Eligieron su porción y entonces nos topamos con ese primer momento embarazoso en el que hasta los líderes más poderosos a veces se sienten un poco incómodos de tener que hacer conversación. Era el momento de romper el hielo.

"Estoy entusiasmado de estar con todos ustedes en esta conferencia," comencé planteando lo obvio. "Los demás oradores pronto estarán aquí, así que tendremos muchos rostros nuevos para conocer, aunque es probable que todos ustedes ya se conozcan, al menos por su prestigio. Creo que el público estará encantado en estos próximos dos días."

Hubo murmullos de aprobación, lo cual me alentó a continuar: "La verdad es que no me gustaría estar en sus zapatos. Amigos, ustedes están posicionados como los gurús del liderazgo." En medio de sus gruñidos de protesta y de espanto fingido, continué: "Así que, díganme, en el transcurso de sus años de liderazgo, ¿cuáles han sido sus grandes descubrimientos? ¿Qué momentos trascendentes le han dado forma a su manera de pensar sobre lo que significa ser un líder?"

Los escuchaba masticar la comida y sorber ruidosamente el café mientras cada uno esperaba que el otro iniciara el diálogo. Por fin, Don Soderquist sonrió e inició la conversación.

"Saben, una de las cosas que descubrí es que no se puede cambiar a todo el mundo." De inmediato fue interrumpido por un coro de amenes, y luego, carcajadas. Prosiguió con su revelación. "Realmente creía que podía cambiar a todos si era honesto y justo con ellos. Creía que si le pintaba una imagen clara a la persona de cómo estaba trabajando y cuál era su potencial, podría influir para que cambiara.

"Luego de un tiempo," continuó Don, "me di cuenta de que, en realidad, no puedo cambiar a *nadie*. Podía aconsejarlos, entrenarlos, dirigirlos, ponerlos frente al espejo y todo lo demás; pero, a la larga, el cambio tenía que venir de ellos. Entendí que si no cambiaban por sí mismos, si no tenían el deseo y la voluntad de cambiar, yo no podía hacerlo."

Alguien insinuó que a veces los cambios que sí se producen no son la clase de cambios a los que uno apunta inicialmente.

Don admitió la sugerencia. "Coincido por completo. De hecho, otra sorpresa que descubrí es que a menudo las personas cambian a medida que avanzan en la escala organizativa. Los egos se agrandan y la gente se vuelve más arrogante cuanto más alto es su cargo. Me sorprendió ver cuántas personas en el nivel más alto de la organización no conocían el significado de la humildad. De repente, todo giraba alrededor de ellos. Tuve muchos casos de gerentes de tienda que habían llegado al puesto de gerentes regionales por el buen trabajo que habían hecho como gerentes de tienda, pero en cuanto se pusieron el manto de gerente regional, cambiaron para empeorar. No aplicaban lo que habían aprendido como gerentes de tienda. Creían que los gerentes regionales tenían que ser más recios o de alguna manera diferentes. En lugar de aceptar que habían tenido éxito por ser quienes eran y por la manera en que trataban a las personas, cambiaron todo eso y, como consecuencia, tuvieron problemas."

Mentalmente, tomé nota de su argumento: el liderazgo no tiene tanto que ver con el puesto de la persona como con la clase de persona que lo ocupa y la capacidad que demuestra. Las ideas de Don claramente habían tocado tocaron una fibra sensible en el grupo, y muchas cabezas asentían en el círculo de masticadores. Después de un breve silencio, Ken Melrose siguió el hilo.

"Cuando empecé a trabajar en Toro, el modelo de liderazgo del momento era bastante vertical. Los ejecutivos y jefes con títulos tomaban todas las decisiones y ordenaban lo que había que hacer a sus subordinados. Como un muchacho que

> *El liderazgo no tiene tanto que ver con el puesto de la persona como con la clase de persona que lo ocupa y la capacidad que demuestra.*

recién comenzaba, ese fue mi modelo. No conocía otra cosa, ni sabía de ejecutivos que hicieran las cosas diferente, pero aprendí que ese enfoque no funcionaba muy bien, porque no cohesionaba a la organización ni creaba una atmósfera de confianza. Ese modelo de liderazgo anulaba a los empleados e impedía que tomaran riesgos al proponer nuevas ideas."

Ken hizo una pausa para tomar un sorbo de su bebida, y al darse cuenta de que sus colegas estaban esperando el resto de su revelación, prosiguió: "Finalmente, aprendí que hay una mejor manera de liderar: desde abajo en la organización, donde uno está entrenando, aconsejando y sirviendo a los socios y a los empleados, y tratando de que ellos tengan éxito. Si uno se desprende del orgullo de ser un ejecutivo poderoso y se concentra en el éxito de los demás, y ellos a su vez hacen lo mismo con su gente —de modo que todos estemos enfocados en el éxito del equipo en lugar del éxito personal—, entonces el éxito del grupo garantizará también el éxito del jefe. Eso desencadena todo el potencial acumulado entre los empleados."

Ahora se nos habían sumado otros conferencistas que al entrar tomaron algo para comer o para beber y se acercaron a nosotros para participar de la conversación.

Ken continuó con la descripción de su aprendizaje. "Usando ese método, nuestra gente ganó más confianza, sintió que podía intentar cosas nuevas, su autoestima mejoró y estuvo dispuesta a compartir ideas sin preocuparse de ser regañada si se equivocaba. De manera que la idea de ayudar a aquellas personas como un líder de servicio, enfocándose en *ellas*, evolucionó hacia una filosofía de liderazgo. En esencia, si el presidente se comportaba como si trabajara para la dirección, y si los directores se comportaban como si trabajaran para los empleados, y si los empleados trabajaban para servir a los clientes, se tendría una gran organización que beneficiaría a todos los interesados: accionistas, clientes y empleados."

Un murmullo de conformidad y de aprobación llenó la sala. "Seguro que tuvieron ejemplos continuos de que la cultura cambió como resultado de ese método de liderazgo," observé.

Ken asintió y recordó uno de esos ejemplos, contándonos una de sus primeras experiencias vividas mientras ascendía de puesto y defendía ese método. "Una vez tuve que dirigir en Toro una nueva organización que habíamos adquirido. Esa empresa fabricaba equipo de recreación comercial. Yo no sabía nada del negocio, pero a medida que me informaba, me di cuenta de que no querían tomar decisiones porque mi predecesor en esa empresa siempre las había tomado por ellos. En un primer momento, el gerente de compras vino y me dijo que quería comprar un poco de acero. Tenían una organización algo opresiva y poco sofisticada, y la mayoría de los empleados estaba perfectamente satisfecha con que su jefe tomara todas las decisiones.

"Así que el representante de compras quería que yo le dijera cuánto acero debía ordenar para fabricar algunos columpios y toboganes. Le respondí: 'Bueno, usted es el gerente de compras; adelante con la compra que necesite ordenar.' Él me contestó: 'Pero nuestro antiguo jefe, Bob, siempre decidía por nosotros.' Volví a decirle que yo no podía decidir por él. No estaba siendo obstinado; simplemente no tenía idea de cuánto acero se necesitaba para el equipo que ellos fabricaban. No obstante, él tenía poca autoestima y ninguna confianza en su capacidad para tomar esa decisión.

"Entonces, invitamos a algunas otras personas de ventas, de control de inventario y de producción para que se reunieran con nosotros y determinar lo que se necesitaba para hacer un columpio, cuántos columpios teníamos que hacer, cuánto inventario era necesario y algunos otros temas. Jamás habían hecho este tipo de cosas: reunir a toda la gente para hablar del proceso y de las necesidades.

"Poco después, todas estas personas asentían con asombro, como si fuera una gran revelación para ellos la manera en que se realizaba su trabajo. También me hizo pensar que, a pesar de que es una cuestión de sentido común, una vez que comprendieron el proceso, se notaba cómo cambiaron. Se sentaban más erguidos en sus sillas. Cuando el gerente de compras salió de la sala, dijo: '¡Caramba! Ahora sé cuánto acero pedir. Necesitamos veintidós toneladas. Yo puedo hacer eso.' En serio, parecía que tenía ya tres centímetros más de altura." Ken se rió al recordarlo, y todos los que estaban alrededor de la mesa sonrieron ante la imagen que acababa de pintarnos.

"Ese fue un momento trascendental para mí," continuó Ken, "por la forma en que ese simple proceso de otorgarles poder elevó el espíritu y la autoestima de los empleados. Después de la reunión me senté allí durante un rato, tratando de entender qué había pasado que fuera tan extraordinario. Simplemente los habíamos dejado en libertad para desarrollar el potencial que Dios les había dado."

Ahora, nuestro círculo había crecido. Me llevó unos instantes dar la bienvenida a los recién llegados y presentarlos entre sí. No quería que se perdiera el impulso, así que pregunté si alguien más había experimentado momentos similares de revelación que hubieran modificado su enfoque sobre el liderazgo.

John Townsend compartió uno de sus descubrimientos: "Mi concepto original era que el líder es alguien que tiene las técnicas y las estrategias para influir en las personas de una organización a que alcancen objetivos. Si bien el líder necesita de esas estrategias y técnicas, ahora reconozco que es mucho más importante que esa persona tenga dos características adicionales. Una es que, por dentro, sea la persona adecuada: que sea madura y tenga un buen nivel de desarrollo en su carácter; que sea auténtica, por decirlo de alguna manera, y, en segundo lugar, que sepa cómo relacionarse con la gente en un nivel auténtico y verdadero."

Mientras John se estiraba para alcanzar una taza, alguien le preguntó si había descubierto que las personas con esas cualidades generalmente se destacan por encima de los demás para transformarse en líderes exitosos.

Recordando su larga historia de interacción con líderes, John respondió: "He descubierto que los líderes exitosos son mucho más conscientes de sus reacciones subjetivas y emocionales de lo que usted se imagina. Mi libro *Leadership Beyond Reason* (Liderazgo más allá de la razón) habla sobre cómo aprendí que los líderes exitosos son sumamente objetivos y entienden los datos, las hojas de cálculo, las publicaciones, las investigaciones y lo diligentes que deben ser para influenciar a las personas y tomar decisiones. *No obstante*," dijo con énfasis, "los líderes realmente exitosos también prestan atención a sus corazonadas, a su intuición, a sus pálpitos, a las reacciones emocionales, a las pasiones y a la creatividad; y a todos esos temas de la subjetividad. Realmente prestan mucha atención a esos aportes, y eso les da la abundancia de información que necesitan en una organización compleja. Ahora, como creo que Dios dispuso que la realidad sea coherente, de manera que la verdad es la verdad, ya sea objetiva o subjetiva, creo que esos líderes están en condiciones de emitir opiniones sobre las decisiones con mucho más criterio, porque pueden escuchar tanto a sus corazones como a sus cabezas."

Mientras algunos oradores se hacían eco de las opiniones de John, le di la bienvenida a Barry Black, quien sirve como capellán del Senado de Estados Unidos; a Ken Blanchard, el experto de renombre mundial en gerencia y liderazgo; a Miles McPherson, pastor de una megaiglesia en San Diego; y a Sam Chand, ex director universitario y actualmente dedicado a aconsejar por todo el mundo sobre el liderazgo. A estas alturas, teníamos en la sala casi a un tercio del grupo total de conferencistas.

A los que recién se nos unían, les expliqué que había estado preguntándoles a los líderes acerca de algunos de sus descubrimientos sobre el liderazgo. Hice un resumen de cómo algunos de nuestros colegas habían descubierto que el liderazgo tiene poco que ver con imponer y más con otorgar poder a las personas para que estén a la altura de su potencial, usando todas sus capacidades.

El liderazgo tiene poco que ver con imponer y más con otorgar poder a las personas para que estén a la altura de su potencial, usando todas sus capacidades.

Sam Chand comentó de inmediato: "Les diré," dijo con el típico brillo pícaro en sus ojos, "que en el proceso he descubierto algunas cosas fundamentales, y una de ellas es lo poco que puedo hacer por mis propios medios, y cuánto más puedo lograr por medio de los demás. Descubrí que estaba perpetuando el círculo vicioso de no formar a otros líderes. Nací y fui criado en un hogar pastoral en la India y finalmente me convertí en pastor, luego en director universitario, pero todavía no he tenido a alguien que me ponga una mano sobre el hombro y me diga: 'Sam, veo ciertos dones en tu vida, ciertos talentos. Déjame que te ponga bajo mi tutela y que sea tu mentor. No vale la pena que cometas los mismos errores que he cometido yo.' No tuve esa posibilidad en mi vida, y comencé a repetir el mismo ciclo. Cuando dejé la iglesia que estaba liderando en Michigan, me di cuenta de que, en realidad, no estaba formando a las personas porque no sabía cómo hacerlo. Una vez que tomé conciencia de lo que debía hacer, me convertí en un aprendiz del tema, y eso es gran parte de lo que hago ahora."

Me sentí identificado con el relato de Sam. Una cosa es formarse uno mismo como líder, pero saber cómo ayudar a otras personas a alcanzar su potencial de liderazgo es algo completamente diferente. Realmente hay que tener una buena disposición para poner la mirada en otros más que en uno mismo. Mientras tanto, el capellán Black nos ofreció un momento de esos en los que se le había "encendido el foquito."

"A medida que evolucionaba mi comprensión sobre el liderazgo, llegué a verlo como algo más cooperativo de lo que había sospechado. Antes tenía un modelo de líder mucho más heroico. Miraba a grandes líderes como John Kennedy y Martin King, y suponía que el poder de su carisma les permitía lograr que la gente hiciera cualquier cosa que ellos expresaran en sus discursos o en sus obras escritas. Con el paso de los años he llegado a pensar en el liderazgo como la movilización de las personas hacia un objetivo común. Esa movilización requiere que el líder primero escuche para aprender, y recién entonces podrá dirigir. Eso no quiere decir que usted no tenga una visión propia. Nehemías sabía que quería reconstruir las murallas, pero aun así escuchó para aprender, antes de empezar a dirigir al pueblo. El liderazgo se ha vuelto mucho más cooperativo en las últimas etapas de mi experiencia."

Este razonamiento puso en movimiento a Ken Blanchard, quien asentía con entusiasmo mientras Barry hablaba. Ken parecía ansioso por construir sobre los cimientos que había puesto el capellán. No me sorprendía; Ken ha sido un campeón destacado de los modelos de liderazgo colaborativo durante años.

"En mis comienzos, e incluso cuando se publicó *The One Minute*

Manager (*El manager al minuto*), las organizaciones eran mucho más jerárquicas; el gerente tomaba las riendas, estableciendo los objetivos y decidiendo a quién elogiar, a quién reprender y cuándo cambiar de rumbo. Hoy en día, veo al liderazgo como una colaboración colectiva en lugar de una estructura jerárquica. Las personas jóvenes, particularmente, quedan fascinadas cuando uno les habla del cambio de mentalidad. Es que no pueden creer que alguna vez hayamos usado el término 'superior.' Y ¿quién trabaja para los superiores? Bueno, los subordinados . . . ya sabe, otra connotación de 'subordinar' es la de clasificar algo como inferior. Y después disfrutan de decir: '¿Cuál es su rol?' 'Estoy en la supervisión.' 'Bien, ¿quiere decir eso que ve todo mucho más claro que esas estúpidas personas que trabajan para usted?' Por eso, ahora pienso que se trata más de participación, por lo que dedicamos más tiempo a hablar sobre la colaboración para un desempeño óptimo. Para mí fue muy significativo darme cuenta de que todos los aspectos efectivos del liderazgo tratan sobre el liderazgo de servicio: sobre servir a sus clientes y a su personal."

Ken había escrito una serie de libros populares que justamente hablan de esa transición en su mentalidad y en el campo del liderazgo. Más tarde, durante la conferencia, hablaría sobre el tema del liderazgo de servicio. Este era claramente su punto fuerte. Bueno, uno de ellos.

Me di cuenta de que Tony Dungy y Miles McPherson bromeaban entre ellos a un costado. No me sorprendía que se identificaran el uno con el otro. Miles había sido jugador profesional de fútbol americano antes de dedicarse al ministerio a tiempo completo, y Tony siempre ha estado muy activo en la búsqueda de su fe cristiana. Cuando Ken terminó, les pregunté de qué estaban parloteando.

"No más estamos compartiendo anécdotas," dijo Miles efusivamente. "No obstante, les diré que uno de mis momentos más reveladores fue cuando me di cuenta de que podía lograr más de las personas cuando las motivaba. En el púlpito soy un motivador. Doy ánimo a las personas; soy positivo, gracioso y todo eso, pero cuando dejaba el púlpito, no conducía a las personas de esa manera. Lo hacía de una forma más enérgica, recordándoles que teníamos mucho trabajo por hacer, así que ¡en marcha, vamos, vamos! Lo revelador para mí fue que, si estimulaba a las personas para que hicieran un gran trabajo, se esforzarían más y, entonces, si les decía que habían hecho una gran tarea, eso producía aún mejores resultados. El estímulo produce un trabajador más eficiente y feliz, y una persona más motivada. Así que tenía que esforzarme por traducir esa clase de estímulo, que normalmente daba desde el púlpito, en una práctica de liderazgo más consistente, cosa que no estaba haciendo."

Tony, hombre intenso pero sereno, asintió con la cabeza y luego intervino.

"He tenido el beneficio de trabajar bajo la dirección de varios líderes muy buenos y de estilos diferentes. Pude observar distintos tipos de liderazgo. En mis comienzos como entrenador de fútbol pensaba en el entrenador como líder del equipo, y en esa condición tenía que ser dominante y exigente, pues en gran medida eso era lo que yo había visto desde niño. Más tarde pude ver otras formas de ejercer el liderazgo, enfatizando la enseñanza y la tutela. De manera que comencé a sentir que el líder de nuestro equipo de fútbol era la persona que tenía que mantener a todos en la dirección correcta y en el mismo rumbo. Tenía que ser alguien que mantuviera el enfoque y las prioridades, pero no se trataba necesariamente de empujar a las personas en la dirección en la que uno quiere que vayan. El gran cambio para mí fue entender que el liderazgo tiene que ver más con lograr que las personas lo sigan a uno que en empujarlas en la dirección en que uno quiere que vayan."

Después de esos comentarios, varios conferencistas coincidieron en que el liderazgo eficaz tiene que ver con motivar a las personas para que se unan a una colaboración en la que todos tienen interés, y donde el líder simplemente dirige el flujo de energía y de talentos hacia un objetivo específico y acordado.

Mientras miraba a mi alrededor, me di cuenta, con gran satisfacción, de que era como si estuviéramos construyendo un gran equipo, allí, ¡en la sala de espera! Todos estos estupendos líderes agradecían el enfoque que cada uno aportaba al foro, y parecíamos compartir una misma visión acerca del liderazgo. Hasta ahora, todos habían reconocido que su interpretación del liderazgo eficaz había sido producto de sus propios errores, o de las impresiones erróneas que se les había inculcado y que habían tenido que superar.

En ese momento la puerta se abrió de golpe y entró el resto de los oradores. Crucé la sala para darles la mano, presentarlos y hacer de anfitrión. Para entonces, la vibración positiva que se había creado en la sala había eliminado mi ansiedad inicial. Aquí estaba yo en medio de muchos de mis héroes, pasándola genial mientras los conocía, escuchaba sus historias y aprendía de sus años de experiencia y estudio. Esa era una de las lecciones que me llevaría. Los líderes no sólo disfrutan de estar en compañía de otros líderes y de hablar sobre el tema que aman, sino que, normalmente, tienen un caudal de anécdotas sobre el asunto recopiladas a lo largo de los años.

Nota recordatoria: los líderes enseñan por medio de las anécdotas, aunque ellas los expongan.

El director de piso me encontró rodeado de un grupo de líderes y me llevó aparte para implorar que me pusiera el micrófono y me preparara para salir a escena y dar inicio a las presentaciones.

¡El espectáculo estaba por comenzar!

CAPÍTULO 2

DEFINIR Y EVALUAR EL VERDADERO LIDERAZGO

¡**VOLVÍ ENTUSIASMADO A** la sala de espera! El lugar estaba repleto, el público rebosaba de energía y entusiasmo y aquí teníamos el mejor conjunto de líderes del mundo, todos dispuestos a proporcionar lo que fuera necesario para mejorar el conocimiento de su público sobre el tema del liderazgo.

Entonces, habiendo puesto las cosas en marcha, imaginé que mi rol era poner cómodos a los oradores y mantenerlos al tanto de lo que estaba sucediendo en escena. Eso sería un poco como hacer malabarismo, pero discúlpenme, si esto es sufrimiento, denme la máxima dosis.

Discretamente recorrí cada uno de los monitores de pantalla plana en la sala de espera para asegurarme de que estuvieran funcionando correctamente. Mientras lo hacía, escuché a nuestro orador inicial, el ex ministro de justicia, gobernador y senador de Estados Unidos, John Ashcroft, establecer algunas bases para el resto del encuentro. Mientras preparaba a la audiencia para recibir su definición de liderazgo, automáticamente recité mentalmente mi propia descripción:

Liderar es motivar, movilizar, dar recursos y dirigir a las personas para que alcancen una visión compartida que produzca una transformación valiosa.

Liderar es motivar, movilizar, dar recursos y dirigir a las personas para que alcancen una visión compartida que produzca una transformación valiosa.

Es una definición que he usado en libros, charlas y ejercicios de capacitación. Lo más importante: ha sido la piedra de toque para mis propias aventuras en el liderazgo a medida que trataba de compartir con otros la creación de un futuro mejor. Esperé ansiosamente la definición de John. No tardó mucho.

"En primer lugar, liderazgo es la identificación de metas y objetivos nobles," comenzó a decir, "y, en segundo lugar, es la búsqueda de aquellas nobles metas y objetivos con tal intensidad que los demás sean atraídos a ese proceso. La diferencia entre un estafador y un líder es que el estafador convence a las personas a comprometerse con las metas más allá de lo que él mismo está dispuesto a hacer.

"Cuando estaba en la secundaria y en la universidad, fui deportista. Había muchachos en el vestuario que golpeaban los armarios y gritaban: '¡Vamos a matarlos!' Luego, tan pronto como salíamos del vestuario, ofrecían cuidarme la chaqueta en el banco de suplentes. Verán, el líder es la persona que persigue metas nobles con tal intensidad que los demás se sienten atraídos por ellas. Liderar es conducir a las personas hacia donde todavía no están yendo. Tiene que ver con redefinir lo posible."

Quise hacer una pausa para reflexionar sobre el concepto de John, pero él continuó con su presentación.

"He llegado a comprender que liderar es distinto a gobernar. Algunos confunden estas dos cosas. Gobernar es el proceso por el cual se establecen los niveles mínimos. En el gobierno se aprueba la ley, y ella fija el límite mínimo para la actividad. Si usted no supera ese límite, será pasible de imposiciones y sanciones. Liderar es diferente a gobernar porque no establece un límite mínimo aceptable, sino que inspira a las personas para que den lo máximo y lo mejor de sí mismas. Mientras que el gobierno opera sobre la base de las sanciones, las imposiciones, el castigo y cosas por el estilo, el liderazgo opera sobre la base de modelos. El resultado del gobierno es la creación de un piso. El resultado del liderazgo es que las personas funcionen de manera óptima."

Parecía que John estaba usando el término *gobierno* de forma paralela a la manera en que muchos utilizan el término *administración*. Sentí que sus aclaraciones eran un buen aporte a nuestra interpretación del liderazgo.

Observé que un par de conferencistas más también estaban asimilando la presentación de John. Le pregunté a Laurie Beth Jones, autora de libros exitosos y consejera de liderazgo, cómo habría definido el liderazgo si estuviera en el escenario en ese momento.

—Considero al liderazgo como la capacidad de persuadir a otras personas para lograr cosas juntas. Es hacer que las personas se lleven bien y trabajen juntas para lograr algo; es tener la capacidad de persuadir a otros sobre lo que se debe hacer y lograr que lo hagan.

—Eso coincide con la opinión de John —comenté—. ¿Siempre ha tenido la misma perspectiva, o esta fue evolucionando a medida que adquirió más experiencia en el liderazgo y en la capacitación?

—Bueno, solía pensar que el liderazgo solamente tenía que ver con la motivación. Creía que para ser un buen líder era necesario ser un orador elocuente y fantástico. Hay cierto tipo de personalidades que responderían a eso; pero hay otro tipo de personalidades, ciertos grupos que no se sentirían motivados solamente con bellas palabras y discursos enérgicos. Para ellos se necesitaría un enfoque más moderado. De manera que descubrí que el liderazgo, en realidad, es la capacidad de lograr que personas con diferentes personalidades y valores se pongan de acuerdo sobre qué es importante, y avancen en esa dirección. Es una ciencia, así como también el arte de hacer bellos discursos.

Jon Gordon, una de las nuevas voces de la escena del liderazgo, y popular consultor de amplia clientela, comentó:

"Lo que los grandes líderes hacen realmente bien es comunicar una visión clara, coherente y simple que toda persona en la organización pueda apoyar. Un ejemplo genial es Doug Conant, el presidente de Campbell Soup Company." Rápidamente revolví mi memoria para ubicar ese nombre. Recordé que había sido el presidente de Nabisco antes de aceptar el puesto de presidente de Campbell unos diez años antes. Era estimado en los círculos de liderazgo como un dirigente astuto y capaz.

Jon continuó: "Doug ha dicho que lo más importante que él hace como líder es compartir la misión y la visión de Campbell Soup Company dondequiera que va. Yo creo que una de las tareas principales que hace el líder es compartir esos elementos de la organización: por qué están en el negocio, por qué hacen lo que hacen, por qué está aquí la empresa y hacia dónde se dirige. Esto significa que los líderes deben estimular a la organización para que defina su propósito principal. Hoy en día las personas buscan significado. Anhelan que su trabajo tenga un propósito trascendente, y sabemos que se motivan más cuando sus esfuerzos están enfocados en un propósito superior que los trasciende. Usted tiene que mostrarles qué, por qué y cómo el trabajo que desempeñan los lleva a cumplir con un propósito superior. El buen líder logrará que la gente entienda qué es ese propósito."

A medida que nuestro debate se ampliaba para incluir a más personas, alguien planteó que podía ser peligroso que un líder intentara imponer su visión al grupo. Jon sonrió mostrando estar de acuerdo, y respondió:

"El liderazgo no tiene que ver con lo que usted hace como líder, sino con lo que usted puede hacer para inspirar, estimular y apoyar a otros. Los líderes obtienen lo mejor que hay en otras personas compartiendo lo mejor que tienen dentro de ellos mismos. El hecho de que usted maneje el autobús no significa que tenga derecho a atropellar a la gente. Abraham Lincoln decía que casi todos pueden soportar la adversidad, pero para poner a prueba el carácter de un hombre, hay que darle poder. Liderar es saber que usted tiene poder, pero que su responsabilidad es servir, desarrollar y otorgar poder a los demás."

Sam Chand estaba entusiasmado con el curso de la charla.

"Coincido contigo, Jon," aprobó. "Para mí, el liderazgo consiste en ver las necesidades en la vida de otras personas y estar dispuesto a comprometerse con ellas con una finalidad. Mi visión personal es ayudar a que los demás triunfen, porque creo que el verdadero liderazgo no depende de que usted haga la tarea; es ayudar a que los demás la hagan dando lo mejor de sí."

Vi la oportunidad de causar un poco de controversia y le pregunté a Sam si eso significaba que el éxito final del líder estaba fuera de su control.

"Mire, cuando hablamos de liderazgo, el éxito no es la misma clase de 'éxito' sobre el cual leo en la literatura popular. El liderazgo tiene que ver con decir: 'Dios, tú me has puesto en este planeta; hay un propósito para cada uno de nosotros, así que por favor, ponme en contacto con las personas correctas a las que pueda dedicarme, de manera que cuando tengan éxito, yo pueda tener éxito con ellas.' Ya lo ve, George, mi éxito depende del éxito de ellos."

Seth Godin, la voz iconoclasta en asuntos relacionados con el liderazgo y el mercadeo, estaba de pie a un costado del grupo siguiendo la conversación. Como sabía que Seth es un pensador brillante y que recientemente había escrito un libro (*Tribes* [*Tribus*]) que ofrece una nueva perspectiva al liderazgo, lo invité a participar del diálogo.

—Pero, Seth —dije, tomándole el pelo—, ¿no escribiste tú que lo único que hace el líder es reunir a las personas y orquestar lo que ellas quieren?

—Esa no era una descripción completa ni justa sobre su tesis (y yo lo sabía), pero quería que las personas escucharan sus ideas y tenía la esperanza de que este desafío pondría en relieve su perspectiva única.

—En primer lugar —comenzó—, el liderazgo en gran medida tiene que ver con conectar a las personas entre sí y con el futuro que esperan alcanzar. Pocas veces está relacionado con las características, la personalidad o el perfil del líder. La revista *People* nos podría hacer creer que ser famosos es lo mismo que ser líderes, pero no es así.

»Los líderes miman el ego de sus seguidores

> *El liderazgo en gran medida tiene que ver con conectar a las personas entre sí y con el futuro que esperan alcanzar.*

(ego en el mejor sentido de la palabra) y los ayudan a que desarrollen en sus vidas algo que han querido hacer durante mucho tiempo. Ensanchan los deseos de las personas de su tribu haciendo que se reflejen unas en otras.

»Barack Obama es un ejemplo perfecto de esto. Muchos lo han criticado por ser una especie de recipiente vacío, en el que usted puede ver lo que quiera, pero, de hecho, uno de los rasgos de los grandes líderes es que ellos dejan que usted se vea a sí mismo; y entonces, cuando se escucha a sí mismo a través de ellos, se oye más fuerte, y cuando escucha a otras personas diciendo lo mismo, eso le da aún más volumen. Eso le da ánimo para dar el próximo paso.

»De manera que el liderazgo tiene que ver con demorar la gratificación personal —concluyó Seth—. La cultura de mercado de nuestro país y del mundo dice que primero usted debe recibir su paga. Sin embargo, los líderes reciben su paga al final. Si sabe esperar, la recompensa será mucho más grande que si tomara primero su pago.

Me encantó esa noción de que los líderes no sólo ayudan a la gente a identificar, perseguir y convertir sus sueños en realidad, sino que no son exitosos hasta haber alcanzado esos resultados. En una sociedad de gratificación instantánea, donde tantas personas se levantan como dechados de liderazgo simplemente porque tuvieron una buena idea o hicieron algunas declaraciones audaces, esta idea de promover la grandeza antes de ser reconocido públicamente resonó en lo profundo de mí.

Sam y Seth habían mencionado un elemento crítico de interpretación del auténtico liderazgo: —Entonces, ¿qué es tener éxito en el liderazgo?

—Miro a las personas con las que trabajo —respondió Sam de inmediato—, y busco el crecimiento en sus vidas para que lleguen a ser más atentos al otro, más enfocados en el otro. Para el líder, el éxito consiste en ver la necesidad y el potencial en los demás, acompañarlos y ayudarlos a hacer lo que necesitan hacer e ir hacia donde tienen que ir.

No pude evitar sonreír cuando Lou Holtz, el legendario entrenador de fútbol, carraspeó y se acomodó los anteojos. Si había alguien que entendía el éxito en el liderazgo, sin duda, ese era Lou. Aquí estaba el hombre que se había hecho cargo del desafortunado equipo de fútbol americano de Notre Dame, y lo había transformado en una potencia nacional casi de la noche a la mañana, sin contar con los jugadores más talentosos del mundo. También había logrado resultados increíbles y similares en otros lugares. Siempre valoré la manera modesta y humilde de Lou de evaluarse a sí mismo y a sus logros.

"Creo que tener éxito como líder es hacer que las personas logren cosas que no pensaban que podían hacer por sí mismas. Todos tenemos más capacidad y talento de lo que pensamos, pero necesitamos de alguien que realmente crea en nosotros, que establezca metas y pautas, y nos muestre qué podríamos hacer para lograrlas. Creo que hay demasiados líderes pre-ocupados por ser populares. Woody Hayes fue un gran líder. A veces era difícil trabajar con él; era irascible y brusco." Los integrantes del grupo se rieron mientras escuchaban las palabras de Lou. "Pero todos los que jugaban para él estaban dispuestos a morir por él, y cualquiera que entrenara para él estaba dispuesto a dar la vida por él, incluyéndome a mí. ¿Por qué? Porque él se preocupaba por su gente y quería que fueras lo mejor que pudieras ser. No le importaba si él te caía bien o no. Jamás olvidaré cuando decía: 'Tu papel como entrenador no es caerles bien a tus jugadores. Tu papel es lograr de ellos lo mejor que puedan dar.' Simple y sencillo. Estando en el papel del líder, uno no puede preocuparse por ser popular o por agradar a los demás, y no puede inquietarse por lo que digan los medios de comunicación. Su trabajo es ayudar a que las personas alcancen su potencial."

"Eso me gusta mucho," agregó Erwin McManus, la fuerza creativa detrás de Mosaic, una comunidad de fe de Los Ángeles, y agudo pensador en cuestiones de liderazgo y cambios culturales. "Pero la palabra *exitoso* siempre me confunde, ¿saben? Tengo la sensación de que uno no puede medir su vida comparándola con ninguna otra; ese es el golpe de gracia. Uno no más tiene que poder irse a la cama en la noche y saber que ha dado lo mejor de sí en beneficio de otros sobre la base de lo que uno es y lo que Dios le ha permitido ser. Y que, cuando se levante en la mañana, no vea la hora de salir de la cama porque tiene esa expectativa entusiasta de que su vida puede ser un regalo para el mundo. La vida es un regalo. Cuando usted la recibe como tal, comienza a brindarse usted mismo como un regalo."

Erwin ha tenido una carrera poco convencional y, a modo de explicación, presentó sus antecedentes. "Durante seis años pastoreé una iglesia entre los pobres de la ciudad. Mi ingreso promedio estaba entre los seis mil y ocho mil dólares al año. Eso incluía sueldo y el paquete de beneficios; eso era todo. Nunca vi entrar a más de doscientas personas en esa comunidad. Yo creía que tenía éxito hasta que todos me dijeron que no era así. Me levantaba en la mañana y ayudaba a un drogadicto, o a alguien que había estado en la prostitución, o a alguien cuya familia era un desastre a causa del consumo de drogas, y cuando veía que ponían en orden sus vidas y alcanzaban la integridad y la sanidad, yo pensaba que había tenido éxito. En realidad, fueron cristianos quienes me dijeron que no era exitoso." Nuestra pequeña multitud se rió y se identificó con el recuerdo de Erwin. "Así que yo creo que la mejor manera de medir el éxito es simplemente evaluar el bien que usted está haciendo en la vida de los demás."

Como en el equipo teníamos gente de diversos campos de actividad —empresarios, ministros, educadores, militares, etcétera—, pregunté si había tal vez diferentes maneras de medir el éxito según el tipo de actividad que realizaba la persona.

Como nunca se deja intimidar por una pregunta difícil o una situación escabrosa, Miles McPherson expresó sus reflexiones:

"Saben, en mi opinión, y quizás esto parezca demasiado simple, mido el éxito por mi nivel de obediencia a Dios. Según lo veo yo, mi trabajo es plantar semillas y regarlas, y si hago lo que se supone que debo hacer, de la manera en que se supone que tengo que hacerlo, Dios hará que las semillas crezcan. Antes me esforzaba sobremanera por producir el fruto y luego en medir los resultados, pero ahora tener éxito es descubrir si hoy usé mi tiempo y energía de la manera que Dios quería que los utilizara o si los malgasté. Si utilicé mi tiempo de la manera que Dios quería, puedo irme a la cama y descansar en paz con él. Tener eso en claro fue importante para mí, porque si el éxito consiste en lograr que las personas hagan lo que yo quiero, seguiré un curso de acción; pero si se trata de ser obediente, es probable que actúe de una manera distinta."

Barry Black abordó ese tema:

"Pienso que el éxito incluye por lo menos tres cosas para el líder, sin importar cual sea su actividad. Lo primero es la fidelidad. 1 Corintios 4:2 dice que es necesario que los siervos sean hallados fieles. Y en la parábola de los talentos, en Mateo 25, el elogio no es 'Bien hecho, mi buen siervo exitoso' ni 'Bien hecho, mi buen siervo talentoso,' sino 'Bien hecho, mi buen siervo fiel.' Estoy convencido de que Dios mide nuestra efectividad por nuestra fidelidad. ¿Es usted responsable? ¿Es digno de confianza? Eso es lo que pienso que significa fidelidad. En segundo lugar, creo que uno es exitoso cuando su liderazgo glorifica a Dios. Jonathan Edwards, el gran escritor cristiano, dijo que su primer propósito era que todo lo que él hiciera glorificara a Dios, y 1 Corintios 10:31 dice: 'Sea que coman o beban o cualquier otra cosa que hagan, háganlo todo para la gloria de Dios.' Así que la cuestión es si mi liderazgo glorifica a Dios o no. Por último, el corolario es que uno tiene éxito cuando agrada a Dios. Cuando estoy liderando de una forma en que sé que agrado a Dios con mi trabajo, entonces soy exitoso, más allá de lo que el mundo pueda pensar."

No obstante, ¿qué pasa si los resultados obtenidos no llegan al nivel que se esperaba, o si no son favorables, comparados con lo que han logrado otros líderes?

"Recuerden," dijo el capellán, sonriendo: "Noé predicó durante 120 años y sólo pudo convencer a siete personas para que entraran en el arca con él. Sin embargo, fue exitoso, según creo yo, porque fue fiel. Ciertamente, su liderazgo glorificó y agradó a Dios."

Cuando se hizo una pausa en la conversación, pudimos escuchar las palabras provenientes desde la plataforma. El ex gobernador y candidato presidencial Mike Huckabee se había sumado a John Ashcroft en escena, y los dos bromeaban sobre el liderazgo en las trincheras. Para mi sorpresa, Huck comenzó a hablar del tema del éxito en el liderazgo. ¿Fue una casualidad? No lo creo.

"Éxito es, esencialmente, tener metas claramente definidas y cumplirlas con integridad," estaba diciéndole Huck a un público embelesado. "Y la integridad es una parte importante de él, porque si usted gana el mundo y pierde su alma, eso no es tener éxito. Lo he visto en los políticos. Consiguieron lo que querían, pero pagaron un precio altísimo y terminaron siendo algo que no querían ser, y para entonces el daño ya estaba hecho. Hay muchas cosas que se pueden recuperar, pero la reputación no es una de ellas. Es peligroso desear algo de tal manera que comience uno a traicionarse para conseguirlo, comprometiendo sus valores esenciales."

Huck identificó uno de los elementos críticos del liderazgo exitoso: mantenerse fiel a sus valores esenciales. Esa era una idea que Don Soderquist quería enfatizar.

"Los líderes son quienes establecen las normas respecto a los valores de la organización. Los valores son los cimientos de la conducta dentro de una organización y del desarrollo de la cultura organizativa. Es fundamental que los líderes superiores sean los paladines de los valores, y es igualmente decisivo que sean ellos los modelos de esos valores."

Mientras observaba atentamente el monitor para saber en qué momento entrar al escenario para hacer la transición de John y Mike a los siguientes oradores, escuché que Henry Cloud brindaba unas reflexiones finales sobre el liderazgo. Los éxitos de librería de Henry sobre el liderazgo y el éxito en la vida se basan en su amplia experiencia en consejería, así como en la capacitación a ejecutivos en los ámbitos ministeriales y de negocios. Tuve la sensación de que, cuidadosamente, estaba intentando llenar el vacío entre los que lideraban en ámbitos con fines de lucro y aquellos cuyo trabajo se realizaba sin fines de lucro. Eso era precisamente lo que necesitábamos de momento: un enfoque que nos llevara más allá de las idiosincrasias de los entornos específicos y que enlazara todos los conocimientos valiosos que ya habíamos escuchado en una perspectiva práctica y universal.

"En un sentido, cada líder tiene que establecer una pauta de evaluación de lo que define como éxito en su campo de acción. De alguna manera, esos parámetros diferirán, pero, más allá de eso, pienso que si usted analiza toda la literatura sobre el liderazgo, si observa toda la experiencia sobre el tema que hay por ahí, siempre encontrará las mismas dos cosas: las relaciones y la tarea."

—¿Qué significa eso? —preguntó alguien.

—Bueno, en otras palabras, cuando los líderes tienen éxito, como consecuencia, habrá personas que son mejores por haber sido guiadas, o por haber acompañado a ese líder. Crecieron, se desarrollaron, se conmovieron, recibieron inspiración, fueron desafiadas, asesoradas y edificadas. Ese líder ha dejado atrás a personas que se beneficiaron por haber estado ahí. Ese es un aspecto.

Henry recorrió al grupo con la mirada y, al ver que seguían el hilo de sus ideas, concluyó su explicación: "El otro aspecto es que, cualquiera fuera la misión, fue llevada a cabo. Ya saben, podemos ser buenos con las personas (esa es la parte de la relación), pero al final del día, ¿podemos decir que fuimos fructíferos? Ese es el aspecto de la tarea.

"Creo que cada organización y cada líder terminan definiendo de distinta manera al éxito según la particularidad de su propia misión, pero debe tener frutos en lo que hace, y esa tarea debe ser realizada de manera que las personas hayan mejorado en el proceso. Si lo mira desde el punto de vista bíblico, en relación con las personas, puede decir que tuvo éxito si ellas se han ido completando más en sí mismas a la imagen de Dios y si están viviendo la esencia del evangelio. Luego, desde el lado de la tarea, debe tener en cuenta si, abiertamente o de alguna otra manera, el Reino de Dios ha avanzado a causa de ese liderazgo."

Para entonces había perdido completamente de vista mi papel como anfitrión mientras reflexionaba en las palabras de Henry sobre el éxito. Afortunadamente, uno de los directores de escena se acercó para alertarme de que tenía que acercarme a la plataforma, ya que Huck y John estaban concluyendo su discurso.

Mientras salía de la sala de espera hacia el escenario, me di cuenta de que, ahora que mi fantasía de escuchar los mejores pensamientos de los más grandes líderes de Estados Unidos se estaba haciendo realidad, iba a necesitar mucho tiempo para procesar esos conocimientos. Una parte de lo que estaba escuchando confirmaba mis opiniones anteriores, otra parte ampliaba esas opiniones y algunas otras chocaban directamente con mis creencias sobre el liderazgo. Sea como fuere, eran personas cuya experiencia, inteligencia y compromiso con el progreso del liderazgo me obligaban a tomar seriamente en cuenta sus puntos de vista, sin importar lo incómodo que pudiera sentirme.

Después de todo, el objetivo de este Encuentro de Grandes Líderes no era imponer que todos adoptaran las mismas ideas. El resultado deseado era que cada uno de nosotros se sintiera lo suficientemente desafiado por el otro para que pudiéramos convertirnos en los líderes que se espera que seamos. El gran liderazgo, como la vida misma, es un recorrido de proceso, experiencia y crecimiento, más que un destino final que se espera alcanzar.

CAPÍTULO 3

VISIÓN Y VALORES

LA CONFERENCIA MARCHABA a toda velocidad. Durante la sesión de apertura, John Ashcroft y Mike Huckabee habían hecho el estupendo trabajo de lograr que la gente se concentrara, proporcionando algunas anécdotas graciosas y a la vez reveladoras sobre sus desafíos como líderes dentro del gobierno. Luego de presentar la siguiente sesión y a sus oradores, volví apresuradamente a la sala de espera. Las conversaciones que se estaban desarrollando allí me habían entusiasmado, y provocaron una nueva serie de preguntas. No veía el momento de volver para el cóctel final (sin los tragos, claro) y hacer que la sabiduría siguiera fluyendo. Para entonces, la sala se había dividido en varios círculos pequeños de líderes apiñados alrededor de las mesas de comida. Me acerqué a la más próxima, saludé a todos y escuché una conversación informal. Un par de minutos más tarde, me metí de lleno con una pregunta:

—Saben, por un tiempo la importancia de la visión era el tema del que todos hablaban, pero hoy hasta el momento no he escuchado a alguien hablando al respecto. ¿Es un concepto pasado de moda? ¿Hemos agotado el tema, o hemos dicho todo lo que hay para decir al respecto? A mí me parece que la visión sigue siendo el punto de partida para cualquier tipo de operación exitosa de liderazgo. ¿Qué opinan, amigos?

—La capacidad más importante de un líder exitoso es la de crear una visión que la gente pueda seguir —respondió Ben Carson, el brillante neurocirujano que recientemente había sido nombrado por *Business Week* como una de las personas más influyentes del mundo—. El libro de Proverbios dice: 'Donde no hay visión, el pueblo se extravía' (29:18, NVI). Este es un momento en el que necesitamos un liderazgo que ayude a las personas a entender quiénes somos, y que no intente esterilizarlo todo y hacerlo aceptable para todo el mundo para que nadie pueda ofenderse por nada. Las creencias y los valores no tienen que ver con eso. Las creencias y los valores tienen que ver con saber quién es uno y en ser capaz de tolerar y aceptar a los demás, pero sin cambiar lo que uno es ante cualquier capricho.

Las personas de nuestro grupo parecían bastante a gusto con ese diagnóstico, excepto Seth Godin. No podía ser otro sino Seth quien desafiara el pensamiento convencional, aun si el pensamiento "convencional" de Ben no era realmente una práctica convencional. Como resultado de nuestra investigación entre los líderes de todo el país, yo sabía que la visión recibe mucho más adhesiones de palabra que verdadero compromiso. La mayoría de los líderes no tiene una visión que dirija a su organización; es más probable que estén concentrados en alcanzar objetivos financieros o en mantener un alto perfil empresarial que en proponer o procurar una razón única y convincente de su existencia. Nuestros estudios habían descubierto que en muchas de las organizaciones que tienen una declaración de su visión, esas palabras no han hecho más que convertirse en lemas que figuran en el membrete y en el logo de la imagen corporativa, pero que tienen escaso efecto en la toma de decisiones o en el pulso de la organización.

De manera que los buenos pensamientos de Ben probablemente fueran más intuitivos de lo que pudieran parecer inicialmente. Aun así, Seth iba a hacer un intento de buen corazón para responder sobre el tema.

"Si miran suficientes películas de Hollywood, pareciera que los líderes tienen una visión completa desde el comienzo, la cual se desarrolla exactamente como ellos pensaban que sucedería," explicó Seth. "No obstante, eso no es para nada real. Sí, Berry Gordy tenía algo de visión cuando comenzó a dirigir Motown y a romper las barreras raciales en el negocio de la música, pero no creo que hubiera podido describirle a usted lo que llegaría a ser Motown.

"El verdadero liderazgo no necesariamente está relacionado con tener una visión concreta sobre cómo será el desenlace. Es abrazar el proceso por el que el grupo atraviesa para alcanzar el objetivo al cual se dirige. Muy a menudo las personas dudan si deben liderar porque no saben cuál será el desenlace. En realidad, los líderes *nunca* saben cómo será el desenlace. Sólo saben que hay un proceso por el que están dispuestos a jugarse."

Como suele lograr con su pensamiento divergente, la opinión de Seth captó la atención del grupo. El siguiente en opinar fue Ken Blanchard, cuyos modos suaves y pausados siempre reducen la temperatura y logran llegar al fondo del asunto.

"Verán, la mayoría de las organizaciones no tiene una declaración de su visión ni de su misión, ni un conjunto de valores operativos, ni nada de eso," expuso. Esto era precisamente lo que yo había encontrado en nuestra investigación, pero ¡qué mejor que fuera un reverenciado, magnífico y experto estadista en el liderazgo el que sustentara la hipótesis en mi lugar! "Las organizaciones ignoran esas cosas, y luego se preguntan por qué pierden el rumbo, pero ya ve, si usted como líder no entiende ese punto, su liderazgo pierde significado, porque se supone que el liderazgo ayuda a las personas a avanzar hacia una meta específica.

"Aprendí de Jesse Stoner, quien durante varias décadas ha estado estudiando el poder de la visión, que en realidad hay tres partes que componen una visión convincente. Una es determinar quién es usted, o saber en qué negocio está. Lo segundo es saber hacia dónde va, es decir, cómo se imagina el futuro; y lo tercero es descubrir qué guiará su comportamiento, es decir, definir sus valores. De manera que una visión constructiva le dirá a usted quién es, hacia dónde está yendo y qué valores lo regirán. Una vez que tenga esas cosas en claro, podrá establecer metas para esas definiciones, y ahora las metas tendrán significado debido al contexto provisto por la visión."

Me pareció entender hacia dónde iba con esto. —En otras palabras, ¿la visión debe representar cómo se convierte su pasión en una acción productiva que concuerda con sus creencias?

—Déjenme dar un ejemplo —dijo Ken, afirmando con la cabeza—. Hace un tiempo, yo había estado trabajando con un gran banco, y me enviaron la declaración de su misión. Me presenté ante el presidente y los demás, y les dije: "Realmente les agradezco haber recibido la declaración de su misión porque, desde que la tengo, he podido dormir mucho mejor. La puse cerca de mi cama y la leo cuando estoy desvelado porque tiene mucha palabrería, y no podría estimular ni a una pulga. Miren, yo soy cliente de bancos. Esperaría que ustedes estuvieran en el negocio de la tranquilidad. Si les entrego mi dinero, querré tener la tranquilidad de saber que tomarán mi dinero, lo protegerán y, quizás, hasta lo harán aumentar."

»¿Por qué Walt Disney no decía que estaba en el negocio de los parques temáticos? —A esas alturas, Ken tenía embelesada a la audiencia—. Disney decía: "Estamos en el negocio de la felicidad." ¿Ven? Se necesita una declaración convocante. Jesús dijo: "Los haré pescadores de hombres." No dijo: "Permítanme entregarles la declaración de mi misión." Y he descubierto que si Jesús lo hizo, probablemente sea lo que se debería hacer.

Nuestro grupo se reía con Ken, y él hizo aún más práctico su razonamiento. "Así que lo primero por hacer es averiguar qué está haciendo usted realmente. Nosotros trabajábamos con el gran estadio de béisbol de San Diego. Los propietarios querían que los aficionados la pasaran bien y vivieran una experiencia maravillosa. Su misión ahora es simple: la única razón por la que existen es para crear buenos recuerdos. Lo que tiene eso de eficaz es que todos, ya sea que formen parte del servicio gastronómico o de la venta de entradas, saben que lo que están intentando hacer es crear un recuerdo positivo para el cliente. De modo que, cuando se trata de visión, eso es lo primero que usted tiene que hacer."

Ken estaba haciendo algo más, algo que he notado que hacen los grandes líderes: toman algo complicado y lo hacen simple. Prosiguió explicando más sobre el proceso de desarrollo de la visión.

"Entonces la imagen del futuro es vislumbrar: si se logra la visión, ¿qué sucederá? En el caso de Disney, la imagen del futuro era que todos los clientes que salieran del parque tuvieran la misma sonrisa que al ingresar seis,

> *Los grandes líderes toman algo complicado y lo hacen simple.*

ocho, diez o doce horas atrás. Uno toma su visión y la transforma en una llamada convocante preguntándose: 'Si hacemos un buen trabajo, ¿qué sucederá?' En el estadio de San Diego, Petco Park, la imagen del futuro es que cada hincha al salir hable con las personas con las que asistió sobre a quién traerán la próxima vez. Llevé a mis nietos a un partido de los Padres, tan pronto empezamos a trabajar ahí. Estábamos saliendo del partido y mi nieto mayor, que tenía entonces diez años, dijo: 'Abuelito, ¿cuándo vendremos otra vez?' Le pregunté por qué quería saberlo y me dijo: 'Porque me encantaría traer a Grant. Creo que a él le gustaría mucho esto.' Grant es su mejor amigo.

"Y el tercer componente son sus valores. Si usted ha identificado su imagen de futuro, ¿cuáles serán los valores que regirán ese comportamiento? La mayoría de las organizaciones, cuando tiene valores, tiene demasiados: ocho, diez, doce. Ya sabe: Dios, la madre, el país y así sucesivamente. Los fariseos le dijeron a Jesús: '¿Diez Mandamientos? Son demasiados. ¿Cuáles son los principales?' Entonces él dijo: 'Estos dos' . . . ¡y hasta los ordenó por importancia! Así que, de nuevo: creo que si Jesús lo hizo, vale la pena hacerlo.

"Creo que la razón por la que sus valores tienen que ser ordenados por importancia es porque la vida tiene que ver con los conflictos de valores. Volviendo al ejemplo de Petco Park, cuando trabajamos con los Padres, hicimos bajar al campo a todos los empleados, a los dos mil quinientos, el domingo después del primer partido local. Nunca imaginaron estar allí.

Entonces los hicimos recorrer las cuatro bases, y en cada una había un letrero con el nombre de un valor, ordenados por importancia. El letrero de la primera base decía: 'Seguridad.' ¿Por qué? Porque si alguien sale de aquí en una camilla no tendrá un recuerdo estupendo. De manera que la seguridad tiene que ser el valor número uno.

"La segunda base era 'Servicio': ya saben, ser cortés y simpático. Es bueno saber que es lo segundo, pero ¿por qué es tan importante ordenar los valores por prioridad? Bueno, si estoy respondiendo a una consulta de manera amable y simpática, y escucho un grito que no viene del campo de juego, tengo que despedirme inmediatamente y averiguar de dónde viene ese grito. Sin embargo, supongamos que estoy hablando con una mujer guapa, y me pregunto qué hará después del partido. Escucho el grito y me digo: *Ah, no importa, siempre hay alguien que grita.* Después me dicen: 'Tú eras quien estaba más cerca de la persona que gritaba. ¿Por qué no te moviste?' 'Bueno, yo me estaba ocupando del servicio.' En realidad, usted debe postergar el servicio si se presenta un problema de seguridad.

"La tercera base era 'Diversión.' Uno de los empleados comentó: 'Recuerde cuando era joven y tenía una cita; si usted la había pasado bien, ¿qué probabilidad había de que ella también la hubiera pasado bien? Era muy probable; pero si usted la había pasado pésimo, ¿qué posibilidades había de que la chica la hubiera pasado bien? De manera que si nos divertimos haciendo nuestro trabajo, ¿qué probabilidad hay de que los hinchas se diviertan? No obstante, si no nos estamos divirtiendo, y decimos: "¿Cuándo se terminará este partido?" Bueno . . . eso es un problema.'

"Y el home decía 'Éxito': tener una organización rentable y bien conducida. La mayoría de las organizaciones no menciona su bienestar financiero como un valor, pero si no se lo incluye, los valores pierden seriedad, porque cuando las finanzas estén ajustadas, todos pasarán mucho tiempo preocupados por ellas. Sin embargo, el hecho de que esté en cuarto lugar indica que en Petco Park no harán cosas para ahorrar dinero si eso pone en peligro a las personas. ¿Por qué no? Porque la seguridad es la prioridad número uno. No harán reducciones de personal en el parque, porque es imposible brindar un servicio cortés y amable si el concurrente no puede encontrar a nadie cuando necesita ayuda.

"Si las organizaciones definen esos tres componentes —saber cuál es su negocio, imaginarse el resultado y priorizar sus valores— y los comunican, todos pueden entenderlos. Luego, cuando los cuelga en la pared, tienen significado. Entonces sí, supedite las metas a ellos y cobrarán vida. Es algo realmente poderoso."

Ken acababa de darnos una guía para el desarrollo de la visión y, como era de esperarse, vi que los líderes alrededor de mí se animaban en una discusión sobre el tema. En cierto sentido, es un asunto del que se ha hablado hasta el cansancio. Sin embargo, por otra parte, la visión es el aire que respiran los líderes, y no pueden evitar emocionarse cuando relacionan el concepto de visión con su llamado al liderazgo.

Newt Gingrich había estado escuchando atentamente las palabras de Ken y las confirmó casi de inmediato.

La visión es el aire que respiran los líderes.

"¡Qué maravilloso ejemplo!" comentó el sonriente ex presidente de la Cámara de los Representantes. "Lo que usted hizo es lo mismo que hemos descubierto que es decisivo en el mundo de la política: usted empezó definiendo sus valores, los propios y los de las personas a las que dirige. Luego describió la visión para hacer realidad esos valores. Se preguntó cómo lo lograría: *Esto es lo que yo creo; ahora ¿cómo lo haré?*"

Entonces Newt sumó una idea nueva: "Los parámetros son importantes durante el proceso, porque usted tiene que comprobar en el mundo real si su visión y sus valores se están concretando. Estudié a Peter Drucker y a Edward Deming y comprendí que para que eso suceda, uno debe aprender lo que sea necesario. Constantemente trato de definir qué es lo que no entiendo. Cuando ya tengo los parámetros definidos y sé que debo alcanzarlos a fin de lograr mi visión y los valores, entonces debo preguntarme mediante qué estrategias podré alcanzarlos. Finalmente, considero qué proyectos tendré que poner en marcha."

De manera que ahora reflexionábamos sobre la combinación de varios esfuerzos: una visión clara y práctica, un puñado de valores indispensables, algunas medidas objetivas para discernir dónde estamos y a dónde necesitamos llegar, y el desarrollo de un plan para alcanzar ese lugar. Como investigador me complacía especialmente escuchar que Newt promoviera la importancia de los parámetros. Con los años me he vuelto muy consciente de cuán pocos líderes son serios en definir y medir objetivamente el rendimiento a la luz de la visión y de los valores. Su comentario me recordó uno de los principios esenciales que siempre trato de transmitir a nuestros clientes: usted logra lo que mide.

Usted logra lo que mide.

Una de las personas del grupo era Rich Stearns, el líder visionario que había demostrado su capacidad de materializar la visión en una variedad de entornos. Como presidente de Parker Brothers, luego de Lenox, y actualmente conduciendo Visión Mundial, la organización cristiana mundial de ayuda y desarrollo, Rich ha sido testigo directo del poder de la visión durante más de tres décadas. Se subió al carro de un salto para ayudar a enlazar los aspectos de comunicación y evaluación a los cuales Ken y Newt acababan de aludir.

"He descubierto, especialmente en mis diez años en Visión Mundial, que comunicar la visión es aún más importante cuando se está comprometido en una gran causa y hay que movilizar no sólo a los empleados, sino también a los donantes y al público para que abracen esa causa. Se tiene que encontrar palabras que motiven y maneras de producir las imágenes que reúnan a las personas en la misma sintonía. Hace algunos años hicimos una investigación sobre las actitudes de los evangélicos hacia el VIH y el SIDA."

Rich giró hacia su izquierda y me habló a mí directamente: —George, creo que el comentario que me hiciste en ese momento fue: "No me gustaría estar en tu lugar. El público estadounidense no sólo parece no tener interés ni compasión por este problema, sino que además tiene un sentimiento negativo hacia el VIH y el SIDA."

Recordé esa investigación para Visión Mundial; fue el primer estudio que había dirigido para ellos desde que Rich se convirtió en su presidente, y ¡temí que los resultados pudieran determinar que fuera el último! El descubrimiento principal de ese proyecto fue una de las perspectivas más desalentadoras que tuve que entregar a un ejecutivo, porque debía decirle que su misión era como escalar el monte Everest, solo y sin recursos.

—Tienes razón, Rich. La información mostró que el público no sólo era indiferente a la crisis del VIH/SIDA; en verdad eran hostiles y sentían repulsión por el problema.

—Exactamente, les repulsaba el tema y tenían prejuicios y todo eso. Para colmo, la iglesia cristiana de aquel entonces estuvo ausente en medio de la pandemia de SIDA —observó Rich con tristeza—. Así que una de las cosas que tuvimos que hacer en Visión Mundial fue lanzar una visión. Tuve que comenzar con mis empleados, porque, en muchos sentidos, ellos estaban más o menos en la misma posición que los evangélicos en general. Ellos pensaban: *No podemos ir hacia allí. Un ministerio apto para todo el público, como Visión Mundial, no puede meterse en un asunto apto sólo para mayores; nos saldrá el tiro por la culata y manchará nuestra reputación.* Ese fue el desafío interno. Luego, en el nivel externo el desafío fue la actitud de nuestros donantes, que decían: "No hablen de esto. Me ofende. Me llena de ira." No querían admitir que se colocaban en el rol de jueces o que tenían actitudes que eran incompatibles con su percepción del papel de Visión Mundial.

»Tuve que crear una imagen que cambiara la manera en que las personas veían y opinaban sobre el VIH y el SIDA, y esa imagen fue diseñada para presentar la realidad que vivía el mundo con la crisis del SIDA a nuestros diversos públicos, para cambiar sus actitudes y opiniones. Comenzamos enfocando a las viudas y a los huérfanos. La Biblia tiene un versículo maravilloso sobre el cuidado de las viudas y de los huérfanos que están en dificultades [Santiago 1:27]. Esa es la verdadera religión, según Santiago, y, desde luego, las viudas y los huérfanos eran las víctimas inocentes del SIDA. Ellos no habían hecho nada malo. Simplemente eran los blancos de un terrible azote. Así que, de alguna manera, nos pusimos bajo el radar del público estadounidense al hablar sobre las viudas y huérfanos inocentes.

»Y nos preguntamos si la Biblia nos ordena tener compasión por esta clase de personas. ¿Necesitan ser amados y recibir ayuda? ¡Por supuesto! De manera que identificamos qué podíamos hacer para cambiar las cosas y entonces comenzamos a hablar sobre el alcance de la pandemia. Empezamos por África, donde hay siete países en los que más de 20 por ciento de la población es VIH positivo. Se mueren maestros, campesinos, trabajadores estatales. El SIDA está destruyendo la sociedad africana. Las abuelas tienen que volver a trabajar a sus setenta años, luego de haberse retirado, para cuidar a diez, quince, veinte nietos.

Mientras Rich revivía algunos de aquellos momentos difíciles, hubo una pausa antes de continuar con el relato. "De pronto pudimos llegar al corazón de la gente. Sabíamos que los cristianos evangélicos en el fondo tienen un corazón sensible, pero de alguna manera teníamos que llegar a ellos y lograr que vieran al VIH y al SIDA desde una perspectiva completamente distinta, con lentes completamente diferentes. Luego de hacer esos primeros acercamientos con las personas, pude desafiarlos preguntándoles directamente: '¿Cuál es nuestra responsabilidad? ¿Qué lugar le corresponde a la iglesia? Y ¿cuál es nuestra responsabilidad ante Dios frente a esta crisis humanitaria mundial?'

"Recorrí el país hablando del tema ante auditorios que, estoy seguro, eran bastante escépticos y tal vez un poco hostiles al principio, pero cuando terminaba de hablar y mostrábamos nuestro video, las personas venían en multitud, llorando, y me decían: 'Tengo que arrepentirme de mi crítica y de mis actitudes sentenciosas. No sabía, no lo entendía. ¿Cómo puedo ayudar?' Las personas pudieron ver de otra manera al VIH y al SIDA, y comenzaron a comprender cómo estas cosas le parten el corazón a Dios. Ese cambio sucedió por transmitir una visión. Saben, tiene que ver con nuestra cosmovisión, con ofrecer una cosmovisión que sea convincente, veraz y movilizadora."

Todos felicitaron a Rich por el relato tan apropiado para mostrar claramente la visión y no negarse a enfrentar desafíos abrumadores. Rich había hecho lo que se supone que todo líder debe hacer: según las palabras de uno de nuestros otros oradores, Warren Bennis, un líder debe hacer lo correcto.

De este relato sacamos además otra lección evidente: cuando se hace lo correcto, los líderes auténticos no complacen a la opinión pública ni a sus actitudes; les dan forma. Rich podría haber hecho lo más fácil, lo que habían hecho otros antes que él: espantarse ante la magnitud del desafío, reconocer el desinterés de la gente y enfocar su energía en algo que ya estuviera listo para funcionar. No obstante, su instinto y sus valores le indicaron que el VIH y el SIDA exigían atención, y aceptó el desafío. Como consecuencia, gracias a sus esfuerzos, millones de vidas han sido y todavía siguen siendo salvadas.

"Esto es fantástico, de verdad; pero es una experiencia sin fines de lucro," comentó alguien respetuosamente. "No es tan fácil lograr que las personas se entusiasmen con una visión cuando se trata de proteger a los accionistas que quieren llevarse tanto dinero como sea posible del trabajo de los empleados."

¡Epa! Ahí estaba: el tema tabú. El conflicto entre dinero, intereses y moralidad. En esencia, el argumento de que el desafío es más fácil para los líderes de alguna causa que para los líderes empresariales.

Rich sonrió ante esto como si ya supiera que iba a venir, y abordó la cuestión despreocupadamente.

"Es difícil, pero yo recuerdo haber intentado hacerlo también en mi trabajo como empresario. Antes de llegar a Visión Mundial, fui presidente de Lenox, la empresa que fabrica vajilla, y antes de eso, fui presidente de Parker Brothers, la empresa que hace juegos de mesa. Cuando asumí el puesto en Lenox, su cuota de mercado en la porcelana era de casi 26 por ciento, y afirmaban ser la empresa número uno en ventas de porcelana en Estados Unidos. Noritake tenía 28 por ciento de la cuota de mercado, pero los de Lenox decían: 'Sí, pero esa no es realmente porcelana fina; es porcelana japonesa. La porcelana fina son la europea y la americana.' Es como si General Motors dijera: 'Los Toyota no son autos de verdad. Los verdaderos automóviles se hacen en Estados Unidos.'"

Todos soltaron una carcajada al escucharlo, probablemente porque todos los líderes del círculo habían tenido semejantes intercambios de palabras con las personas con las que trabajaron.

"Así que tuve que cambiar la manera de ver las cosas en Lenox, y decir: 'Un momento, Noritake nos está tomando la delantera, y en los últimos cinco años nuestra cuota de mercado ha disminuido, mientras que la de ellos ha aumentado.' Uno no puede meter la cabeza en la arena y decir: 'Bueno, esa es porcelana japonesa.' Una de las cosas que hice para representar visualmente la situación fue crear lo que llamamos la 'Sala de Guerra.' Era una sala de conferencias y en una de sus paredes pusimos los cincuenta principales diseños de porcelana, según las ventas, en orden descendente. En realidad, compramos un juego completo de cada uno y los pusimos en la pared, ordenados desde el número uno, dos, tres, cuatro, etcétera; de manera que pudiéramos visualizar el predominio de Noritake. Hicimos lo mismo con la cubertería y con la cristalería. Entonces tuvimos todas nuestras reuniones de desarrollo de producto en esa Sala de Guerra, para que todos los diseñadores y todo el personal de mercadeo estuvieran obligados a mirar esos otros productos cada vez que nos reuniéramos. Bueno, cinco años después, Lenox tenía 45 por ciento de la cuota de mercado y Noritake había caído a 16 por ciento. Obviamente fue necesario mucho trabajo para llegar allí, pero todo comenzó con la creación de una visión de la realidad y luego una visión de cuál podía ser una mejor realidad para Lenox."

Los demás líderes alrededor de la mesa empezaron a identificar ejemplos de su experiencia, o que conocían, en los que el proceso de la visión había jugado un papel decisivo en el éxito de la empresa. Una de las empresas más interesantes para estudiar ha sido Southwest Airlines. Tener en nuestro grupo a Colleen Barrett, quien acababa de jubilarse como presidente de la compañía, nos dio la oportunidad de lograr una mirada desde adentro sobre la forma en que Southwest se había abierto camino en una industria tan difícil y, a la vez, la había redefinido. Colleen señaló que el hecho de enfrentar pronósticos tan aplastantes como esos fue una de las mejores cosas que pudieron sucederle a Southwest. Básicamente, eso los empujó a trabajar en el lanzamiento de su pequeña aerolínea regional como una causa, parecida en ciertos aspectos a la ardua batalla que había enfrentado Rich en Visión Mundial.

"Cuando arrancamos con Southwest, sabíamos que iba a ser muy difícil tener éxito. Era una industria tremendamente competitiva y nosotros intentábamos entrar en ella. Éramos los inconformistas, la oveja negra, y la mayoría de las personas no quería tener nada que ver con nosotros. Los grandes de esa época —los villanos, los lobos feroces y malos— no creían que tuviéramos posibilidades. Ni siquiera creían que podríamos despegar, mucho menos volar. Fue así como Southwest se transformó para nosotros en una causa. Si nos hubieran dejado en paz, probablemente habríamos quebrado a los dos años, y Herbert todavía estaría trabajando como abogado." Hacía mención a Herb Kelleher, el legendario fundador de Southwest, quien había sido su jefe y mentor. Cuando Herb se jubiló, Colleen fue una de las personas que se ofreció para continuar con la dirección de la compañía aérea.

"Pero cuanto más peleaba la competencia por mantenernos fuera del aire, más competitivo se volvía Herb. Eran arrogantes y fanfarrones, y nosotros sentíamos que eso no estaba bien. Cuando comenzamos éramos muy pocos, diez personas, quizás. Y sabíamos que queríamos luchadores, personas que dijeran: 'Voy a pelear por estos tipos, porque esto no es justo.' Creo que se convirtió en la mejor historia de David y Goliat que el mundo de los negocios haya tenido jamás. No teníamos dinero, así que no podíamos pagar publicidad, pero estuvimos en la primera plana de los periódicos de Texas, lugar de nuestros orígenes, durante tres años seguidos. Desde el día que conseguimos nuestro permiso hasta el día que pusimos nuestro primer avión en el aire, pasaron tres años y medio. Hubo treinta y seis audiencias legislativas, administrativas y legales que involucraron a todos nuestros competidores, basadas en los cargos que habían dirigido contra nosotros. Y nosotros ¿qué teníamos? Un abogado, Herb, que lo hizo todo de su bolsillo y no era un hombre rico, pero lo hizo porque creía firmemente en ello.

"La cultura básica de Southwest fue formulada desde esa lucha. No dijimos: 'Esta va a ser nuestra cultura,' pero evolucionó de tal manera que nuestra cultura incluyó familia, diversión y trabajo duro. Herb quería que el personal tomara muy en serio nuestro negocio, pero no a sí mismos. Valoraba el sentido del humor, y lo recuerdo diciéndole a la primera vicepresidente de recursos humanos que analizara si los potenciales empleados tenían sentido del humor. Ella preguntó: '¿Qué tengo que hacer, poner un almohadón de ventosidades en el sofá y ver si se ríen?' En realidad es fácil ver si alguien tiene sentido del humor y ese ha sido un valor fundamental en Southwest."

La dinámica en nuestra sala se vio interrumpida más o menos durante un minuto, mientras los demás líderes elogiaban a Southwest. Tuve que hacer de aguafiestas nuevamente para que volviéramos a encarrilarnos, así que desinflé el festival de afecto con mi siguiente pregunta.

"Pero ¿cómo hacen para convertir aquellos valores de los que están hablando Ken, Colleen y los demás en una cultura empresarial sana y duradera?"

Creí ver que algunas cabezas se sacudían incrédulas cuando maté el espíritu festivo y los arrastré de regreso a nuestra labor. El líder no siempre ha de ser popular, ¿verdad? Por suerte, Jimmy Blanchard —que no estaba emparentado con Ken, como descubrí luego— acudió en mi ayuda. Jimmy, quien había dirigido Synovus —una empresa de servicios financieros bien administrada y altamente rentable— durantes años, es un hombre muy cortés e inteligente, de gran sabiduría y experiencia.

"Se logra con la repetición," explicó, trayendo al grupo de regreso al foco de la charla. "En cada reunión, nuestro rebaño escucha el mismo sermón, una y otra y otra vez. Contamos las mismas historias, hacemos énfasis en los mismos conceptos. Cada martes por la mañana tenemos una reunión de líderes. No es una reunión para recibir información, aunque puede que demos información. No es una conferencia, aunque es posible que, de vez en cuando, demos un sermón. No es una clase, aunque a veces nos propongamos enseñar. Es un debate cultural, o un ensayo presentado para confirmar quiénes somos, qué representamos, cuáles son nuestros valores básicos y cuál es nuestra cadena de valores. Creemos que esto es lo que funciona mejor en una empresa, más que un manojo de reglas. Si su cultura es fuerte y clara, si se la comunica constantemente y si no hay dudas ni ambigüedades acerca de ella, entonces serán pocos los que se mantengan al margen."

"Yo diría que la repetición es lo principal. Tengo una historia que me encanta contar y que probablemente ya haya contado unas cuatro mil veces. Algunas de las personas que trabajan en Synovus la han escuchado las cuatro mil veces, y es interesante, porque cuando cuento esa historia, veo que algunos de ellos miran hacia arriba como pensando: *Vaya, ahí vamos otra vez.* Sin embargo, no quedan dudas en cuanto a esa historia, ni a lo que quiere decir y a cuáles son las lecciones. Tome su visión y sus valores e inclúyalos en su material impreso; compártalos en sus orientaciones; introdúzcalos en la capacitación para líderes, en todos los niveles; pero lo principal es que las personas clave, los muchachos que toman las decisiones en la empresa, deberían escuchar al presidente decir esas cosas todo el tiempo."

Puesto que había estudiado a Synovus —esta empresa ha recibido numerosos premios como la mejor compañía para la cual trabajar, como innovadora en su industria, como generadora de las mejores prácticas y como semillero de líderes competentes—, tenía curiosidad por saber cómo se las habían arreglado para mantener el equilibrio entre lograr rentabilidad y mantener valores esenciales que claramente se basan en la fe. La pregunta no inquietó a Jimmy en lo más mínimo; era obvio que se había enfrentado a ella muchas veces antes y había pasado mucho tiempo pensando, conversando y orando sobre este tema.

"Sabes, George, es bastante claro para todo el mundo que nuestro sistema de valores está basado en la ética judeocristiana. Somos una empresa pública que cotiza en la bolsa de valores, y jamás sentí que fuera apropiado que me pusiera de pie y predicara allí. Nunca sentí que mi función como presidente incluyera levantar una ofrenda o hacer un llamado al altar. Es más, creo que habría sido un abuso ya que las reuniones son obligatorias. Yo no puedo imponer mis 'conceptos religiosos' a esas personas, pero jamás tuve ninguna restricción ni resistencia para imponer una cultura que básicamente es la ética judeocristiana. Sus valores tienen que ver con el trabajo duro, la lealtad, la fraternidad, etcétera, pero es un poco más profundo que eso."

Jimmy hizo una pausa y miró al otro Blanchard que había en nuestro grupo. "Es estar convencido de que el cliente tiene la razón. Es una bendición que los miembros del equipo hayan comprometido su carrera con nuestra empresa. Nosotros somos custodios de su carrera, fiduciarios. Tenemos una responsabilidad porque ellos nos han dado lo mejor que tienen: su carrera laboral, su energía y su tiempo. Tenemos que honrar la confianza que pusieron en nosotros como compañía.

"De manera que, a la larga, el valor que hemos promovido y en el que hemos tenido éxito es simple: tenemos que tratar bien a las personas. No importa quiénes sean, o en qué iglesia crecieron, o de qué barrio vengan, o la clase de educación que tengan. Todas las personas son valiosas, preciosas y deben ser apreciadas. Es nuestra obligación ser considerados y respetuosos con ellos. Esos son los valores que se han convertido en la sustancia de nuestra cultura corporativa."

"En Wal-Mart hemos tenido una experiencia similar," agregó Don Soderquist sin vacilar. "Los valores de Wal-Mart tienen su origen en los principios judeocristianos que están en la Biblia. Sam [Walton, el fundador de Wal-Mart] y yo hablábamos con frecuencia sobre eso, de cuáles eran nuestros fundamentos, etc. Uno de los principios primordiales que se encuentran en la Biblia es que respetemos a las personas. No importa lo que usted crea, su origen, o su color de piel, el valor es que debe respetar a todo ser humano, porque todos están hechos a la imagen de Dios. Eso significa que, dentro del esquema de Wal-Mart, independientemente de lo que usted crea, dónde haya crecido, o cuál sea su preferencia religiosa, lo respetamos por ser quien es. Ese tipo de entorno es propicio para una conducta virtuosa. Y esa conducta virtuosa es el resultado de los valores que tenemos: tratar a todo el mundo como usted quiere ser tratado.

"Jim Collins fue citado hace algunos años cuando decía que lo que distinguía a Wal-Mart del resto de la competencia era su ADN. Wal-Mart ha tenido un conjunto de valores esenciales desde sus comienzos, como resultado de la convicción básica en el valor de todo ser humano y de que toda persona puede hacer una contribución al éxito de la empresa. Ellos realmente creen eso; no son sólo palabras vacías. Wal-Mart no es, de manera alguna, perfecta; pero creo que ha cumplido con su palabra más que ninguna otra organización que yo haya conocido."

Las ideas de Don coincidieron con algo que Patrick Lencioni tenía en mente.

"Estoy de acuerdo. Creo que es imperioso que entendamos qué es esencial para la organización. Usted se da cuenta de que un valor es esencial si está dispuesto a sufrir castigo por su causa, y si ve que, de vez en cuando, su empresa lo toma tan a pecho que surgen problemas, pero usted no se siente molesto por ello. Como dijo Colleen, uno de los valores esenciales de Southwest Airlines es el sentido del humor, y les voy a contar una gran anécdota para confirmarlo. Años atrás alguien escribió a Southwest, diciendo: 'Soy cliente desde hace mucho tiempo y no me gusta que ustedes hagan bromas mientras dan instrucciones sobre la seguridad durante el vuelo.' La mayoría de las compañías habría contestado: 'Lo valoramos como cliente; por favor, créanos que nos importa su seguridad y nos ocupamos bien de ella. Le obsequiamos un vuelo gratis y comunicaremos su queja a nuestros empleados.' Luego se habrían comunicado con su personal para indicar que lo humorístico está bien, pero que era necesario moderarse."

Patrick sonrió ampliamente mientras terminaba su historia. "Sin embargo, Southwest no hizo eso. Envió una nota al cliente, diciendo: 'Lo extrañaremos.' Así es como uno sabe que se trata de un valor esencial: 'Lo extrañaremos.'" Ahora había más sonrisas en el círculo.

Por haber escrito éxitos de venta sobre las empresas disfuncionales, Patrick sabía mucho sobre lo que construye o destruye la cultura de la empresa. Alguien le preguntó qué clase de valores abrazaba su organización, el Table Group, en su esfuerzo por lograr un ambiente laboral positivo.

"Hablamos de ser humildes, de tener aspiraciones, de ser inteligentes," comenzó con su sinceridad típica. "Por ejemplo, ¿cómo puedo crear un ambiente donde yo sea la persona que se supone que debo ser? Contrato a personas que sean más humildes que yo y que me inspiren a trabajar duro porque son así, y personas que se preocupen por cómo se sienten los demás.

"Todo eso comienza cuando soy completamente honesto y vulnerable. La gente habla sobre la humildad y lo que significa, y lo difícil de la humildad es que, cuando usted cree tenerla, es probable que, por definición, no la tenga. Ser vulnerable es cuando usted se da cuenta de que ha cometido un error o se ha comportado mal, o ha sucumbido ante las tentaciones, y lo reconoce. Yo sé que como líder y como persona soy desordenado. Soy una persona bastante intensa y apasionada. Y sé que si no soy verdaderamente sincero cuando cometo errores, será horrible trabajar conmigo; de modo que intento ser vulnerable.

"Para mí, la garantía de que seré humilde es mostrarme vulnerable y ser un libro abierto para las personas que trabajan conmigo. Yo quiero que compartan conmigo cuáles son sus mayores debilidades, que sean honestas y auténticas, que estén conscientes de ellas y dispuestas a expresarlas; eso es probablemente lo más importante para mí."

Está claro que resulta decisivo identificar un puñado de valores esenciales y entender la manera de hacer que las personas se responsabilicen de vivir en concordancia con esos valores, pero yo sentía la necesidad de que hablaran un poco más sobre lo que es el desarrollo de una cultura sana. Parecía que recién estábamos tocando la punta de ese iceberg.

CAPÍTULO 4

GENERAR CULTURA

TODA LA CHARLA SOBRE la visión y los valores nos había llevado a hablar sobre la cultura corporativa. Si definimos cultura como todos los elementos que componen el ámbito que observamos —valores, símbolos, idioma, creencias principales, tradiciones, costumbres y otros similares— entonces, sin duda, cada organización tiene una cultura única. Y, por supuesto, algunas de esas culturas son más viables que otras.

John Kotter, el estimado profesor de liderazgo de la facultad de ciencias económicas de Harvard, se había unido a nuestro grupo junto con Warren Bennis, su colega igualmente reconocido de la University of Southern California. ¿Quién mejor que estos dos íconos de la sabiduría sobre el liderazgo para informarnos sobre culturas sanas? Si la claridad y la coherencia con los valores producen una cultura sana, ¿cuáles son los riesgos que acompañan a una cultura enfermiza?

"Si la cultura se enfoca a sí misma, si es burocrática, si es política, si no presta atención al cliente, si es arrogante . . . podríamos enumerar una larga lista de atributos de una cultura enfermiza," dijo John. "Es lo que frena, lo que no estimula los talentos que hay en la organización, lo que no se ocupa de lo que es fundamental: por ejemplo, hacer mejores productos y proporcionar mejores servicios con buena rentabilidad. Si algo así se ha filtrado en su cultura, tiene que eliminarlo.

"Pocas empresas tienen una cultura perfecta, y los líderes deben trabajar para mejorarla. Normalmente, lo hacen por instinto. Empiezan por ofrecer el modelo de lo que se necesita y luego buscan que los demás los imiten, aunque sea contracultural. La manera en que se desarrolla la cultura es cuando un grupo de personas hace algo de determinada manera, y eso funciona. Y si eso funciona durante un período suficientemente largo, se filtra dentro del torrente sanguíneo de la organización. Ellos no hacen nada; simplemente sucede. Eso es lo que hacen los grandes líderes. Si la cultura no está bien, hacen que el grupo actúe de otra manera, logran resultados positivos y, si lo siguen haciendo durante un tiempo, comenzará a filtrarse hacia el torrente sanguíneo y reemplazará a lo anterior."

Él se encogió de hombros como si fuera tan simple que no pudiera creer que tenía que explicármelo. "Quiero decir: eso es todo."

No obstante, a mí me parecía que había ciertos elementos importantes que él acababa de incluir en ese escenario. Por ejemplo, había insinuado que el líder debe analizar la cultura con respecto a los valores corporativos, e identificar lo que es necesario cambiar. El líder debe asegurarse de que su propio comportamiento sea consecuente con la cultura deseada, y que las personas influyentes dentro de la organización capten esos valores que están siendo modelados. El líder debe asegurar que el grupo no sólo mantenga consistencia en sus prácticas, sino que persista también en mantener esos valores.

Para profundizar un poco más, me dirigí hacia el otro ícono y compañero de John, y le pregunté a Warren cómo encararía la creación de una cultura sana.

"Empezaría construyendo una cultura de franqueza," respondió Warren.

"Eso nos lleva hacia la cuestión de la transparencia. Las culturas más tóxicas son aquellas en las que nadie sabe la verdad o en las que nadie está hablando de la verdad. George, hay que reconocer que es legítimo dudar y, sin asustar a las personas, ser capaces de reconocer lo que no sabemos sobre la situación actual. La franqueza y la transparencia son importantes para el bienestar de la organización. Las culturas tóxicas son aquellas en las que, por lo general, no existe ese grado de sinceridad. Si bien no se puede ser transparentes en todos los aspectos, hay demasiados ejemplos de empresas que fracasan porque no hubo transparencia."

Al pensar en las muchas organizaciones con las que he trabajado a lo largo de los años, me di cuenta de que pocos líderes admitían que la cultura de su organización era enfermiza. De modo que le pregunté a Warren cómo manejar esas situaciones, cómo ayudar al líder inmerso en su propia toxicidad a ser capaz de ver las condiciones que ha creado, o que ha fomentado.

"Los indicios de una cultura enfermiza son fáciles de reconocer, si los buscas," explicó, haciéndose eco de las palabras de John. "El movimiento de personal, las relaciones habitualmente tóxicas entre las personas, la falta de capacidad para atraer buenos elementos, la tendencia a perder a los buenos, y la falta de franqueza y de sinceridad en la organización. Las personas tienen que poder decir la verdad a los ejecutivos."

Henry Cloud amplió el concepto de Warren, basado en sus propias experiencias.

"Saben, una de las cosas que descubrí acerca de las culturas que se han arruinado es que no aceptan la verdad con agrado. En las reuniones se sientan alrededor de la mesa y alguien piensa: 'Quiero decir esto, lo otro o lo de más allá, pero tengo miedo.' Pienso que la seguridad es muy importante para tener una cultura sana."

Warren asintió y siguió con ese tema.

"Time Warner compró AOL cuando Jerry Levine era presidente de Time Warner. Fue un error enorme, una mala adquisición. Una de las personas que trabajaba para él, el número dos, la mayoría de las veces era muy valiente. Era Dick Parsons, actual presidente de la compañía. Cuando le pregunté: 'Dick, ¿por qué no intentaste convencer a Jerry de que no lo hiciera?' él me respondió: 'Hay ciertas cosas de las que no se puede hablar con Jerry.'"

Por lo visto esa era una cultura que carecía de franqueza y transparencia.

—¿Se puede cambiar una cultura tóxica, o está demasiado contaminada como para recuperarla?

Warren arrugó el entrecejo como si yo no captara lo que estaba exponiendo. —Desde luego que es posible cambiar la cultura, pero deberá comenzar por lo más alto. Hay un viejo dicho que dice que cuando un pescado se pudre, lo primero que empieza a heder es la cabeza. Es posible que no sea necesario *solamente* hacer cambios en la cúpula de la organización, pero por ahí se debe comenzar, porque es de allí que se transmite hacia abajo. Así que probablemente haya que hacer una revisión general profunda; a veces, el proceso de sanar requiere de una cirugía importante. Eso significa conseguir un nuevo líder. Luego viene la parte difícil: usted tiene que aprender a trabajar con la ayuda y los recursos que tiene dentro de la organización. Debe identificar a las personas que comparten sus metas. Se les han pasado por alto y no se les han tomado en serio. No han sido parte de la enfermedad, y usted debe descubrir quiénes son. Muchos de ellos han estado esperando este cambio.

—¿De manera que uno evalúa el ámbito en busca del personal con fortalezas y con esperanzas, con el que se puede trabajar?

—Así es: se trabaja con los sanos. Tiene que suponer que las personas son buenas y tiene que creer que hay personas buenas y sanas que quieren una organización sana. Si usted llega y piensa: *Bueno, son una banda de rezongones insatisfechos*, no irá a ninguna parte.

Yo sentía que había captado el concepto básico, pero me preguntaba cómo podía representarse en un ejemplo del mundo real. Para aclarar las cosas, le pregunté por la etapa de Jack Welch en General Electric. Welch había creado una cultura de competencia despiadada que beneficiaba el saldo final, pero que devastó a muchos individuos y perjudicó a gran cantidad de profesionales. —La aclamación pública y los dividendos positivos de las inversiones bajo el régimen de Welch ¿implican que GE tuviera una cultura sana durante esa etapa, a pesar de la carnicería humana?

La respuesta de Warren me sorprendió. —Creo que sí, porque él era muy explícito en cuanto a sus expectativas y procedimientos. Muchas empresas enormes como esa probablemente tengan elementos de toxicidad. Welch presionaba y coaccionaba al personal, y creo que perdió a algunos elementos buenos, pero, para darle algo de crédito a Welch, lo bueno es que fue muy claro. Usted sabía que si quería tener éxito en GE, así serían las cosas. Sabía a qué se enfrentaba en esa cultura, y hay personas que prosperan en ese tipo de entorno.

Me propuse revisar mi opinión sobre Jack Welch y considerar que la cultura de un grupo no tiene que ser, y probablemente no sea, la que todos consideren apropiada. Warren señaló correctamente que Welch buscaba un conjunto de valores distintos a los que yo abrazaría, pero que, al dejar en claro cuáles eran esos valores, el ex presidente de GE pudo crear una cultura sana.

Mientras intentaba incorporar esa idea, me di cuenta de que John Townsend me miraba fijamente, como si el psicólogo maestro observara fascinado al tonto del pueblo haciendo esfuerzos por comprender un concepto elemental. Como John y yo teníamos una relación fuerte y casi fraternal, me sentí cómodo para pedirle su opinión, incluso frente a esta augusta reunión de expertos, sobre el tema de crear una cultura sana.

"Una cultura sana es aquella en la que las personas saben que están con un líder que conducirá, que no dudará en tomar las riendas, creará la visión, irá delante de la manada, tomará las decisiones difíciles, se preocupará por la gente, y protegerá la misión y las metas. El grupo sabe quién es el líder.

"En segundo lugar, se trata de crear un ámbito donde hay mentalidad de equipo. Las personas sienten que hay cohesión y que cada una es una parte valiosa del grupo, y que la figura completa del conjunto es más importante que cualquier necesidad individual. Por esta razón, las personas mantienen la idea de que, en la medida en que trabajen juntas y en algunas

Una cultura sana es aquella en la que las personas saben que están con un líder que conducirá, que no dudará en tomar las riendas, creará la visión, irá delante de la manada, tomará las decisiones difíciles, se preocupará por la gente, y protegerá la misión y las metas.

ocasiones renuncien a sus deseos individuales, tienen más posibilidades de lograr algo mucho mejor. Después de todo, eso es lo que hacen los equipos.

"Y en tercer lugar, crean un ámbito donde no existe tal cosa como una pregunta fuera de lugar. Por eso, la gente siempre cuestiona las cosas; está cambiando y desafiando, y comete errores . . . y todo eso crea un campo muy fértil de ideas y soluciones nuevas para los problemas. Capacito a muchos líderes, y una de las cosas más importantes que veo en la cultura que tratan de desarrollar es la de implementar un lugar donde la gente se sienta tan segura y tan aceptada que están en libertad para proponer nuevas ideas. Se siente tan cómoda como para preguntar: '¿Por qué no probamos haciéndolo así?' sugiriendo alguna forma en la que nadie había pensado, aunque eso no funcione."

Tal vez estuviéramos pasando por alto qué es lo necesario para crear ese tipo de cultura abierta y estimulante. Presioné a mis colegas para que nos lanzáramos a considerar ese aspecto del desarrollo cultural.

Henry Cloud tomó la delantera. "Es imprescindible elaborar la visión de cómo quiere que sea esa cultura e involucrar la participación del personal en el proceso. Ellos son los que van a vivirla. La cultura es como una calle de doble vía; todos, los líderes y las demás personas, deberán vivir y mantenerse en ella. La meta es descubrir qué es lo importante para esas personas. Luego deberá establecer ciertos valores que hagan realidad esa visión y que definan la conducta. Otra cosa que deben hacer los líderes es incorporar un entrenamiento bien estructurado, para que los líderes subalternos sepan cómo desarrollar esa clase de cultura en su propio equipo. Eso significa que el líder debe invertir tiempo y dinero en formar al personal. Además, una buena cultura está siendo evaluada constantemente. Se hacen encuestas, se tienen instructores y consultores: una variedad de personas foráneas para descubrir cuán feliz se siente el personal de estar allí, hasta qué punto se sienten desafiados, cuán expuestos se sienten cuando las personas abandonan el equipo. Usted tiene que monitorear todas estas cosas para averiguar dónde están las desconexiones entre la clase de cultura que el líder cree tener y la que realmente tiene."

Jon Gordon fue el siguiente en hablar, sumándose a la declaración de Henry de que el líder eficaz provee a las personas de un ambiente donde pueden vivir y prosperar. La consultoría de Jon, con un importante número de organizaciones, respaldaba esa idea.

"La tarea de crear una cultura es desarrollar el ámbito donde las personas puedan rendir a su máximo nivel. Como líder creador de esa cultura, usted busca que cada persona se mantenga positiva, que use sus dones y fortalezas, y que contribuya a la visión de la organización. Así que usted crea una cultura en la que las personas pueden hacer su trabajo de manera positiva. Como líder, eso tiene que originarse en usted. No puede delegar esta tarea; es su responsabilidad. No puede entregársela a recursos humanos. Cuando Mike Smith asumió el cargo de entrenador en jefe de los Atlanta Falcons, un equipo que era un verdadero desastre, se comprometió en todos los sentidos para revertir esa cultura. Él me dijo: 'Necesito crear una cultura sólida. La cultura gobierna el comportamiento, y el comportamiento gobierna los hábitos de la organización.'"

Mi viejo amigo Ralph Winter asentía con la cabeza en señal de aprobación. Sabía lo que le habría costado eso al entrenador Smith; Ralph produce películas de gran éxito de taquilla para los grandes estudios. En las dos últimas décadas ha producido las películas de las franquicias de X-Men y de Los cuatro fantásticos, alternando con algunos otros desafíos entre ambas series.

"Ese es más o menos el negocio del cine," compartió Ralph. "Uno tiene que crear ese ámbito de entrada. No puede ponerlo en marcha a los cincuenta días. A esas alturas, nadie creerá que sea sincero. En nuestro caso, nos proponemos conscientemente establecer esa cultura en nuestra fase de preproducción, antes de entrar en el set y luego pasar a postproducción.

Buscamos una cultura que mantenga la diversión, donde la experiencia sea agradable, que sea interesante venir a trabajar y que haya un ámbito abierto en el cual las personas no sean criticadas por sus ideas, sino que reciban elogios y se las estimule a dar su opinión." Ralph acababa de volver después de meses de estar en el plató de un próximo megalanzamiento para el que había supervisado el gasto de un presupuesto de más de cien millones de dólares en el transcurso de unos pocos meses, y había dirigido la actividad del elenco y del equipo técnico de cientos de personas con la esperanza de crear una encantadora y memorable película.

"Sin embargo, sin importar qué tan bien concebida esté, la cultura únicamente se hace real cuando tiene respaldo, cuando la gente comprueba que sus ideas se toman en cuenta y que no son criticados por aportar ideas nuevas."

"Una manera de lograr una cultura sana es contratar personas sanas," propuso Miles McPherson, recurriendo a su propia experiencia de dirigir una gran iglesia, además de algunas florecientes empresas sin fines de lucro. "Hay que conseguir personas que estén emocionalmente sanas. Es imposible pedirle a la gente inmadura que sea madura; no pueden hacerlo. Si contrata personas inmaduras o enfermizas, estas cultivarán una cultura enfermiza, y luego lo culparán a usted de ello. Para ser franco, una parte de la culpa es suya, por haberlos contratado.

"Además," continuó Miles, "no tuvo el coraje de hacerlos responsables de su conducta. Es importante aclarar todas las palabras que utiliza para definir su cultura. Dado que una de nuestras iniciativas para este año es cultivar una cultura afectuosa, que priorice a las personas, primero tendremos que definir *cultura*. Luego tendremos que definir qué significan *afectuosa* y *priorizar a las personas*, y también lo que no significan. Tenemos que definir las palabras y asegurarnos de que todos apoyen esas definiciones y las expectativas que conllevan."

El general Bob Dees, que sirvió en la Junta de Jefes de Estado Mayor, así como en diversas misiones del ejército en el exterior, se sumó a las palabras de Miles sobre la importancia de las definiciones y del lenguaje.

"A veces, la cultura se da de manera innata, pero cuando uno analiza de cerca a las organizaciones de alto rendimiento, una de las cosas que ve es que desarrollan su propio metalenguaje. Se convierte en una sabiduría y cultura tribales. En el ejército, se trata de un conjunto de acrónimos o de experiencias compartidas. Por ejemplo, en el ejército y en los infantes de marina de Estados Unidos, la palabra *hoo-ahh* se utiliza de cien maneras diferentes. Puede significar que usted está feliz, triste, que tiene un buen día; todo depende de la inflexión de la voz, pero es parte del metalenguaje que es simpático y que tiene enorme significado en esa cultura tribal en particular."

"Verán, Steve Wynn estuvo en televisión la semana pasada," se escuchó la voz profunda y pausada de Kirbyjon Caldwell. Un par de décadas atrás, había abandonado una exitosa carrera en Wall Street para ser pionero en asociaciones ministeriales empresariales en un sector empobrecido de Houston, incluyendo una iglesia grande y de influencia nacional. Kirbyjon se refería a un programa televisivo que presentaba al ostentoso y agresivo dueño de varios casinos de Las Vegas.

"Fue muy interesante. Acaba de abrir un nuevo hotel en Las Vegas y contratará a cinco mil personas para su personal. Dijo que lo mejor que puede hacer una persona de negocios ahora es asegurarse de cuidar a sus empleados. En la economía actual, la comunicación es el recurso más importante del líder. 'Me comunico semanalmente con mis empleados,' dijo. 'Con todos.' De manera que cuando uno habla de establecer una cultura, debe asegurarse de que los empleados sepan qué espera usted, cuál es la visión y qué hace falta para concretar esa visión, y tiene que asegurarse de que tengan lo necesario para hacer lo que se les está pidiendo que hagan."

Estaba acercándose el momento de mi regreso al estrado y de la transición entre nuestros oradores presentes y el siguiente grupo, pero, antes de que me dirigiera hacia la puerta que conducía al escenario, Ken Melrose volvió a hablar sobre su experiencia al cambiar Toro de la vieja guardia de modelo jerárquico a una cultura más abierta y participativa.

"Tuvimos que transformar nuestra cultura de un proceso verticalista de toma de decisiones desde la cúpula a un proceso desde las bases. Una de las cosas que hicimos fue pedirle a Ken Blanchard que nos ayudara a cambiar esta organización altamente negativa. Recuerden que casi entramos en quiebra a principio de los 80, y todos estaban concentrados en ese problema. Ken se presentó y dijo: 'Tienen que destacar aquello que las personas están haciendo bien.'

"Así que tuvimos una gran oleada de intentos para enfocarnos en las cosas positivas y de destacar qué salía bien, y de reconocer a las personas que contribuían a eso. Luego del consejo de Ken, me reuní con el personal y les dije a todos los que supervisaba: 'La primera cosa de la que hablaremos es de lo bueno que haya ocurrido en cada una de sus áreas durante la semana pasada.' En la primera ocasión, sólo hubo un gran silencio; nadie decía nada. Los animé a expresarse. 'Veamos . . . alguien que se anime, simplemente déjenlo salir. ¿Qué resultó bueno en su grupo o en su división la semana pasada?' pero nadie decía nada. Miré el reloj y dije: 'Bien, se terminó la reunión.' Me levanté y salí de la sala.

"A la semana siguiente ocurrió lo mismo. Dije: 'Muy bien, si no podemos hablar acerca de lo que ustedes querrían hablar, entonces el problema son ustedes, hasta que puedan compartir que hay alguien entre ustedes que hace bien las cosas. La reunión se terminó.' Me parece que entonces se dijeron: 'Este tipo habla en serio. No estamos haciendo nada. No estamos tomando decisiones; no estamos recibiendo la información que necesitamos. Tenemos que encontrar algo bueno que esté sucediendo en nuestros grupos.' De modo que volvieron a sus reuniones de personal en cada departamento y dijeron: 'Escuchen, díganme algo bueno que esté sucediendo aquí, para que pueda reportarlo en la reunión de personal con Ken.' Así que todos en la organización comenzaron a buscar las cosas buenas, y cuando ocurrían, las informaban. Comenzaron a surgir las anécdotas. Por ejemplo, mencionaron al programador que se quedó todo el fin de semana en Toro para solucionar un problema. Entonces íbamos a esa persona y le decíamos: '¡Excelente! ¿Por qué no llevas a tu esposa a cenar?, nosotros invitamos. Has hecho un estupendo trabajo.' O convocábamos a una reunión para realzar ese logro; todos recibían una porción de pastel y festejaban el buen trabajo de esa persona o del equipo.

"En efecto, toda la organización comenzó a reconocerlo: 'Vaya, las cosas van bien aquí. Es posible que estemos por quebrar, pero aquí las cosas están realmente bien.' Ese cambio de actitud marcó la diferencia, pero lo que transformó a la organización fue ir bajando esos cambios. Lo hicimos de manera intencional. Cambiamos abiertamente el modo de tomar las decisiones, la manera de tratarnos unos a otros, en qué consistía la familia Toro. Enfrentamos mucha resistencia. Para lograr que la gente creyera en esto, finalmente dijimos: 'Tenemos valores personales y valores de rendimiento. Por su rendimiento, lo evaluará el supervisor, pero por sus valores en el trato con el personal, como captar a las personas que hacen bien alguna cosa, será evaluado por las personas que trabajan para usted, de manera confidencial.' Establecimos seis ítems al respecto, como la comunicación con las personas, la apertura a nuevas ideas, valorarse el uno al otro, estar orientado hacia el equipo, etcétera.

"Algunos de nuestros gerentes obtuvieron puntajes muy bajos y no recibieron un plus, y se fueron. Comprendimos que era bueno para ellos irse y bueno para nosotros, porque no estaban comprometidos con la nueva cultura que estábamos construyendo. Despedimos a muchas personas que se negaron a formar parte de la nueva cultura. Decían: 'Esto no es lo que me enseñaron sobre administración de empresas. A mí me enseñaron a ser fuerte, dominante y poderoso, y a tomar las grandes decisiones.' Les respondíamos: 'Lo lamentamos, eso no forma parte de la cultura que tenemos aquí.' De modo que la transición fue muy concreta, y llevó mucho tiempo, pero poco a poco comenzamos a restaurar la confianza."

Mientras caminaba hacia la puerta, impresionado por la importancia de este concepto, escuché que Laurie Beth Jones confirmaba la historia de Ken. "La cultura es un conjunto de prácticas transmitidas socialmente. No tiene que ver con lo escrito. Los manuales de políticas y procedimientos no sirven para nada. Los líderes tienen que ser el modelo de la cultura en forma diaria, o ella nunca echará raíces."

CAPÍTULO 5

FORMACIÓN DE LÍDERES

LUEGO DE INVITAR a los asistentes a que tomaran el descanso de media mañana, volví del escenario a la sala de espera. Después de reunirnos brevemente con el equipo de producción para revisar cómo estaban yendo las cosas y para hacer algunos pequeños ajustes, regresé con los conferencistas, quienes conversaban animadamente entre ellos. Hasta ese momento, las cosas se desarrollaban sin problemas.

Después de conseguir una botella de agua y una banana, me acerqué a uno de los grupos para escuchar. Al parecer daban sus opiniones sobre cómo identificar quién tiene potencial de liderazgo.

"La selección del líder es vital. Usted hace lo mejor posible por identificar a los que son líderes. A veces acierta y otras, se equivoca," admitió Bob Dees, recordando sus años en el ejército y su período posterior como ejecutivo en Microsoft. "No obstante, creo que a menudo no mantenemos el equilibrio en cuanto a la selección y al desarrollo del líder. Tenemos que dar una prioridad más alta a la selección del líder; más de lo tiene que solemos dar. Muchas veces, cuando elegimos a los líderes, pasamos un tiempo muy corto evaluando sus aptitudes y decidiendo en qué lugar del vehículo ubicarlos, pero después pasamos mucho tiempo tratando de convertir un Chevy en un Cadillac, tras haberlos colocado en un puesto que no era el apropiado para ellos. Tenemos que entender cuál es el mejor lugar para cada líder, basándonos en sus capacidades, motivaciones y todo eso. También tenemos que ubicar a las personas en puestos en los que no estén encasilladas para que sigan entusiasmadas, y no desilusionadas o amenazadas, si necesitamos cambiarlas de lugar."

De eso no cabe duda; elegir y hacer crecer a los líderes es un arte. Tony Dungy confirmó que no es fácil hacerlo bien. "Es un proceso de ensayo y error," coincidió el respetado entrenador, "pero creo que uno trata de sacar lo mejor de cada persona, y entonces encontrar quiénes son las que tienen esas cualidades naturales de liderazgo, aquellas a quienes los otros jugadores observan y hacia las que se sienten atraídos. Uno identifica rápidamente a esos tipos y les dice: 'Mira, necesito que te embarques conmigo, número uno, pero también he visto algunas otras habilidades en ti,' y luego los anima para que se conviertan en líderes."

Elegir y hacer crecer a los líderes es un arte.

Los comentarios de Bob y de Tony me ayudaron a entender que no es frecuente que alguien lo palmee a uno en el hombro y le reconozca el don del liderazgo. Mi investigación había demostrado que cuando uno busca talentos nuevos para desarrollar como líderes, busca dos elementos básicos: un cierto llamado a liderar, y el tipo de carácter sólido y envidiable que le permita al líder tomar las decisiones apropiadas y atraer a las personas en virtud de quién es él o ella en lo profundo de su ser. El tercer elemento que hace de alguien un líder auténtico son las habilidades, pero ellas pueden ser enseñadas y pulidas, mientras que el llamado y el carácter son parte del paquete innato del líder. Ante este conjunto de líderes allí reunidos, pregunté qué cualidades consideraban ellos que debía tener alguien para ser mentor de una nueva generación de líderes.

"Es mejor ser sabio que inteligente, inteligente que bobo, y persistente más que ninguna otra cosa," sugirió Newt Gingrich con la mayor naturalidad. "Si usted es persistente, sabio e inteligente, es probable que consiga al mejor. La sabiduría supera a la inteligencia. Ese fue el gran problema que tuvo Bill Clinton. Clinton es tremendamente inteligente; sólo que es el líder menos sabio que he visto."

¡Bueno! Ahora teníamos entre manos el potencial para un acalorado debate entre un grupo de personas quienes, de por sí, no se intimidan por el conflicto. Como era de esperar, alguien observó que el presidente Clinton había dejado un buen historial de logros políticos y estabilidad económica, y le preguntó a Newt por qué tenía una valoración tan severa sobre las habilidades del ex presidente.

"Porque él es existencial. Sólo le interesa vivir el momento. La primera vez que lo vi en el gabinete, dije: 'Este es Franklin D. Roosevelt, sin la polio.' Es el político más hábil de su generación, pero carece de la fortaleza que la polio le dio a Roosevelt. Es un político brillante."

Afortunadamente, sus comentarios no desencadenaron una guerra campal por las divergencias políticas que había en la sala. Yo estaba sobre todo intrigado por el hecho de que Newt hubiera señalado que la sabiduría y la persistencia son cualidades esenciales en un líder. Colleen Barrett esquivó hábilmente el campo minado de la política y le dio un nuevo giro al tema de la búsqueda de futuros líderes.

"Creo que uno puede identificar a los líderes preguntándole a la gente, no preguntas específicas, sino preguntas generales sobre su vida. Usted puede descubrir si tienen habilidades naturales para el liderazgo preguntando sobre su escuela, sus experiencias, su adhesión a causas benéficas o sus esfuerzos por la comunidad. Lo que intento hacer es obtener una primera impresión de la filosofía de vida de la persona. No es un examen de correcto o incorrecto, sino pedirle que me describa alguna oportunidad en la que haya manejado un conflicto. Le preguntaré: '¿Cómo usó el sentido del humor para distender una mala situación?'"

Qué comentario tan interesante. Colleen había conectado los valores primordiales de su empresa —en este caso, el tener un buen sentido del humor— con la búsqueda de una persona que tuviera potencial de liderazgo y que pudiera expresar ese potencial en armonía con los valores apreciados por la organización. Pregunté si los líderes presentes se habían esforzado por determinar si una persona tenía el llamado al liderazgo.

"Déjenme contarles una historia divertida," dijo Ken Blanchard, quien me parece ser uno de los mejores narradores de parábolas que he conocido. "Yo estaba haciendo un programa en Canadá para la Young Presidents' Organization [Organización de Presidentes Jóvenes], con Henry Blackaby. Estábamos sentados allí, en unos taburetes, y nos hacían preguntas. Una de las preguntas que surgió fue: '¿Qué opina del informe Gallup que dice que uno debería descubrir en primer lugar cuáles son sus fortalezas, y que luego los resultados le indicarán para qué trabajo está capacitado?'"

Yo había escuchado a varios de los líderes presentes referirse a este mismo tema —llamado el proceso StrengthsFinder—, y los comentarios sobre el trabajo de investigación y las herramientas desarrolladas siempre habían sido positivos. Ken continuó con su relato. "Henry, en su estilo agradable, respondió: 'Es una teoría interesante, pero no está respaldada por la Biblia. Nómbreme a una persona llamada por el Señor que ya estuviera capacitada.' Todos se quejaron, sea Abraham, Moisés o María. El Señor no llama a los que están capacitados; él capacita a los llamados.'

"Así que le pregunté a Henry: 'Bien, ¿qué quiere decir ser llamado?' Él me respondió: 'Significa ser humilde y estar dispuesto para aprender.' ¿No es interesante? Supongamos que usted tiene una oportunidad de liderar, pero no es en su área fuerte. ¿Qué va a hacer? Bueno, si usted fue llamado, debe asumir la tarea, pero también debe tener suficiente humildad como para decirle a la gente: 'Voy a necesitar ayuda.'

"El comentario de Henry fue oportuno para mí, porque habíamos cometido el error de designar como presidente de nuestra compañía a una mujer con mucha energía y capacidad, pero que se convirtió en un animal salvaje cuando asumió el cargo de presidente. Atacaba a nuestro personal y cosas por el estilo. Así que nuestra familia tuvo que reagruparse de inmediato, porque mi esposa, nuestros dos hijos, mi cuñado y yo dirigimos la empresa, pero ninguno de nosotros quería ser el presidente en esa época en particular. Tuvimos que reorganizarnos. Le pidieron a mi hija que se encargara de las ventas. Tenemos sesenta vendedores. La única experiencia en ventas que Debbie había tenido era la de un verano que trabajó para Nordstrom, mientras estaba en la universidad. Usted podría pensar: *¡Uy!* *Están poniendo a Debbie como vicepresidente de ventas. ¡Qué ridiculez!*

"¿Qué hizo Debbie entonces? Convocó a todo el personal de ventas a una reunión y comenzó: 'Si yo les dijera que sé lo que hago en este trabajo, podrían pensar que les estoy tomando el pelo, pero mi ventaja es que soy una Blanchard y lo que haré será viajar por todo el país para reunirme con ustedes y averiguar qué es lo que necesitan y qué podemos hacer para ayudarlos a ser más eficaces. Creo que puedo encargarme de eso.' Nadie se quejó en lo más mínimo. Así que la idea de ser llamado, y a la vez ser humilde y estar dispuesto a aprender, resultó ser un concepto maravilloso."

Era una gran historia, pero yo todavía no estaba convencido de que esa sinceridad le permita a alguien surgir y convertirse en un líder eficaz. Hice el papel del escéptico.

"Te escucho, Ken; pero ¿es realmente así de simple? Aquí todos tienen una vasta educación y experiencia, y tal vez parezca demasiado simplista creer que lo único que se necesita es una persona que quiera liderar y que esté dispuesta a crecer. Newt habló sobre ciertas cualidades que uno necesita descubrir. ¿No tendríamos que examinar acaso con un poco más de cuidado a las personas, en lugar de entrenarlos por el simple hecho de que aparecieron por aquí?"

John Townsend salió en ayuda de Ken. "Hay que convencer a las personas de que deberían aprender primero y liderar después. Tienen que desarrollar las habilidades que poseen y luego utilizarlas. No existe un proceso para desarrollar el liderazgo de la noche a la mañana. Lleva tiempo; se da gradualmente, pero hay que tener en cuenta que si la persona no ve la necesidad de desarrollar sus habilidades o no quiere usarlas, no sucederá. Por eso, creo que un factor básico es ayudar a las personas que quieren liderar y que están dispuestas a trabajar en ello. No estoy convencido de que lo primero sea arrastrar a personas que no sepan mucho sobre liderazgo ni entiendan qué relación tienen ellos con la tarea.

"Una vez que la persona haya internalizado eso, no será necesario obligarla a capacitarse. Saldrá en busca de trabajos que ayuden a su desarrollo y de otras experiencias de crecimiento. Estoy empezando a pensar que esa puede ser la clave más importante en todo esto. Hay muchas oportunidades, ya sea en el trabajo o fuera de él, para poner a prueba, intentar y aprender de sus éxitos y errores."

Así que mi enfoque escéptico no había dado mucho resultado: John había apoyado en gran medida el punto de vista de Ken. El concepto me quedó claro, pero todavía me preguntaba cómo identificar a los verdaderos líderes, los que merecen que se invierta en ellos. Ciertamente se necesita algo más que sabiduría, inteligencia y perseverancia. Debe requerir más que una mentalidad abierta y la buena voluntad de liderar. Así que con John Kotter parado entre nosotros, le pedí sus opiniones sobre el tema. Este era el hombre que había entrenado a cientos de gerentes generales y muchos otros altos ejecutivos. ¿Cómo descubrimos quién es realmente un líder?

—A lo largo de los años he escuchado esa pregunta con frecuencia. Déjenme ponerla al revés. ¿Por qué no habría de reconocerlo? —John se rió de cómo le había dado vuelta al asunto—. Creo que esa es una pregunta más honesta. ¿Tal vez porque usted nunca los observa o porque nunca habla con los subordinados? Veámoslo de otra forma. Si usted le pone algo de atención a su personal y los observa a ellos con sus propios subordinados, e incluso habla con ellos, no necesariamente preguntándoles: '¿Qué tan bueno es él como líder?' sino simplemente escuchando cómo hablan de él, ¿acaso no se dará cuenta? No me parece que sea tan misterioso.

—John, eso suena como si me estuvieras diciendo que los líderes conocen a los de su propia clase: con un poquito de conciencia y de esfuerzo pueden verlo, sentirlo y reconocer esa capacidad en otros. Por el contrario, si no eres un líder, no sabrías qué estás buscando.

—Correcto —asintió mirándome—. Doy conferencias en todo el

mundo, en especial a directivos de empresas. Antes de viajar, creamos un videoclip sobre un líder verdaderamente bueno del país en el que hablaré. Si no tengo un ejemplo de ese país, ¿qué hago?

»Primero envío un correo electrónico a la persona que me invitó, pidiéndole que averigüe qué directivos de empresas en ese país son buenos líderes. ¿Cuánto tiempo me llevó escribir eso? Tal vez seis segundos. Recibo como respuesta un correo electrónico con tres nombres. Lo siguiente es volver a escribir, pidiéndole que busque a personas que conozcan bien a esos tres directivos. Le digo que incluya a uno o varios subordinados, tal vez a uno o dos clientes, un total de seis personas que los conozcan. Les sugiero que una buena manera de hacerlo es usar un cuestionario breve que no les ocupe más de treinta segundos en responder. Escriba el nombre de la persona a la cual conocen bien y pregúnteles su evaluación en seis o siete acciones diferentes, calificadas en una escala del 0 al 10. ¿Qué tal maneja las finanzas? ¿Qué tal es como empresario? ¿Qué tal es como gerente? ¿Es un buen vendedor? ¿Un buen líder? ¿Qué tan bueno es como gerente industrial? Ahí desliza el factor del liderazgo. De manera que se realiza esta rutina y vuelve la información, y una de las personas, a través de las seis muestras, logra un puntaje de 9,5 en liderazgo. Entonces consigo un video de ese líder en Internet y lo miro durante cuatro minutos para ver si los 9,5 puntos parecen razonables. Como era de esperar, probablemente sea un buen puntaje. Así que averigüé quién es un buen líder en cinco minutos de indagación. ¿Todavía cree que no puede saber quién tiene potencial de liderazgo? Me parece increíble.

Todos nos reímos por lo simple que había vuelto John algo que en general parece tan complejo.

Yo esperaba que estos expertos simplificaran de la misma manera el proceso de desarrollo del liderazgo. Me metí de lleno con una serie de preguntas sobre el tema. Henry Cloud había estado observando divertido y entró a la palestra.

"Recuerden que cualquier sistema cerrado se deteriora con el paso del tiempo. Es la ley de la entropía, pero la manera en que usted puede cambiar radicalmente un sistema cerrado es introduciendo dos cosas: una nueva fuente de energía y un patrón para organizar esa energía. De modo que si toma a un líder potencial o a un nuevo líder, y quiere que con el tiempo se convierta en alguien más metódico en relación al liderazgo, y no en alguien más desordenado, tiene que hacer estas dos cosas: asegurarse de que ese líder sea un sistema abierto donde usted pueda volcar esas dos cosas.

"La energía puede ser en forma de apoyo, inspiración, estímulo, motivación, empuje, impulso, entusiasmando a la persona, brindando nuevas experiencias que añadan calor al fuego encendido.

"Sin embargo, también se necesita un patrón. Igual que el ADN: cuando su cuerpo ingiere brócoli, recibe combustible y energía, pero su cerebro y su ADN lo organizan para que se transforme en una clase de tejido en particular. La organización necesita de un patrón definido de liderazgo, que consiste en lo que se ha decidido que deben saber los líderes, cómo deben comportarse y qué deben hacer para lograr lo que se proponen.

"Así como la formación espiritual moldea el carácter en los caminos de Dios, la formación del liderazgo moldea la estructura de los líderes en los caminos de la empresa, y la manera en que se espera que se desempeñen sus líderes. Para lograrlo, usted crea experiencias que les den a los líderes situaciones manejables en las que pueden fallar, a manera de ensayo general antes de una obra o de una práctica previa a un gran partido. Buscará poner al personal en situaciones reales en las cuales utilicen sus dones y hagan el intento, sin que el mundo estalle si no lo hacen bien, porque están aprendiendo. No obstante, la única manera en que eso ayuda es si cuenta con mecanismos de retroalimentación, entrenadores y modelos que los ayuden durante el proceso.

"De manera que creo fervientemente en la idea de que los líderes se hacen, en parte, por imitación. En verdad aprenden de las personas que los entrenan. Yo siempre procuro entrenar a mis líderes para que se conviertan en entrenadores. El desarrollo del liderazgo, en cierta forma, siempre implica que los líderes sean entrenadores."

Sin embargo, ¿cómo se da ese entrenamiento, exactamente? ¿Cómo es?

¿Es formal o informal? ¿Programado o espontáneo? ¿Se basa en una lista de control de cualidades por estimular o se construye en torno a las necesidades del momento? ¡Las mentes inquisitivas quieren saberlo!

John Kotter volvió a tomar la palabra y compartió algunos de sus muchos años de experiencia en la formación de líderes. "Personalmente, creo que la educación puede jugar un papel importante en la transferencia de información, pero que los libros también lo hacen y pueden ser mucho más eficientes," observó el profesor. "Puedo leer los libros en la sala de mi casa, pero no puedo trasladar una clase hasta allí. Y los libros son más baratos. Si define a la educación como la transferencia de información, francamente, los libros son el mejor medio. Entonces, ¿cuál es el papel particular del encuentro cara a cara?" preguntó retóricamente. "No sólo el de transmitir información, sino también de atraer la atención. A lo largo de la historia, los grandes instructores no solamente han tenido conocimiento de su tema, sino que han sido inspiradores. No es necesario que tengan una gran personalidad ni que sean extrovertidos; no tienen que ser carismáticos. Sin embargo, creo que los grandes instructores son una fuente de inspiración en su campo. Las personas no sólo adquieren conocimientos, sino que quieren aprender más, y se entusiasman. El nivel de pasión que tienen por el asunto aumenta. Así que sucede mucho más que el simple hecho de tomar un curso. Los libros, por lo general, no son ni por aproximación tan inspiradores como puede serlo el entorno del aula."

Se hicieron algunos comentarios en apoyo al valor de un maestro inspirador. Algunos de los líderes que estaban en la sala habían crecido por las clases que habían tomado con Kotter, Bennis y Blanchard e, indudablemente, habían sido inspirados por estos grandes profesores. Jimmy Blanchard apoyó el entrenamiento mediante libros, así como el que se logra en las clases.

"He leído todos los libros que me fue posible, y me encantan las oportunidades de concurrir a todo tipo de entrenamiento para líderes. Hace veinticinco años decidimos que podemos cometer algunos errores y algunos viejos cocodrilos podrán atraparnos y hundirnos, pero no cometeremos el error de poner a la gente en puestos para los que no están preparados porque no hemos invertido en su entrenamiento. Hemos implementado un liderazgo básico, uno de alto nivel y un liderazgo intermedio; todo tipo de entrenamiento para el liderazgo que estuviera disponible. En 1999, la revista *Fortune* nos calificó como el mejor lugar de trabajo de Estados Unidos. No me voy a presentar aquí y simular que realmente somos el mejor lugar, pero nos sentimos halagados con el reconocimiento y eso nos confirmó que el entrenamiento y la preparación de líderes, enseñándoles lo más importante y entusiasmándolos para que alcancen su propio nivel óptimo en el liderazgo, era un buen enfoque y una buena inversión para la empresa.

"Esto ha dado resultados. Una de las cosas que hemos aprendido es que el desarrollo de líderes probablemente sea el beneficio más valorado en la empresa. Cuando los líderes actuales o en potencia se dan cuenta de que usted está invirtiendo en su crecimiento, para ellos eso es más importante que el dinero. En mi opinión, es más importante que el interés que un supervisor pudiera mostrar en ellos como persona, si bien esto es lo que sigue en importancia. Así que aprendimos que es una inversión increíblemente valiosa, no sólo para la compañía, sino también para los individuos que participan de ella.

"Por cierto, descubrimos que nuestros mejores líderes siempre estaban ansiosos por tener acceso al próximo programa de entrenamiento porque sabían que iban a sacar algo bueno de ello. Nuestros peores supervisores —no los llamaré líderes— refunfuñaban, se quejaban y protestaban: 'No tengo tiempo,' '¿Cómo esperan que haga mi trabajo y que me tome dos días para capacitación de líderes?,' '¿Cuántas veces tengo que aprender lo de la pirámide de Maslow?' Esas eran las personas que decían: 'Yo en realidad no necesito esto; ya soy un buen líder.' Y eran los peores. Así que para nosotros ha sido una pruebita bastante buena. Cuando usted mira a las personas que están ansiosas por aprender más, puede quedarse tranquilo de que van por buen camino, y cuando se encuentra con personas que ya no quieren recibir más enseñanza, seguramente ya no pueden mejorar. Están acabados."

Alguien le preguntó a Jimmy qué hace Synovus para entrenar a los líderes internos.

"El entrenamiento más exitoso que hemos tenido para las personas de más alto nivel es similar al programa de un máster ejecutivo en gestión de empresas. Creemos que los programas que hemos desarrollado son tan buenos como cualquiera de los de seis semanas que han hecho tantas personas de alto nivel. El nuestro es de alto nivel, con todo tipo de programas participativos en los que usted puede insertarse y simular experiencias empresariales, pero nos aseguramos de no omitir los temas conceptuales básicos, ni siquiera en el entrenamiento del nivel superior. Es imposible exagerar el entrenamiento teórico básico."

Warren Bennis expresó su admiración por dichos programas dentro de la propia empresa, pero indicó un principio tácito que es fundamental para lo que hacen Synovus y otras empresas para desarrollar a sus líderes.

"Creo que lo más importante y difícil es crear una cultura en la organización en la cual el liderazgo sea realmente significativo. Para las personas que están en la compañía es importante saber que la suya es una empresa orientada hacia el crecimiento, y lo mejor que tenemos aquí para hacer crecer es a usted, porque es usted quien hará cada vez mejor esta empresa por medio de su propio crecimiento. Así que debemos tomar ciertas medidas. ¿Qué porcentaje del presupuesto se invierte en el desarrollo del liderazgo? ¿Qué clase de entrenamiento formal realizan? ¿Hasta qué punto premian al liderazgo? ¿Tienen un directorio de buenos mentores? Entonces, diría que es valioso lograr que una cultura sea consciente de la importancia de desarrollar a los líderes. Lo principal son los esfuerzos visibles, como el porcentaje del presupuesto designado para entrenamiento, o la cantidad de oportunidades que se le da al personal de asistir a conferencias sobre el tema, o que les reembolsen el costo de las clases universitarias que toman. Intel ha hecho eso durante años. Andy Grove y Gordon Moore solían enseñar eso. PepsiCo es otro buen ejemplo. Durante mucho tiempo, sus líderes han sido muy conscientes de impulsar el entrenamiento para el liderazgo, y creo que están haciéndolo bastante bien. Roger Enrico, su ex gerente general, fue un buen ejemplo de un líder que se ocupaba en forma sistemática de la tutoría de un grupo de personas dentro de la organización." ·

Ahí estábamos nuevamente, otra vez la idea de crear un tipo de cultura en particular; en este caso, una que confirme y que respalde el buen liderazgo. Se nos había dado varios ejemplos prácticos sobre cómo funciona: libros, clases, tutoría, premios por desempeño y cosas por el estilo. Un par de personas retomaron los comentarios que tanto Jimmy como Warren habían hecho sobre la necesidad del entrenamiento interno y de la práctica del ejemplo.

"Brindar ejemplos a seguir es una manera muy poderosa de desarrollar determinados tipos de comportamiento," nos recordó John Kotter, volviendo a las advertencias que Henry Cloud nos había dado pocos minutos antes. "Si usted mantiene todo el tiempo a su lado a las personas que necesitan aprender algo sobre el liderazgo, entonces, por definición, la cantidad de tiempo que dedica a enseñar a los demás su enfoque del liderazgo es de 100 por ciento."

Kirbyjon Caldwell se subió al carro. —Yo no soy la clase de líder que lo tomará de la mano y se sentará con usted una o dos veces a la semana a revisar las cosas. Yo guío a las personas haciendo que me observen y me hagan preguntas. Es como una experiencia de aprendizaje de 360 grados.

—Entonces, Kirbyjon, si estoy entendiendo bien, según su estilo de liderazgo, ¿es importante ser accesible a las personas, ser visible y, quizás, hasta vulnerable?

Kirbyjon me dirigió una mirada. —Sí, así es. Accesible, visible, vulnerable. Me gusta eso. —Se dio vuelta hacia la persona que tenía al lado y, socarronamente, le murmuró: "Tengo que anotar eso. Accesible, visible y vulnerable." Todos se rieron mientras me palmeaba la espalda.

Resulta que Kirbyjon no era el único que aplicaba ese método para entrenar líderes. "Cuando viajo, siempre llevo a alguien conmigo. Nunca asisto a un evento o a visitar a un cliente sin una persona de mi equipo," dijo Patrick Lencioni. "Ese es el tiempo que puedo dedicarles y, sinceramente, creo que es cuando hago mi entrenamiento y mi evaluación sobre el liderazgo. Cuando haya regresado del viaje, habré pasado con esa persona cuatro horas en el avión, además de otros momentos, y otras cuatro horas de vuelta. Eso es más que pasar una hora uno a uno, y es un buen tiempo, además, porque hablamos de la vida."

La energía de Patrick había elevado el interés en la conversación, y la atención de la gente se multiplicó cuando Lou Holtz intervino. El entrenador no es de hablar mucho —es la típica clase de tipos "habla cuando te lo pidan"—, pero he aprendido que, cuando habla, eres un tonto si no lo escuchas.

"En estos días he recibido cientos de cartas de atletas que me agradecen o me dicen que lograron esto o aquello y, simplemente, querían compartirlo conmigo," dijo en voz baja, tal vez con cierto brillo en sus ojos. "Solía decirles a muchos de nuestros ex jugadores de fútbol de Notre Dame que yo no entrenaba para jugar al fútbol, sino que enseñaba a vivir. Las mismas cosas que te hacen exitoso en el fútbol te permitirán ser exitoso en la vida. Les decía a mis jugadores: 'Hablo en todas partes del mundo. Las empresas quieren que vaya y hable, y están dispuestas a pagarme enormes sumas de dinero para que lo haga. Y a ustedes les hablo gratis, y ni siquiera toman apuntes.'" Hizo una de sus sonrisas cálidas y simpáticas. "Sí, se los repetía todo el tiempo. Ahora se ríen de eso y reconocen: 'Ojalá hubiéramos tomado apuntes.' No siempre me hago entender con todos ellos. A veces consienten en cumplir con las demandas porque uno está a cargo; algunos lo hacen porque se dan cuenta de que uno no va a ceder ni a darse por vencido ante sus criterios, pero cuando ellos se han ido, uno se mira al espejo y deber poder decirse: 'Creo que hice lo mejor que pude por este individuo.'"

Laurie Beth Jones planteó una importante advertencia sobre el proceso. Su investigación la había llevado a escribir un libro —es decir, un proceso de entrenamiento completo— en el que ella asocia a cada persona con un elemento, o una combinación de los cuatro elementos (aire, tierra, agua y fuego), identificando las diferencias en el cableado de las personas y de qué manera ese armado afecta al desempeño. "Recuerde que no puede tratar a todos de la misma manera y conseguir los mismos resultados. Ahí es donde entra la ciencia del liderazgo. Cuando usted se dé cuenta de que está tratando con personas que no cambiarán de opinión por los sentimientos, comience a darles datos y tiempo para procesarlos. Si se trata de personas muy relacionales, mejor empiece por mostrarles cómo mejorará eso sus relaciones y cómo tiene usted en cuenta a la gente en las decisiones que toma."

Entonces volvió a algo que Kirbyjon y los demás oradores habían enfatizado. "Una obligación casi universalmente descuidada es hacer que el desarrollo de líderes a nivel interno sea una práctica primordial del equipo de liderazgo. Eso requiere tener un programa de orientación personal y reconocer que el papel de cada uno es desarrollar a los líderes para la próxima generación. Es uno de sus roles más importantes.

"Es lo que hizo Jesús, y creo que él se daba cuenta perfectamente de lo que motivaba a su equipo. Realmente hizo crecer y perfeccionó a los obreros que habrían de continuar el trabajo luego de que él se fuera. Usted tiene que dar ejemplos a diario y premiar, en el momento, las conductas que quiere ver multiplicadas. Jesús les enseñó que incluso si uno da un vaso de agua a un sediento, será recompensado. Es un principio cultural de establecimiento. No sólo se trata de las grandes cosas, sino también de las pequeñas. Enseñarles que esto es lo que Dios espera en cuestión de conductas, esto es lo que será recompensado; esto y no aquello. El buen líder le enseña a su gente cómo vivir un buen día."

Bob Dees coincidía completamente con las ideas de Laurie Beth Jones y aprovechó la oportunidad para añadir una experiencia complementaria que había tenido.

"Recuerdo un incidente cuando era cadete en West Point. Estaba en Alemania, en un entrenamiento, y no teníamos ninguna ayuda como PowerPoint o proyectores para la capacitación. Siempre he pensado que es un pecado aburrir a la tropa cuando uno los está entrenando, así que le pedí al sargento de mi sección unas tizas y un vehículo blindado de transporte de personal. Me trajo todo y usamos el costado del vehículo como pizarrón. Sabía que uno puede hablarle todo el día a la tropa, pero trabajar sobre dibujos y conceptos simples es mucho más poderoso. De modo que comencé a impartirles la visión en lo que se refiere al lugar, el modo y el porqué en términos muy simples. Como yo mismo era líder en formación, comencé a apreciar el poder de la simplicidad, el poder de comprender el lenguaje de las personas con las que uno está hablándo, la necesidad de comunicar la solución por anticipado y el poder de otorgar poder. Cuando uno comunica la solución, lo esencial es convencerlos de que fueron ellos quienes la pensaron, y que son comprendidos y respetados como miembros del grupo que llegará al destino deseado."

Es increíble cuánto puede lograr un líder si no le interesa quién recibe el crédito.

La experiencia de Bob me recordó el axioma de que es increíble cuánto puede lograr un líder si no le interesa quién recibe el crédito. Entonces, en general, mis mentores parecían estar de acuerdo en que entrenar a los líderes es esencial, el proceso debe ser multifacético y probablemente funcionará únicamente si usted ha incluido a las personas apropiadas: a las personas que quieren liderar, que quieren aprender y que se dan cuenta de que tienen mucho espacio para crecer.

Lamentablemente, se había terminado el descanso y tuve que salir corriendo al escenario principal para llevar a todos de regreso al auditorio. Teníamos otra gran sesión a punto de comenzar y era necesario que las personas volvieran a sus asientos. Yo ya estaba pensando en el próximo conjunto de preguntas que quería plantearles a nuestros expertos en liderazgo.

CAPÍTULO 6

CONTRATAR A LAS PERSONAS CORRECTAS

LA CONFERENCIA YA se había desarrollado a buen ritmo y estaba avanzando sin problemas. Nuestros conferencistas en verdad estaban cumpliendo con lo prometido y recibían a cambio el calor y la gratitud del público. Mientras tanto, la sala de espera se había convertido en un lugar interesante para que los oradores pasaran el tiempo cuando no estaban en el escenario o dirigiendo un taller. Los líderes reunidos en la sala parecían cómodos de sumarse a nuestros pequeños grupos de intercambio de ideas, así como de separarse por momentos para tener un rato a solas.

Volviendo mi enfoque del aislamiento del escenario principal a la camaradería y al diálogo que había en la sala de espera, me centré en la realidad de que es imposible un liderazgo sin visión, y mientras que un líder está definido y a la vez limitado por su carácter y por su capacidad, el liderazgo es, a la larga, la conducción de personas. Nuestra discusión previa sobre la identificación de líderes potenciales y luego sobre cómo desarrollar su capacidad de liderazgo generó algunas preguntas importantes acerca del trabajo con personas. Después de todo, la búsqueda de la visión es una experiencia compartida; ningún líder la lleva a cabo a solas. De modo que el proceso de rodearse de las personas correctas —el contratarlas, evaluarlas y despedirlas— se convirtió en mi trampolín. ¿A quién se contrata? ¿Cómo se toma esa decisión? ¿Cuál es el proceso más eficiente? Yo quería saber qué habían aprendido estos líderes sobre este aspecto decisivo en la búsqueda de la visión.

Colleen Barrett estaba parada ahí, bebiendo a sorbos de su taza. Me parecía una persona de lo más sociable: interesada en los demás, sabía escuchar, de espíritu humilde y abierta para ayudar en cualquier cosa que le fuera posible. Se sintió feliz de compartir sus opiniones sobre la contratación de personal en Southwest.

"Cuando tenemos que contratar a personas, somos casi religiosos. Las contratamos por su actitud y luego entrenamos sus habilidades. Queremos ser la mejor compañía en la atención al cliente, así que buscamos personas comprensivas, enérgicas y que les guste pasarla bien, que quieran brindar un servicio al cliente. Les decimos a nuestros postulantes: 'Antes de pasar a la nómina, debe comprender que nosotros estamos en el negocio de la atención al cliente. El hecho que seamos una aerolínea de transporte es circunstancial.'"

Ese es un buen comienzo: buscar una buena actitud que sea compatible con los valores esenciales de la organización. No obstante, ¿qué otra cosa ayuda a que la organización sepa si el candidato encajará bien en el rol del liderazgo? Lo planteé como una pregunta general a quienes se habían acercado a la mesa de refrigerio recientemente aprovisionada.

"Yo le digo a la gente que es importante conocer el carácter de quien van a contratar," era el consejo de John Townsend. "La elección de una persona no puede basarse en una prueba solamente. Lo que quiero decir con esto es que usted jamás debería contratar a alguien como resultado de una única entrevista o de una serie de referencias, o de un examen de 360 grados, o lo que sea, porque el carácter únicamente se revela a lo largo de un proceso. No importa cuál sea su método, no confíe en una primera impresión, porque cualquiera puede parecer bueno a primera vista. Tiene que ver y volver a ver la película entera. Analice a las personas durante un tiempo. Estúdielas bajo presión. Si tiene la posibilidad, conozca a su familia y hable con sus amigos."

Alguien comentó que uno puede equivocarse a pesar de hacer todas esas cosas. John estuvo de acuerdo con él y agregó un paso adicional.

"Si es posible, contrate a prueba a la persona y observe qué hace al enfrentarse con situaciones difíciles. Entonces usted se dará cuenta si es la persona idónea. Las organizaciones realmente buenas, exitosas y grandes de Estados Unidos siempre tienen un prolongado período de prueba en el que pueden ver a la persona en el transcurso de buenos y malos momentos."

Esa idea provocó el comentario de Lou Taylor. El personal de la próspera agencia de representación que ella fundó, y que conduce hábilmente, toma importantes decisiones de planificación de vida en compañía de y a nombre de una amplia gama de celebridades. Por este motivo, su organización requiere de empleados que cuenten con una variedad de habilidades.

"Lo que me da mejores resultados es contratar personas con las que haya trabajado en otros proyectos o que sean conocidas por las personas con las que trabajo."

Esa estrategia me sorprendió un poco, porque parecía limitar el campo de los posibles candidatos para algún puesto determinado que ella tuviera que cubrir. Lou me recordó que, como la mayoría de las personas que estaba en la sala, está conectada con muchas personas a las que conoce y en las que confía, por consiguiente, el campo de posibilidades es bastante amplio y fértil. No obstante, también observó que el motivo para restringir la búsqueda a los conocidos era bastante práctico.

"Para mí son cruciales la constitución moral y la habilidad que tengan para tomar decisiones apropiadas," enfatizó Lou. "Manejamos mucho dinero y muchas personas de alto perfil por lo que es imprescindible contar con personal completamente íntegro." Luego confirmó la recomendación de John de usar un período de prueba con todas las personas nuevas que se contrata. "Les digo esto cuando toman el puesto, y les hago saber que tendrán entre 60 y 120 días (lo que sea que acordemos) para mostrarme quiénes son. He aprendido a no sentirme culpable si alguien no es la persona adecuada. Si no es la persona correcta para nosotros, no la retengo. Es algo que yo he tenido que madurar, porque durante mucho tiempo, quería darle una oportunidad a todo el mundo. Quería que funcionara a toda costa, pero ahora, si no están listos para el día sesenta, o al término que hayamos acordado, no me quedo con ellos. Simplemente les digo: 'Es que no está resultando.' Incorporamos a todos luego de un período de prueba."

Si alguna vez ha estado en el estudio donde filman una película, conoce la complejidad de la tarea y la cantidad de especialistas que corretean por el estudio. Ralph Winter, pensando en su vasta experiencia de contratar a numerosos líderes y ejecutivos para las docenas de películas y programas de televisión que ha producido, estuvo de acuerdo, pero quiso sumar una advertencia.

"Tiene que ser cuidadoso al contratar amigos, porque no siempre sale bien. Como cristiano, particularmente con amigos cristianos, tenga la precaución de no hacerlo demasiado espiritual. Porque después, cuando no estén logrando los objetivos propuestos, usted tendrá que arbitrar una decisión. Por un lado, tiene a alguien que quiere conectarse con usted de manera relacional, y por el otro, usted es el responsable de producir resultados. Me parece que es ahí donde a veces nos manipulan. Es fácil confundir esas dimensiones, y puede resultar difícil separarlas en el ámbito comercial.

"El mejor enfoque que conozco al trabajar con cristianos ha sido tratar los temas comerciales primero," concluyó Ralph pensativamente. "Debe ser cuidadoso al respecto. Creo que es posible preocuparse por ellos individualmente, pero cuando llegan los tiempos difíciles quizás tendrán que separarse, ya sea despidiéndolos o dejando que se vayan, si quieren irse. En cierta forma, tiene que prepararse desde el principio. Para eso están los contratos; es a lo que uno recurre si las cosas no salen bien, y eso es lo que define cómo separarse. Yo he hecho grandes esfuerzos por hacer una distinción entre mi relación con un empleado o un colega como creyente,

y como socio comercial, de manera que ninguno de los dos nos confunda-
mos. Trato de dirigir el negocio y manejarme con una relación comercial.
Ellos tienen que entender que en el plano relacional yo los amo como her-
manos o hermanas en Cristo; pero también es necesario que sepan que no
podemos trabajar juntos si no cumplen con las evaluaciones de rendimiento
que habíamos acordado."

En ese punto, Mike Huckabee, quien había tenido que encontrar el
equilibrio entre la fe y el liderazgo tanto en el entorno gubernamental como
en el evangélico, entró en el diálogo.

"Vea, uno tiene que preocuparse por ellos porque son seres humanos, y
tiene que reconocer que la vida personal de sus empleados afecta su rendimiento. No es más que la regla de oro. Sin embargo, también es necesario
que reconozca que usted fue contratado para lograr que se realice determinado trabajo, y cuando esta persona no puede ayudarlo, entonces tiene
que separar la tarea de la persona. La mejor forma de hacerlo es tener en su
equipo a personas observadoras, que cumplan un rol de cuidado, para que
usted reciba informes que le permitan, si es necesario, relevar a la persona.
Eso es difícil, muy difícil; pero, a la larga, es mejor no sólo para la organización, sino también para el empleado.

"Si usted tiene a alguien que no puede funcionar en su empleo, por el
motivo que sea, lo beneficia más sacándolo de ese puesto. Como líder, es
necesario que le ahorre la humillación y la vergüenza, y lo libere para que
pueda hacer lo que hace bien. En verdad, es por el bien de esa persona. No
debe poner a las personas en puestos que no puedan manejar, porque eso
los llevará a fracasar y a desmoralizarse. Todo esto tiene que ver con tratar
a los demás como usted quiere ser tratado. No ponga a las personas en
situaciones en las que estén destinadas al fracaso."

Ralph y Lou coincidían con Mike en que cada caso es diferente, y que
tiene que ser manejado con cuidado, sin basar las decisiones de contratación
de personal en supuestos y en reglas rígidas. Henry Cloud, el viejo colega
de John, subrayó la importancia de hacerlo bien y de ser cauteloso.

"La investigación dice que si no tiene a la persona adecuada cumpliendo la tarea adecuada, deshacerse de ella le demandará una gran cantidad de tiempo, esfuerzo y recursos. Entonces tendrá que volver a empezar y habrá perdido todo ese tiempo, el costo de oportunidad, etcétera. Así que esto es importantísimo, y aquí está el problema." Henry hizo una pausa para morder un bocado del emparedado que tenía en la mano. Como lo que tiene que ver con las personas tienen un peso decisivo en el éxito del líder, todos esperaron pacientemente para escuchar lo que venía a continuación.

"El problema es que los líderes, por definición, a menudo tienen la influencia organizativa, la capacidad, los recursos, y el poder para enamorarse de un psicópata." Los presentes se rieron de la brusca declaración de Henry sobre una realidad que todos hemos experimentado. "Lo vemos a diario: los líderes tienen su agenda, salen al ruedo e interactúan con la gente, y finalmente conocen al mejor experto del mundo. Es casi como un noviazgo: se sienten seducidos y dicen: 'Ah, he encontrado a la persona adecuada.' Sin embargo, cuando usted conoce a la persona, se pregunta para sus adentros: *¿En qué estaba pensando?*

"Los líderes hacen esto todo el tiempo. A veces incorporan personas a sus organizaciones, no por sabiduría, sino como respuesta a su propio estado de necesidad. Se han metido en situaciones que los abruman y hay cierto aspecto del liderazgo, del equipo, de la organización o del negocio para el que no poseen las habilidades, y entonces aparece alguien con esa fortaleza. De pronto, aquí está el salvador . . . pero la organización no hace la investigación ni un diagnóstico completo. Es posible que haya conseguido una persona fuerte en esa área de necesidad, pero después se vuelve loco en otras catorce áreas. Usted terminará llamando a los abogados y pagando toneladas de dinero para salir de ese pozo."

El anterior brillo se había transformado en un momento sombrío, porque todas las personas del círculo reconocían la validez del diagnóstico de Henry. Sospeché que todos los que estábamos allí podíamos identificar uno, si no varios, ejemplos en los que habíamos sido culpables exactamente de la misma estupidez que Henry estaba describiendo. Me vino a la memoria haber leído al respecto en su libro *Integrity* (*Integridad*), y el llamado de atención que habían sido para mí esos pensamientos. Después de todo, ¿cuántas pesadillas habíamos contratado cada uno de nosotros, esperando la salvación, sólo para encontrarnos en un lío creado por nosotros mismos?

"Uno de los problemas es cuando los líderes no conocen sus propios impulsos, sus flaquezas y sus debilidades. Me gusta cuando escucho a un líder decir: 'Está bien, debo tomar a una persona nueva y mis puntos flacos son esto, aquello o lo otro; así que quiero que ustedes estén conmigo en el proceso de entrevistas,' y luego establecen los sistemas para hacerlo posible.

"Una frase importante del desarrollo del liderazgo es: *En sus marcas, apunten, fuego*," describió Henry, dando una perspectiva más completa sobre el proceso de contratar personal. "Hay algunos líderes que son 'disparen, en sus marcas, apunten,' y hacen las cosas impulsivamente. Hay otros que son 'en sus marcas, en sus marcas, en sus marcas, en sus marcas,' y nunca pueden apretar el gatillo. Los líderes sabios tienen sistemas y personas sujetas a un cronograma, y no se permiten contratar a una persona saltando o evitando el proceso. Usted debe saber cuáles son sus flaquezas, y asegurar que haya sistemas, procesos y personas asignadas para completar la tarea. A veces, todo esto debe hacerse rápido, pero no quiere decir que no pueda ser un proceso."

Sam Chand había estado escuchando el intercambio con mucha atención. Mencionó otro punto útil y añadió un giro nuevo al proceso de contratación.

"Cuando fui rector universitario, a veces contrataba personas para las que no había un cargo, e inventaba un trabajo para ellas. Sabía que le añadirían valor a la institución. En la mayoría de las situaciones, tenía una vacante laboral con una descripción del puesto y la cubría, pero de vez en cuando me encontraba con individuos maravillosos y talentosos quienes estaban disponibles por un breve tiempo, y yo quería aprovecharlos."

> *Los líderes sabios tienen sistemas y personas sujetas a un cronograma, y no se permiten contratar a una persona saltando o evitando el proceso.*

Ese pensamiento innovador repercutió en Rich Stearns. Él introdujo el aspecto de alinear a las personas con sus fortalezas.

"Por lo general, uno trata de encontrar en la gente una serie de habilidades apropiadas para que realicen un trabajo en particular. Sin embargo, creo que el líder astuto también observa a las personas que ya están en la organización." Hizo una pausa por un segundo y luego dio un ejemplo: "Una de nuestras recaudadoras de fondos de los donantes más importantes es una mujer sumamente talentosa como oradora, que presenta historias sobre Visión Mundial. Así que, en lugar de encasillarla y decirle: 'Tu trabajo no es hacer discursos, sino recaudar dinero de los donantes más importantes,' le dijimos: '¿Sabes qué? Vamos a cambiar tu descripción de funciones, porque tienes ciertas cualidades únicas que sería una tontería no aprovechar.' De manera que esta mujer probablemente hable para Visión Mundial unas veinte veces al año a grupos de mujeres, en particular, pero a veces a otros grupos de donantes. Ella nos enriquece mucho de esta manera, a la vez que utiliza su talento y también sirve como recaudadora de fondos para Visión Mundial. Posiblemente no recaude tanto dinero como otros representantes que tenemos, pero es una manera de acomodar las cosas para dar lugar a alguien como ella en esta organización."

Rich ha estado a cargo de varias importantes decisiones de cambio en Visión Mundial mientras ocupaba su puesto, respondiendo tanto a los cambios en el mercado, como a los de su personal. Le pregunté qué relación tenían aquellas aventuras de reestructuración con su pensamiento.

"Cuando reorganizo nuestro equipo, analizo cómo sacar el mejor provecho según los dones de mis jugadores. Es un poco como ser un entrenador de fútbol; en algún punto uno mira los jugadores que tiene y se pregunta cuál es la mejor manera de utilizarlos. Quizás su vicepresidente de mercadeo tiene determinadas habilidades únicas en torno a las cuales usted ha montado su estructura, pero cuando él se va de la empresa, tiene que entender que la próxima persona quizás no tenga las mismas habilidades, y tal vez quiera cambiar algunas de esas responsabilidades para maximizar lo que puede hacer con su equipo."

Me pareció el momento indicado para cambiar de rumbo y meternos de lleno a la parte desagradable de los recursos humanos: ocuparse del rendimiento del personal. Como sé que esta era una de mis áreas débiles, no quise predisponer la discusión enfocándonos en mis deficiencias personales, de modo que llevé la conversación al plano de establecer las expectativas. Pronto tendríamos que analizar cómo lidiar con el fracaso de no cumplir las expectativas.

"Bueno, tendrá que haber cierta disciplina," admitió Colleen, quien había estado escuchando atentamente desde que ella dio inicio a esta línea de exploración. Nos dio un panorama de cómo manejan los asuntos del personal en Southwest. "No se trata de tener un montón de reglas, pero las reglas y las expectativas que tenemos para nuestros empleados son sumamente importantes, y al igual que la crianza de los hijos, siempre que estén claras las expectativas, podrá hacerlos responsables. Eso no es posible si antes no les indica los límites y las pautas, y no puede disciplinar si no se disciplina a sí mismo y no tiene que rendir cuentas a nadie."

Puso la función de las expectativas en el contexto. "Recuerden: nosotros tenemos una verdadera pasión por servir a nuestros clientes, pero también estamos muy orientados hacia los empleados. Entonces, en nuestra pirámide están los empleados primero; en segundo lugar, los pasajeros, y los accionistas en tercer lugar. Ahora, no quiero decir con esto que cada vez que tomen nuestra aerolínea tendrán un comediante, o que alguien les cantará; me refiero a que encontrarán personas cálidas. En términos generales, se nota que les gusta lo que hacen. Mi objetivo es que la persona que le carga el equipaje, que le sirve una bebida o que lo registra en el embarque le demuestre la misma personalidad, la misma actitud, la misma conducta y el mismo comportamiento que vería en ella si vivieran en el mismo vecindario. No quiero una personalidad en casa y otra en el trabajo."

Colleen mencionó algo que yo había descubierto en nuestra propia investigación entre padres eficientes: la importancia de establecer las expectativas, de hacer responsables a los niños y de ser coherentes en mantener las normas y mostrar el ejemplo. Claridad y consistencia. Me di cuenta de que incluso había hecho alusión a la crianza de los hijos al describir el liderazgo eficaz del personal. Mi reflexión sobre el paralelo fue interrumpida por la contribución de Jimmy Blanchard.

"Queremos retener a las mejores personas que tenemos. Queremos que se vayan las personas comunes y mediocres, no las mejores. Queremos tratar de tener un ritmo intensivo para mantener a los mejores satisfechos, felices, desafiados y motivados; queremos que se sientan apreciados y comprometidos. Lo que descubrimos es que los que no pueden mantener el nivel sienten la presión, y muchos de ellos emigran por su propia voluntad."

No obstante, ¿qué ocurre con las personas que llegan al nivel en el que demuestran ser incompetentes o ineficientes? ¿Qué pasa con los empleados que cultivan una pésima actitud? ¿Qué hacer con las personas que dejan de crecer, o con quienes pierden el entusiasmo por la visión? ¿Cómo manejar a una persona que es un mal compañero de equipo?

Un sonriente Sam Chand fue el primero en ofrecer sus pensamientos sobre el tema. "Yo me hago una pregunta sencilla, George: esta persona ¿es de las que *no pueden* o *no quieren*? El no poder tiene que ver con las capacidades. Podemos ayudar a estas personas en la mayoría de los casos; no en todos, pero sí en la mayoría. Sin embargo, el no querer tiene que ver con la actitud. Si el tema es la actitud, es importante que esa persona sepa inmediatamente que hay un problema, porque el asunto es así: contratamos a las personas por lo que saben, y las despedimos por lo que son. Por ejemplo, contrato a Bill porque él puede hacer maravillas con las computadoras, pero luego lo despido porque no se lleva bien con nadie. Si el problema es que no puede entender cómo hacer algo, eso se puede solucionar. Puedo diseñar un plan que sea manejable y cuantificable. La persona sabe que tiene que alcanzar determinados puntos de referencia. Sin embargo, si se trata de una cuestión de actitud, como que la persona no se lleva bien con los demás, entonces es el cáncer. Cuando quite el cáncer, la salud general mejorará."

Contrate a las personas por lo que saben, y despídalas por lo que son.

La declaración de Sam de que uno contrata al personal según lo que saben y los despide por lo que son me golpeó como un bate de béisbol. Por lo menos, reafirmaba la importancia del carácter, y el valor que John le había asignado a la evaluación anticipada del mismo. Yo sabía que Rich había invertido mucho tiempo y energía lidiando con estos mismos temas en Visión Mundial, y me gustó que volviera a entrar en la conversación, después del comentario de Sam.

"Todos tenemos lados flacos y lados fuertes en nuestra personalidad, en nuestro estilo gerencial y en nuestras habilidades. Una de las maneras de analizar a una persona de su organización es en términos de sus ventajas y desventajas. Usted quiere personas que tengan una larga lista de ventajas y una breve de desventajas. En otras palabras, que el costo de gozar de las ventajas o las capacidades que traen a la mesa —en cuanto a sus desventajas— sea mínimo. Todos tenemos cosas que no hacemos bien, o problemas que, a veces, podemos causar en una organización. De manera que lo que usted busca es una buena proporción entre las ventajas y las desventajas.

"El asunto se complica cuando usted consigue personas con una larga lista de ventajas, pero también de desventajas. Dichas personas aportan un valor tremendo por su talento, su creatividad y sus ideas, pero se paga un precio excesivo para conseguir todo eso de ellas, porque tratan mal al personal o son colaboradores ineficientes, y crean tensión en la organización.

"Una de las cosas fundamentales es la actitud. Si su colaborador tiene la actitud de 'Quiero mejorar; me di cuenta de que tengo debilidades y defectos, y estoy dispuesto a esforzarme para corregirlas,' eso vale mucho. Si la persona dice: 'Mire, no creo que necesite cambiar. No es mi problema; es problema de Juan o de María' —alguien que nunca está dispuesto a confesar su responsabilidad en el asunto—, es difícil modificar una actitud como esa. Es difícil trabajar con quien cree tener la razón y que los demás están equivocados. Así que para mí, si alguien no tiene una actitud de autosuperación o de autocrítica, de verdad no puedo trabajar con esa persona."

Todos en el grupo parecían haber tenido una experiencia con ese tipo de personas, pero ¿cuál es la solución?

"A esas alturas, probablemente tenga que despedirlo porque necesito a alguien que muestre una mejor actitud que esa," afirmó Rich con franqueza.

"Creo que uno no puede arreglar todos los problemas de las personas. No puede cambiar las manchas del leopardo. Puede hacer que las manchas sean un poco más brillantes o más oscuras, pero no puede cambiarlas, y eso suponiendo que la persona quisiera colaborar. A veces se encontrará con personas que son como una clavija cuadrada en un agujero redondo; no cuentan con las habilidades para tener éxito en el trabajo. Me he llegado a convencer de que no les hacemos ningún favor al mantenerlos en un puesto en el que están fracasando."

Luego Rich tocó un área delicada. "La persona que es una clavija cuadrada siempre fallará en el agujero redondo, pero tal vez exista un agujero cuadrado para esa clavija, un lugar donde realmente encaje, un puesto en el que pueda obtener buenos resultados. A veces, ese puesto está en su organización, pero a veces será en otra. De modo que debe ver si dentro de su organización existe un lugar donde esa persona de verdad pueda aportar algo, y si no lo tiene, por el motivo que sea, será mejor para todos que esa persona se vaya."

Por medio del lenguaje corporal, de las palabras y del comportamiento de estos líderes de alto calibre, me di cuenta de que a nadie le gusta despedir a un colaborador. Estos no eran de los que se comen cruda a la gente, que necesitan imponer su autoridad a expensas de los que se cruzan en su camino, pero era igualmente obvio que los grandes líderes tienen el carácter para tomar las decisiones difíciles, y comunicarlas de tal manera que muestren respeto a las personas a las que están despidiendo.

Rich continuó con una historia sobre el despido de un ejecutivo prominente. "Una vez despedí a un tipo de Lenox que era vicepresidente y que estaba fallando. El día que lo despedí, le dije: 'Odio hacer esto, Bob. Te aseguro de que me duele más que a ti. No lo vas a creer, pero no lo disfruto. Sin embargo, creo que de acá a un año podremos hablar de esto y me dirás: "Rich, dejar mi trabajo en Lenox resultó ser algo realmente bueno."' Le dije: 'Creo que eres una persona muy talentosa. Tienes muchas habilidades y mucho para dar, y cuando encuentres el lugar adecuado donde hacerlo, te sentirás estupendo, pero es probable que nunca te vayas de Lenox por tu propia voluntad, y por eso yo soy el que tiene que tomar la iniciativa.' Él me respondió: 'Lo dudo, Rich. He trabajado diez años en Lenox, y creo que es el peor día de mi vida al escuchar que me despides.' Un año después me llamó. Estaba en otra empresa. Le pregunté cómo le estaba yendo, y me dijo: 'Me encanta lo que estoy haciendo. La gente de aquí me ama. Me encanta la cultura de esta organización. Tenías razón. En este momento estoy en un lugar mucho mejor que el que ocupaba hace un año.' Así que, de alguna manera, le hice un favor. Fue difícil para mí, y en ese momento él no lo podía digerir, pero finalmente fue para bien."

Al escuchar esa historia valoré la manera en la que Rich había manejado la experiencia: fue amable, pero sincero, con su colega. Esa nota resonó con Jimmy Blanchard, quien aportó una anécdota propia.

"Cuando tenemos problemas con alguien, no arribamos de entrada a la conclusión de que no va a funcionar. Lo que hacemos es hablar con franqueza. Reiteramos nuestros valores y decimos: 'Nosotros somos esto, así hacemos las cosas, y, aparentemente, usted tiene algún problema con esto.' Si la persona realmente tiene un problema al respecto, normalmente lo dice y, por lo general a la brevedad le decimos que será mejor para él o ella y para nosotros que cada cual siga por su camino y que esa persona se vaya a otra parte y haga otra cosa. Para nosotros es importante tratar bien a la gente: con respeto, admiración, consideración y aprecio. Si encontramos un líder miserable o manipulador en nuestra organización, —ya sabe, el que le dice lo correcto al jefe, pero que después mortifica al personal—, no permitimos esa situación.

"Todos los que trabajan para nosotros tienen derecho a trabajar para un buen jefe. El buen jefe es el que edifica, el que se interesa por su futuro, su crecimiento y su carrera, y a quien usted admira, respeta y aprecia porque él lo admira, respeta y aprecia a usted. De modo que si encontramos un líder que no es esa clase de persona, tenemos esa conversación con él para decirle que no está funcionando con nosotros y que no tiene futuro aquí. Para remarcarlo les dije a nuestros empleados: 'Les garantizo que no tendrán que trabajar para esa clase de supervisores, y si esta organización no cumple con este compromiso, si tiene un jefe miserable o manipulador o que lo toma por imbécil, que es controlador, y nosotros no hacemos algo al respecto, no tiene por qué volver a creer otra cosa que yo le diga.'"

¿No es audaz eso? Le pregunté a Jimmy si eso había servido para fortalecer la lealtad del personal hacia la compañía y si había aumentado el compromiso con la excelencia. Hizo una mueca y mencionó un resultado diferente antes de que se alcanzara ese logro positivo.

"Para empezar, se fueron unas 150 personas. En algunos casos, eran personas realmente buenas, verdaderos colaboradores; pero no eran respetuosos de los demás ni de su trabajo, e hicieron bien en irse. Fue difícil, pero al final, estuvimos mucho mejor porque eso contribuyó a crear un ambiente de confianza, y la próxima vez que me puse de pie y dije: 'Vamos a hacer esto, esto y aquello,' todos pensaron: *Apuesto a que lo harán*."

Rich retomó donde había dejado Jimmy. "A veces, si las personas realmente no comparten la misión, la visión y los valores de la organización, es probable que a la larga tengan que irse. Hace diez años, cuando llegué a Visión Mundial, me convertí en el defensor de una mayor responsabilidad fiscal y de intensificar el uso de las prácticas empresariales para optimizar el rendimiento. Lo que sucedió fue algo casi milagroso. La gente solía decirme: 'Seguro que de entrada despediste a un montón de gente para limpiar la casa.' La verdad es que en los dos primeros años no creo haber despedido a un solo empleado ni a un vicepresidente. Fue suficiente que algunos de ellos leyeran lo que estaba escrito en la pared y decidieran irse. Creo que reconocieron que no cuadrarían muy bien en el nuevo paradigma, así que buscaron otro empleo. Si un líder es capaz de proyectar la visión correcta y lograr que la organización la apoye, las personas que no se sienten cómodas con ella suelen comprenderlo por sí mismas y buscan otro lugar donde servir.

"Pero, de vez en cuando, hay quienes no lo ven y se quedan, y se convierten en una piedra en el zapato. En esos casos, uno trata de convencerlos y de ganarlos para que se unan a la gran causa, y de alistarlos en la dirección a la cual intenta dirigirse el liderazgo superior; pero, a la larga, si rehúsan hacerlo y son tercos, usted tendrá que tomar la decisión por ellos."

Henry había escuchado con interés los comentarios más recientes. Su experiencia como directivo con líderes en diferentes ambientes, más su preparación y práctica en psicología clínica, le habían dado una profunda comprensión de los procesos de contratación y despido.

"A menudo el despido no se hace bien, porque cuando es así, pasa casi desapercibido. Esto se debe a que, si usted tiene alguien que no rinde o que rinde, pero es un problema por otros motivos, habrá un buen líder ocupándose del problema.

"El buen líder es, entre otras cosas, un sistema de inmunidad para la organización. Debe proteger la misión, la cultura y la organización. Así que si una persona bajo su liderazgo no está rindiendo bien, en primer lugar, no querrá que esa falta de rendimiento o ese problema se prolongue, crezca y se extienda. El buen liderazgo implica que usted ya tuvo que ocuparse del problema, mucho antes de llegar a la instancia del despido. Ya se ha sentado con esa persona y le ha dicho: 'Verá, el tema es este, y quiero que esto funcione, y que alcancemos nuestras metas. Hemos hablado de lo que hacía falta que hiciera usted, pero, hasta ahora, no lo ha logrado. Quiero que lo logre. Hablemos de cómo puede hacerlo y cómo puedo ayudarlo.'

"Y llega el momento de evaluar lo logrado y las cosas no resultaron como se esperaba. Ahora tenemos otro tipo de conversación, una que no tiene ya que ver solamente con el rendimiento. La siguiente charla es: 'Hemos conversado de esto y le hemos dado tiempo, le hemos dado recursos, y seguimos teniendo problemas. Así que ahora tenemos un problema de otra índole. ¿Por qué no ha funcionado?'

"Entonces se encarga del problema. Sube el amperaje como para que la persona sepa que está en un proceso que culminará cuando alcance la meta, o se vaya de la empresa. Para cuando suceda, será claro. Hemos fijado un tiempo para ello. Si sucede X, estará aquí. Si sucede Y, no estará. La última vez, se sienta con ese empleado y le dice: 'Ambos sabemos por qué estamos sentados aquí.' Y él dice: 'Sí, ya lo sé.' Así es como funciona cuando se hacen bien las cosas."

Las palabras de Henry reavivaron en mí el concepto de que el buen liderazgo muy a menudo tiene que ver con aplicar el sentido común. Todo lo que él había descrito, en realidad, tenía que ver con fijar pautas y comunicar frecuentemente al personal si cumple, o no, con las pautas preacordadas. No obstante, lo otro que me vino a la cabeza fue una de mis citas favoritas, de Mark Twain: "El sentido común es el menos común de los sentidos." Así que le pregunté a Henry: —Si el procedimiento es tan simple, ¿por qué los líderes no lo usan más a menudo?

—El problema es el siguiente —dijo él, anticipando que alguno de nosotros se lo preguntaría—: se necesita un carácter maduro para hacerlo. Si para los líderes el problema es herir los sentimientos de las personas, si no conocen la diferencia entre herir y lastimar, comprendiendo que, a veces, tenemos que herirnos mutuamente, no llegarán al objetivo. La Biblia dice que las heridas de un amigo son mejores que los besos de un enemigo. Usted sabe que cuando el cirujano lo opera es doloroso, pero no lo lastima. Así que los líderes deben aprender a infligir dolor en lugar de hacer daño. Con esto quiero decir que si aprenden a disciplinar y a entrenar al personal, pueden hacerlo bien. Si no pueden, si se asustan, lo evitan, si esperan demasiado hasta que se haya diseminado el cáncer, frecuentemente tendrán problemas legales cuando traten de deshacerse de alguna persona, por no tener evidencia documentada ni un proceso que haga que el despido sea limpio o justo. A esas alturas es un verdadero caos.

»Entonces, volvemos al tema del carácter y a la capacidad de tener esa conversación. Tenga en cuenta la forma en que está planteada la organización para que ese cáncer no tenga posibilidades de crecer. Una parte muy importante es darles a los gerentes y a los líderes un buen entrenamiento sobre cómo tener estas conversaciones y cómo lograr el liderazgo relacional, para que estos problemas salgan a la luz mucho antes de que deba hacerse un mal despido. —Henry entonces aludió a los comentarios que Lou y Ralph habían hecho antes—. Muchos se encariñan con la gente y, a causa de las amistades, no pueden tomar las riendas y despedirlos. Olvidan que son administradores de la organización, y que su misión y la regla número uno, cuando se trata del liderazgo, es no contratar jamás a una persona que no puedan despedir. Es como entrar en un auto y darle el volante a otro. Si usted es el líder, a la larga tendrá que ser capaz de exigir un nivel determinado de desempeño y estar en capacidad de hacerlo cumplir."

Se acercaba el momento en que tenía que correr nuevamente hacia el escenario y cubrir la transición de la siguiente sesión. Antes de mi salida, John Townsend confirmó las palabras de Henry y las aprovechó para dar su opinión.

"El buen líder tiene que saber cómo despedir a la gente, y creo que el mejor consejo que puedo dar es que sea directo. Muchas veces las personas no quieren escuchar un 'No,' y cuando alguien les dice 'No,' ellos escuchan 'Tal vez.' De manera que usted debe ser muy claro con el no, porque de lo contrario puede causar dolor y muchos problemas, y hasta enfrentar un juicio. Así que sea claro al respecto.

"Al mismo tiempo, sea específico," agregó John, "y no solamente específico, sino también asegúrese de documentarlo, de tener evidencia física, de manera que si pasa algo, ya sea a nivel emocional o legal, pueda decir: 'Era lo que había que hacer. Intentamos resolver esto con la persona. Dimos estos pasos, hicimos todas las gestiones a través de recursos humanos.' De esa manera, queda claro que no fue una simple reacción suya, sino que realmente hizo el máximo esfuerzo por conservar a la persona y remediar el asunto. Entonces podrá dormir tranquilo por la noche, porque fue una buena manera de despedirlo y lo hizo correctamente."

No sé por qué, el despido y el dormir bien por la noche no eran cosas que yo pondría normalmente en la misma oración, pero al escuchar la sabiduría de estos líderes, todo cobró sentido. El liderazgo es, de muchas maneras, sentido común práctico, inclusive en lo que respecta a contratar personal, formarlo y despedirlo.

CAPÍTULO 7

DIRIGIR BIEN

¿ALGUNA VEZ HA ESTADO en medio de un huracán? Así me pareció la mañana del Encuentro de Grandes Líderes. Mis corridas de un lado al otro entre mis obligaciones de salir a escena y mi participación en las conversaciones amenas en la sala de espera me dejaron la cabeza hecha un torbellino; pero era el mejor lugar en el mundo donde podía estar. Las ideas que intercambiaban eran tremendas. Si yo no salía de esta experiencia siendo un mejor líder, probablemente no habría muchas esperanzas para mí.

¿Ha notado cómo se aferra la mente a algún pensamiento que está tangencialmente relacionado a su experiencia en ese momento? De pronto tuve una de esas experiencias, mientras una sucesión de comerciales auspiciados por una tarjeta de crédito ocupaba el centro del escenario en mi cerebro.

Pasaje de avión: 459 dólares. Hotel: 159 dólares. Desayuno en la cafetería: 12 dólares. El tiempo invertido con treinta de los mejores líderes del país: no tiene precio.

Cuando volví a la sala de espera, tras despedir al público para que saliera a almorzar, respiré hondo y fui derecho a la sala contigua, que había sido preparada para el almuerzo con mis colegas. Lo último que quería era perderme los intercambios que estaban ocurriendo entre estos hombres y mujeres.

Al llegar a la sala grande y bien decorada, solicité la atención de todos, le pedí al capellán Black que nos bendijera antes de que llegaran los alimentos y les di a todos instrucciones sobre el protocolo del almuerzo y sobre nuestro programa. Antes de que nos sentáramos alrededor de la mesa, volví a agradecerles su presencia, les señalé lo exitosa que había sido la mañana y expresé lo emocionado que estaba por la interacción que estaba dándose entre bastidores. Luego, aproveché el momento para presentar nuestro enfoque durante el almuerzo.

"Mientras los camareros nos traen la comida, voy a lanzarles una pregunta para debatir. Todos ustedes tienen excelentes antecedentes de buen liderazgo. Si alguien les preguntara directamente qué hace falta para dirigir bien, ¿qué le responderían?"

Vino la acostumbrada queja afable ante semejante pregunta general, pero de inmediato pude ver a varios de los integrantes del grupo reflexionando sobre cómo responderla. Cuando se abrieron de repente las puertas y los camareros entraron con las bandejas, intenté concentrar la atención y les pregunté: "¿Quién quiere romper el hielo?"

Con la sala llena de líderes, era poco probable que la timidez fuera un inconveniente. En efecto, varias personas se mostraron deseosas de iniciar el debate, y le hice un gesto con la cabeza a Rich Stearns para que diera inicio a la charla.

"Tal vez las dos tareas más importantes del líder sean: en primer lugar, establecer y proyectar la visión que ponga la mirada de los miembros de la organización en un objetivo tangible, palpable, estimulante y apasionante. En segundo lugar, luego de transmitir la visión, el impulso más poderoso que tiene el líder es la selección de las personas que llevarán a cabo la visión. Encontrar a la gente adecuada con las habilidades pertinentes, ponerla en el trabajo apropiado y dejarla actuar libremente resulta ser algo increíblemente poderoso. Me doy cuenta de que esto no es algo nuevo para los líderes o los directivos, pero, verdaderamente, creo que estas dos cosas son importantes."

Habíamos tenido un buen comienzo. "¡Qué buenos conceptos, Rich! Gracias por hacernos despegar. Permítanme diseccionar esa porción," dije.

"Las ideas de Rich podrían separarse en dos grandes corrientes de diálogo: el papel del personal en dirigir bien, y el papel de la acción que sigue luego de identificar y transmitir la visión. En base a algunas conversaciones que sostuvimos esta mañana en la sala de espera, podríamos considerar incluso un tercer aspecto de lo que implica dirigir bien: la mentalidad del líder. Si tomamos en cuenta esas tres dimensiones, ¿qué le aconsejarían a alguien para liderar bien?"

El tema de la visión atrajo a Lou Holtz a la conversación. "Mi filosofía del liderazgo es simple: usted necesita la visión de hacia dónde quiere que vaya la organización. La segunda cosa que necesita es un plan concreto que le permita triunfar. El tercer punto es que tiene que dirigir con el ejemplo; no puede hablar de la grandeza si usted mismo no la procura, ni puede hablar de que se esfuercen en el trabajo si usted no se esfuerza. Cuarto: como líder, tiene que hacer que las personas se den cuenta de sus responsabilidades. Hay demasiadas personas en el rol de líderes tratando de ser populares o de caerle bien a todo el mundo. Su obligación es lograr que las personas sean lo mejor que puedan ser, y la única manera es sacándolas de sus zonas de comodidad y creyendo en ellas más de lo que ellas creen en sí mismas. Cada vez que usted empuja a alguien hacia la grandeza es porque cree que esa persona tiene la capacidad necesaria para alcanzarla. Cuando le pide cuentas y existen normas, no puede establecer esas normas para quedar bien. El quinto punto es que no puede comprometer sus valores esenciales. Los valores esenciales son los que mantienen unido al país, a un negocio, a una familia, a un equipo. No tiene que gustarles la misma música, la misma ropa, la misma comida, ni siquiera tienen que caerse bien entre ellos mismos sino que tienen que compartir los mismos valores esenciales. No puede dejarlos de lado. Todas las personas de la organización deben comprender sus valores esenciales. En todos los lugares donde fui entrenador, los valores esenciales eran simples: confiaremos unos en otros, tendremos un compromiso con la excelencia y nos cuidaremos mutuamente. Yo no negocio con esos valores."

Mientras observaba al entrenador Holtz hablar de sus puntos no negociables, volvió a impresionarme el hecho de que los líderes son personas de convicciones. Incluyen a otras personas en la actividad que generan y dirigen, pero una vez que los buenos líderes captan los elementos que consideran fundamentales para el éxito de su liderazgo, no se puede separarlos de ellos. Viendo la pasión del entrenador por sus valores, era impensable que algo pudiera hacer que pusiera menos énfasis en la confianza, la excelencia o el cuidado. Yo lo había escuchado contar tantas anécdotas de su pasado que comprendía cuán arraigados estaban esos valores en su corazón; y comenzaba a ver esa cualidad en cada uno de estos grandes líderes.

Newt Gingrich tenía una gran sonrisa en el rostro mientras escuchaba al entrenador Holtz. Después de elogiarlo por su liderazgo y por sus conceptos sobre el proceso, el ex Presidente de la Cámara de Representantes brindó su declaración de lo necesario para ser un líder eficaz.

"Para ser un gran líder, tiene que hacer tres cosas muy difíciles. La primera es enseñar de manera que los demás puedan aprender. Una de mis reglas básicas es que toda comunicación acontece en la mente del oyente o del lector. La segunda, tiene que ser capaz de articular gráficamente, con autoridad emocional y moral, lo que intenta que logren las personas, y, por último, tiene que vivirlo. Tiene que personificarlo. Si hace estas cosas, estará en otro nivel. Ronald Reagan casi siempre fue la misma persona, con el mismo estilo cordial y autoconfortante. Uno sentía el alivio de estar seguro de quién era Reagan en toda ocasión. Para que los líderes sean seguidos, deben tener una coherencia tal como si usaran una máscara, porque nadie podría mantener internamente ese nivel de consistencia."

Eso agitó al grupo, y la sala se convirtió en una colmena de discusiones grupales animadas que diseccionaban y ampliaban las ideas que ya estaban sobre la mesa. Luego de un par de minutos, hice el intento de volver a encauzar el foco de la charla. Varios le habían pedido a Newt que hiciera algunas aclaraciones, de modo que respondió algunos de esos pedidos.

"El liderazgo tiene que ver con escuchar, aprender, ayudar y dirigir, en ese orden. Tuve que aprender a escuchar, porque jamás me habrían permitido conducir al pueblo de Georgia si me hubiera quedado como un transeúnte hijo de militar sin contactos. Escuchar es tratar de comprender qué dice la gente y qué significa eso para ellos. Se denomina escucha empática: usted trata de comprender literalmente lo que le dicen y por qué es importante para ellos. No quiere decir que usted deba estar de acuerdo o simpatizar con ellos, pero sí que aprenderá todo el tiempo. Su vida se convertirá en una universidad permanente."

Mientras el grupo le agradecía a Newt sus aclaraciones, el entrenador Holtz señaló que él también quería agregar una idea más a su contribución anterior. Al escuchar lo que se había dicho, reconoció que había omitido mencionar una de sus tácticas naturales.

"Quizás lo más importante es que debe explicar a toda la organización cómo se beneficiará cuando alcance el objetivo. Si no ha ayudado a que todos comprendan de qué manera será mejor para ellos alcanzar el objetivo, no estarán de acuerdo con él y serán una influencia negativa para otras personas cuando no estén cerca de usted."

Eso me pareció una buena transición para obtener algunos aportes sobre la importancia de las personas en la aventura del liderazgo, así que pregunté al grupo si tenían algunas ideas en lo que concierne a cómo se acomodan las personas en el proceso.

Rich Stearns moldeó esta sección del diálogo. "Encontrar al personal adecuado, con las habilidades pertinentes, y ubicarlos en los puestos apropiados es importante. Los líderes jóvenes," explicó, con lo cual hacía alusión a los que no tenían mucha experiencia, "suelen tener el mismo concepto equivocado: 'Llegué hasta aquí porque soy inteligente y capaz, y como no hay nadie más capaz que yo, no me queda otra que hacer todo el trabajo yo solo.' Eso trae como resultado el control excesivo. Hacer la transición al liderazgo significa que el líder joven tiene que pasar de ser un hacedor a ser un entrenador."

Luego de hacer una respetuosa reverencia con la cabeza al entrenador Holtz, Rich continuó. "Un buen entrenador entiende que tiene que crear un ámbito en el que los jugadores puedan tener éxito, pero debe permitir que los jugadores hagan lo que les corresponde. El entrenador dirige desde las líneas laterales y entre los partidos, de manera que cuando los jugadores entren al campo de juego sean productivos y logren buenos resultados. Debe resistir la tentación de intervenir y hacer las cosas usted mismo, en lugar de las personas que ha seleccionado. En cambio, debe reconocer que son ellos los que tienen los talentos adecuados para hacer lo que tiene que hacerse. Usted se transforma en un generalista en lugar de ser un especialista; más como el director de orquesta en lugar de primer violinista, tratando de obtener lo mejor de cada uno de los músicos."

La metáfora del entrenamiento sin duda había tocado una fibra sensible en nuestro grupo. El general Dees la continuó. "En su gran libro *They Call Me Coach* (Me llaman entrenador), John Wooden escribió: 'La vida es el esfuerzo unido de muchos.' Él describía su éxito como entrenador de la University of California en Los Ángeles como el fruto de haber entendido el valor de la unidad y el espíritu de equipo. El entrenador necesita ser parte del equipo, no externo a él. No podrá lograr el esfuerzo unido de muchos si usted no es parte del equipo."

De mis propias experiencias con líderes de todo el mundo, sé lo difícil que es lograr eso. A menudo, los líderes se sienten aislados o separados de su grupo. Hace falta un esfuerzo deliberado para sentirse como uno más en el grupo. Algunos estaban expresando variantes sobre el tema cuando escuché de casualidad a Colleen Barrett hablando con las personas sentadas cerca de ella.

"Una parte del liderazgo es saber cuándo seguir. Usted debe saber cuándo hacerse a un lado." ¡Qué concepto genial! El liderazgo no siempre tiene que ver con estar al frente; a veces el líder tiene que dejar que otras personas, a las cuales él ha dado poder, tomen las riendas por un tiempo.

Los grandes líderes a veces se retiran de un trabajo promoviendo a otros líderes competentes y que están listos para asumir el liderazgo.

Entonces, habíamos establecido la importancia de seleccionar a las personas adecuadas para dirigir, creando la unidad entre ellas, eliminando el ego personal del proceso y dejando en libertad a la gente para que pueda hacer lo que mejor hace. ¿Había otras dimensiones significativas del aspecto humano de dirigir bien? Afortunadamente, Warren Bennis habló, abordando la necesidad del sentido de colaboración.

—A la gente le gusta la vulnerabilidad, y es apropiada en un líder. Todo gira en torno a las relaciones. Dirigir tiene que ver con tener una meta por lograr con un grupo de personas que podemos llamar seguidores o colegas. El liderazgo se da cuando el líder trabaja estrechamente unido a sus seguidores para alcanzar un gran objetivo.

—Entonces, ¿por qué no hay más personas que sean grandes líderes? —pregunté—. Si trabajar juntos es el sello distintivo de los grandes líderes, ¿qué les impide hacerlo?"

Inmediatamente volvió a surgir una cantidad de conversaciones más reducidas y, por lo que capté, lo esencial era que a menudo parece que a muchos líderes les interesa más establecerse como superiores o mejores que las personas a las que dirigen: ya sea como más inteligentes, más dispuestos a arriesgarse, más experimentados, mejores comunicadores o lo que sea. En el barullo de las conversaciones, me llamó la atención un comentario en particular. John Ashcroft despreocupadamente declaró: "Todos son muy valiosos. Es probable que las personas que creen que todos son muy valiosos sean grandes líderes." Me pareció la perspectiva básica que debe tener todo líder. No puede darles a otros la dignidad que merecen si no cree que son valiosos; y ellos no lo seguirán a menos que les dé la dignidad que necesitan.

Escuché una parte de lo que Henry Cloud decía a los que tenía a su alrededor, y él también tenía un punto importante. "No sólo es necesaria la capacidad de construir la confianza, sino también de mantenerla. A la larga, el líder tiene que conseguir hacer cualquier cosa que tenga que hacerse por medio de y mediante las personas. Según Stephen Covey, cuando se acaba la confianza, la velocidad disminuye y los costos aumentan. Cuando hay mucha confianza, la velocidad es alta, de manera que podemos lograr que las cosas se hagan más rápido y que los costos sean menores. La dimensión de la confianza es muy importante."

Tomé nota para enfocarnos en "la dimensión de la confianza" durante una de nuestras sesiones de la sala de espera; parecía demasiado esencial como para discutirla en el tiempo limitado que nos quedaba del almuerzo, pero también parecíamos estar listos para abordar el tema de la mentalidad del líder. En efecto, después de beber un sorbo de agua y de escuchar una parte de las reacciones que habían causado sus comentarios previos, Henry pasó a analizar qué es lo necesario para dirigir bien, enfatizando los aspectos de la mentalidad del líder.

"Los buenos líderes tienen la capacidad de orientarse hacia la verdad y la realidad. Muchas personas tienen prejuicios y puntos débiles. Usan anteojeras; sus experiencias del pasado han teñido su visión de las personas o de la realidad. Sin embargo, también existen otras personas que tienen una tendencia definida a ejercer la capacidad de ver la realidad, y que no tienen miedo de llamar a las cosas por su nombre. Son capaces de enfrentar realidades crueles y, al mismo tiempo, mantener la esperanza. De modo que liderazgo es más que honestidad. No sólo se trata de tener hambre de decir la verdad, sino también de encontrar la verdad y la realidad. Los mejores líderes son los que tienen un apetito voraz por descubrir cuál es esa realidad."

Años atrás, había leído que un grupo de entrenamiento en el liderazgo lo había descrito como el acto de darle sentido a la realidad y ayudar a las personas a darle forma a esa realidad. Cuando escuché las palabras de Henry, me pareció que para descubrir y redefinir la realidad se necesitaría una considerable cantidad de valentía, de confianza en uno mismo y de estar dispuesto a cometer errores. Newt agregó sus opiniones a ese sentir.

"Debe rodearse de gente que pueda movilizarlo, y es necesario que esté acompañado de personas a las que no les importe decirle que está equivocado." De inmediato pensé que probablemente no hay un lugar en el mundo donde se pueda estar más rodeado de personas que no dudarían en decirle a uno que está equivocado que en el Congreso de Estados Unidos. No obstante, los puntos de Newt venían al caso y eran acertados, y provocaron una reacción de Bob Dees, quien recordó una anécdota reciente del ejército.

"En los años setenta, el ejército estaba arruinado por las drogas, Vietnam y las demás experiencias culturales que había en aquel momento. En los ochenta hubo una revolución de entrenamiento en el ejército orientada hacia la tecnología, mediante la adopción del MILES, Sistema de Combate de Láser Integrado Múltiple. Permitía ir de un cálculo subjetivo a uno objetivo de su realidad de entrenamiento. Eso puso en marcha una asombrosa cadena de acontecimientos, y permitió cuestionamientos que evaluaban la causalidad y la prevención o el perfeccionamiento. Creó toda una cultura de aprendizaje en el ejército de Estados Unidos.

"Es preciso reconocer la realidad para poder seguir creciendo," resumió Bob. "Es muy útil para un ejecutivo sabio y experimentado poder conocer su terreno e identificar los momentos más aptos para enseñar. Usted puede entrenar o enseñar todo el día, pero si no lo hace durante esos momentos, cuando la gente está dispuesta a aprender, ¿en qué cambia que haya estado enseñando? El líder sabio percibe esos momentos propicios para enseñar y entonces imparte su entrenamiento. Un líder tiene que estar constantemente alerta a esos momentos."

Entonces, quedó claro que educar a las personas acerca de la realidad es un aspecto importante de la tarea del líder. El profesor John Kotter sumó otro nivel de intriga a esta dimensión de dirigir bien, al defender el desarrollo de un sentido de urgencia en el discernimiento y la reforma de esa realidad.

"En un mundo volátil, que se mueve cada vez más rápido, las organizaciones deben ser más eficientes para cambiar o transformarse hacia la siguiente etapa de su desarrollo. Sin embargo, el primer paso tiene que ver con crear el suficiente sentido de urgencia. Este sentido de urgencia se está haciendo más importante porque mantiene a la gente sumamente alerta a todo lo que está sucediendo afuera, ya sean oportunidades o riesgos, que requerirán determinados ajustes, flexibilidad y cambios internos. Cuando tienen ese sentido, las personas están mucho más decididas no sólo a ver qué pasa cada día, sino también a actuar según lo que ven y a hacer algo al respecto. Es más probable que se levanten cada día con la determinación de actuar según las grandes oportunidades o riesgos, lo cual es un gran recurso en un mundo que no se queda quieto, particularmente cuando la organización promedio no tiene ese sentido de urgencia en lo más mínimo."

Luego de algunos debates más sobre el tema, me dirigí a Henry y le pregunté si había algún otro elemento que él considerara indispensable para dirigir con eficacia. Él tenía más cosas para ofrecer.

"Los buenos líderes se orientan hacia los resultados. Hay una gran diferencia entre los líderes y aquellos que no son más que especuladores, contempladores o estrategas de escritorio. Los que dirigen de verdad sencillamente no pueden existir en un mundo que no genere resultados tangibles. Están muy orientados hacia los resultados. Creo que los mejores líderes son los que prefieren crear resultados tangibles en lugar de interferir con dichos resultados."

Nadie parecía estar en desacuerdo con este punto. Los líderes generan resultados. Era demasiado obvio, pero para mí la pregunta era *cómo* logran resultados significativos. Mi suposición es que a los malos líderes les interesa generar resultados positivos, pero no saben cómo. ¿Qué es lo que diferencia a los dos grupos?

"Los buenos líderes tienen una visión muy amplia de todo. Si están en la cima de la organización, realmente tienen una visión de 360 grados, interna y externamente," explicó John Kotter. "Así es como son los buenos líderes. Otra parte de la amplitud es que ellos no sólo ven, sino que también sienten la responsabilidad por esa amplitud. Por ser tan amplios en su pensamiento, los grandes líderes piensan en el alcance de su responsabilidad. En los negocios, a un buen líder nunca se le ocurriría la noción de 'Mi trabajo es maximizar el patrimonio de los accionistas.' Por supuesto que mi trabajo es asegurarme de que las personas que nos dan financiación consigan un excelente rédito, pero mi trabajo también es asegurarme de que las personas que compren nuestros productos y servicios reciban buenos productos y servicios, a buen precio. Mi trabajo es asegurarme de que nuestros empleados tengan buenos puestos y buenas carreras, y también, que no contaminemos a las comunidades en las cuales operamos, etcétera, etcétera. Así es como piensan los buenos líderes."

En la sala hubo suspiros de asentimiento mientras estos líderes aceptaban la descripción de John sobre el peso de la responsabilidad que adoptan los buenos dirigentes. La reacción no era un sentimiento de agobio, sino la de tener un compromiso por "hacer lo correcto," tal como lo había expresado el entrenador Holtz. Dicha responsabilidad es de tal envergadura que la persona promedio no podría comprenderla ni manejarla con desenvoltura.

Cuando se produjo una pausa en la conversación, me volví hacia Henry y arqueé las cejas, preguntándome si él tenía más componentes para agregar a su lista sobre lo necesario para dirigir bien. Efectivamente, él los tenía.

Los buenos líderes tienen una visión muy amplia de todo.

"Creo que otro ítem es que los buenos líderes tienen la capacidad para aceptar la realidad negativa en un espíritu de gracia y de verdad, como dice la Biblia. Los psicólogos se refieren a esto como tener un tono neutralizado. En otras palabras, cuando reciben los números desfavorables no se trastornan; los aceptan. Ven las realidades negativas como una parte de lo que es el liderazgo. Se levantan por la mañana y salen a resolver los problemas. Enfrentan los conflictos y las realidades negativas. No evaden los problemas, y todo lo hacen sin enojo ni temor. Los han normalizado. Saben que si están enfrentando problemas, es que todavía están vivos."

La gente se rió de la descripción de Henry sobre los buenos líderes, porque todos sabían que lo que había dicho era cierto, y que la mayoría de las personas no querría sufrir los dolores de cabeza que los líderes consideran como parte del trabajo diario. Le pregunté a Henry si lo opuesto también era cierto: que si el líder no enfrentaba problemas empezaría a preocuparse un poco y a querer saber qué estaba pasando.

"Claro, exactamente," respondió. "Los buenos líderes casi siempre buscan activamente identificar qué hay que mejorar. No tiene que ser algo tóxico lo que necesite de su atención, pero siempre están pidiendo un informe porque quieren saber qué está pasando. Ellos no esconden la cabeza como el avestruz."

Alguien bromeó que esta mentalidad fácilmente podía convertirse en la peor pesadilla del líder, a medida que saca a relucir problemas que no eran evidentes y que, tal vez, habrían quedado escondidos de la vista de los demás. Henry reconoció que muchas personas en puestos de liderazgo tienen miedo de descubrir el alcance de lo que requiere su liderazgo. "Uno ve a muchos líderes que cuando reciben la información necesaria o algo negativo, inmediatamente dicen: 'Bueno, no necesito esa negatividad por aquí. ¿Qué hacen estos detractores en este lugar?' Sin embargo, los buenos líderes no son así. Los buenos líderes ni siquiera ven el problema como un problema. Lo ven como parte del liderazgo.

"Ayer estaba dando consultoría en una situación en la que la organización se enfrentaba con la amenaza de un juicio. Inmediatamente, la junta directiva y el líder de esa división reaccionaron a la defensiva; cancelaron la operación y dijeron: 'Nos exponemos demasiado aquí.' Se apartaron de un área realmente clave, en la cual era necesario que estuvieran, y lo hicieron por temor. Yo conocía bastante bien ese negocio y pensaba: *En esta sala no hay un liderazgo experimentado.* El líder experimentado habría tomado esa carta, se habría sentado, revisado los términos y averiguado a qué se estaban exponiendo, o si era un juicio frívolo y disparatado. O sea, un líder experimentado jamás permitiría que una amenaza o un problema condicionara sus objetivos. Cuando llegan las noticias negativas, los buenos líderes tienen una especie de indiferencia sana que les permite analizar, y eso evita que todas las hormonas del estrés se disparen en su cerebro, lo cual provoca que el buen juicio escape por la ventana."

Muchos habían experimentado situaciones similares en los que el liderazgo inmaduro había causado un desastre en varias organizaciones. Sintiéndose respaldado, Henry avanzó hacia el siguiente aspecto del liderazgo eficaz.

"La quinta característica de los buenos dirigentes es que están orientados hacia el progreso. Los líderes generan desarrollo. No son mantenedores. Para hacerlo, evitan apostar, pero se arriesgan. Cuando usted ve que los buenos líderes se arriesgan, no se trata realmente de un riesgo; es una extensión natural de las habilidades que ya han desarrollado. Sólo están dando el siguiente paso. La gente los observa y dice: 'Realmente le fue bien, pero se arriesgó mucho.' Lo que en verdad quieren decir es: 'Bueno, dejó la seguridad que le daba su trabajo y se lanzó a la pileta.' Sin embargo, no fue tan arriesgado, porque se pasó diez años desarrollando las aptitudes necesarias para lo que iba a hacer, y tenía todas las habilidades indispensables consigo; así que no hubo nada más arriesgado en eso que cuando una serpiente cambia la piel; es como quitarse viejas restricciones. Cuando una persona pasa de ser un deportista aficionado en la universidad para incorporarse a la liga de profesionales, ¿es eso un riesgo? No; es una extensión natural de la capacidad y de las habilidades que esa persona ha desarrollado. De modo que los buenos líderes tienen una orientación hacia el progreso.

"Y luego, la última, que podría decirse es la más importante, es que el carácter del buen líder le da una orientación hacia la trascendencia. En otras palabras, los buenos líderes se dan cuenta de que no se trata de ellos; tiene que ver con cosas superiores a ellos, cosas que los trascienden. Realmente, tiene que ver con los valores, las personas a las que sirven, los electores, los

> *Los líderes generan desarrollo.*

empleados, los accionistas, la misión y con Dios mismo. Los líderes problemáticos son quienes dicen: 'Yo no soy Dios,' pero si uno los observa, actúan como si lo fueran." Las carcajadas surgieron en una sala llena de miradas de beneplácito y gestos de confirmación cuando Henry concluyó.

Varios líderes quisieron subirse al carro de la trascendencia. Seth Godin fue el primero. Observó que en su trabajo había descubierto que los grandes líderes "son capaces de ver, de darse cuenta, y de sentir lo que realmente quiere la gente, a qué le temen y a dónde quieren ir." Subrayó el hecho de que los buenos líderes autorizan a las personas para que procuren y logren esas metas.

Como se nos estaba acabando el tiempo, Patrick Lencioni dio un remate maravilloso a una discusión desafiante sobre el buen liderazgo. "Para ser un gran líder, usted debe dominar, al mismo tiempo, dos cosas que no conviven fácilmente. Una es ser humilde, lo cual significa saber que uno no es mejor que las personas a las que dirige. No es más importante ni vale más que ellos. El gerente general que maneja la compañía y el conserje tienen el mismo valor como seres humanos. Por otra parte, tiene que creer que sus hechos y sus palabras son más importantes que los de los demás, porque ellos lo observan y lo siguen. Cuando pienso en el liderazgo, pienso en ser un siervo, por cierto; pero ser un líder siervo significa tomar una posición frente a las personas, sin por eso pensar que uno es más importante que aquellos a quienes sirve como líder."

Eso parecía ser el final adecuado para una mesa de fructífero intercambio. La noción que brindó Patrick del líder como siervo fue un recordatorio útil de que los grandes líderes sirven a la gente usando su capacidad de orquestar el cambio para crear un futuro mejor. No obstante, sus palabras también resaltaron el hecho de que el liderazgo es un estudio de paradojas. En mi mente no había duda de que las discusiones que vendrían en la tarde y al día siguiente elevarían aún más el nivel de paradojas que desafían a los líderes y a quienes estudian el liderazgo.

CAPÍTULO 8

GANAR Y MANTENER LA CONFIANZA

DURANTE LA HORA del almuerzo, Henry había tocado el tema de la confianza. Poco antes yo había pasado un tiempo en China con varios líderes, y había visto de manera directa cómo el gobierno y su historia de opresión y persecución encubierta a los líderes culturales habían engendrado una atmósfera de miedo y de desconfianza. Por eso tenía un interés especial en este tema. Admiraba a los líderes que se sentían obligados a hacer lo correcto en un entorno incierto e inseguro, sabiendo que probablemente sufrirían por lo que habían elegido hacer. En años recientes las cosas parecen haber ido cambiando para mejorar en China, pero el pasado siempre influye en el futuro. Desarrollar la confianza en las personas y mantenerla es fundamental para lograr que perseveren en la visión de un futuro que trascienda lo conocido.

Así que después de organizar la sesión vespertina, volví a la sala de espera con la expectativa de conseguir que algunos de nuestros líderes describieran qué habían aprendido sobre la confianza. No resultó ser una tarea difícil.

Era evidente que algunos de mis colegas se había dedicado de lleno al tema, y todos los presentes habían experimentado las vicisitudes de establecer y mantener la confianza.

Mientras algunos nos reuníamos alrededor de uno de los grandes monitores para ver los momentos de apertura de la nueva sesión, tímidamente mencioné que esperaba dar continuidad a algunas de las ideas que se habían intercambiado durante el almuerzo. Para eso, sin aludir a nadie en particular, pregunté cómo se gana el líder la confianza de la gente. Seth Godin dio una respuesta inmediata y franca. "Usted tiene que confiar en ellos."

Sin responder, dejé que la idea se asentara un poco, y Ralph Winter hizo su gran aporte a la respuesta simple, aunque profunda, de Seth.

"Tener confianza es darle tanta cuerda a las personas como para estar seguros de que se sienten bien y de que pueden cumplir con lo que hay que hacer" era la perspectiva de Ralph. Relacionó su idea con lo que hace en un estudio cinematográfico. "En una filmación, el equipo de rodaje sabe que el cumplimiento es la marca. Tienen que estar listos cuando la cámara se enciende y, si no lo están, no pasará mucho antes de que tengan que irse. De manera que la confianza tiene que ver con la claridad de las expectativas y el cumplimiento."

Tener confianza es darle tanta cuerda a las personas como para estar seguros de que se sienten bien y de que pueden cumplir con lo que hay que hacer.

El productor alto y barbudo hizo una pausa, mirándose los pies mientras se sumergía en profundos pensamientos; entonces agregó otro aspecto. "No obstante, también se construye en continuidad, defendiendo al equipo en las reuniones de trabajo. Por ejemplo, me gano su confianza si han hecho su trabajo, y luego los respaldo. Si lo han hecho bien, entonces me gano su confianza protegiéndolos y asegurándome de que tengan parte de la recompensa que producen nuestros esfuerzos."

La noción de construir la confianza mediante la continuidad fue reconocida cuando Henry Cloud tomó el mismo concepto y lo miró desde otra perspectiva.

"Hace poco trabajé en una empresa haciendo entrevistas extensas con los subordinados de varios líderes. Una persona comparaba al actual gerente general con el líder que lo había precedido, y dijo: '¿Sabe qué? Este tipo es más duro, pero es realmente muy bueno, porque, sin importar lo que pase, sé que él quiere que yo tenga éxito. De verdad desea lo mejor para mí.' Por consiguiente, esta persona está dispuesta a seguir a ese líder y hacer el trabajo difícil, inclusive hasta renunciar a algunas cosas, porque no tiene dudas de que el líder quiere lo mejor para él. Establecer esa clase de apoyo es un elemento importante para mantener la confianza.

"Sin embargo, otro aspecto importante del mantenimiento de la confianza es estar seguro de que usted hace lo que dice," continuó el psicólogo. "Para que los demás confíen más en ellos y los sigan mejor, algunos líderes tienen que achicar la distancia entre el decir y el hacer, no haciendo más cosas, sino hablando menos. Algunas personas responden a todo pedido diciendo: 'Sí, claro, yo puedo hacer eso, seguro, no hay problema.' Eso es prometer de más. Creen que les van a caer bien a las personas y que las convencerán prometiéndoles más de lo que es posible cumplir, pero, con el tiempo, la gente ya no les cree. Los líderes deben ser muy cuidadosos de lo que dicen que van a hacer. No abra la boca si realmente no va a hacer lo que dice, porque las personas están observándolo, abierta o disimuladamente."

De modo que el desarrollo de la confianza está íntimamente relacionado con la integridad. John Townsend, coautor y compañero de entrenamiento de Henry, contribuyó a reforzar el planteamiento.

"Es más probable que surja la confianza si usted es una persona íntegra, que predica con el ejemplo, y si la misión y los valores establecidos explícitamente en la organización son los que la gente ve en usted. Honestidad, estímulo, atención al cliente, eficiencia, el cuidado de las finanzas, cuidar a las personas, producir calidad: observamos para saber si la persona se mantiene diariamente fiel a esas cosas y vive de esa manera. Si es así, sentimos que es auténtica y genuina.

"Pero la confianza también se crea cuando los líderes son como un libro abierto, ya sea si cometen un error o tienen que dar una mala noticia. Son los primeros de la fila en decir: '¡Oiga! Yo lo hice, yo eché a perder las proyecciones' o 'Yo manejé mal ese contrato y hemos perdido la negociación, lo lamento mucho; es mi culpa y quiero asumir toda la responsabilidad y ayudar de manera que pueda arreglarlo.'"

Patrick Lencioni quería ocuparse de la noción de ser abierto, accesible e incluso mostrarse vulnerable para las personas con las que uno trabaja.

"Si el líder no es vulnerable, las personas no pueden y no deberían confiar en él. Para ser un gran líder, usted debe ser vulnerable; debe dejar que los demás sepan quién es. La mayoría de las personas no quiere aprovecharse de un líder vulnerable. Requiere arriesgarse y dar un salto de fe el ser vulnerable, pero casi todos los grandes líderes que conozco son de la clase de personas que se sienten cómodas con exponerse ante su gente. Si usted es incapaz de humillarse, no merece que confíen en usted. Es algo difícil, especialmente porque se nos dice: 'No dejes que te vean transpirar.' En realidad, deberíamos decir: '¡Miren esto! ¡Préstenle atención!'" dijo, señalando la transpiración de su frente. "Lo peor que puede hacer es fingir que no está transpirando. De manera que para ser humilde tiene que ser vulnerable, lo cual significa revelar cosas acerca de sí mismo, permitir que los demás se relacionen con usted de igual a igual y saber que no está poniendo en peligro, sino mejorando, su capacidad de conducirlos.

"Uno de los ejercicios por los que pasa nuestro personal es compartir por turno alrededor de la mesa la historia de dónde crecimos, cuántos niños había en nuestra familia y qué fue lo más difícil en nuestra infancia. Cuando uno escucha al líder contar que creció en un lugar pobre, lo que pasaba cuando los demás se burlaban de él o lo que le sucedió a su familia después de que murió su padre, de repente ese líder no es más que otro chico, como usted, y ahora sabe cómo es él como persona. Ahora puede admirarlo y confiar en él."

Ahora el grupo, cada vez más grande, había trasladado su atención de la pantalla plana a nuestra discusión. Bob Dees, el general retirado del ejército, había escuchado respetuosamente a sus compañeros hablar sobre un tema que es muy importante para cualquier líder militar. Me di cuenta de que la conversación había despertado algo dentro de él, y le pregunté si tenía alguna opinión sobre el tema.

Bob dedicó un momento a resumir un par de situaciones angustiantes en las que él había estado a cargo como líder, momentos en que se perdieron vidas y muchas otras corrieron peligro. "A veces, cuando hay una situación seria, ya sea traumática o de muerte, lo mejor que se puede hacer es tan sólo estar presente. En situaciones críticas, usted debe saber cuándo mostrar las cartas y cuándo esconderlas. Tiene que ser muy simple, compasivo y conciso. Recuerdo los traumas de accidentes de helicópteros o de un tren que descarriló y cayó desde una altura de quince metros al agua, donde murieron nueve soldados, y cosas por el estilo . . . a veces, lo importante son las cosas que no se dice. El simple hecho de estar ahí, con su gente, es lo que construye la confianza que tienen en usted."

Su concepto —la simple presencia en medio de la gente cuando se necesita de la fortaleza que posee el líder— fue poderoso. Sin embargo, esa entereza debe surgir de la sensación de las personas de que el líder no es otra víctima, sino alguien con la capacidad de guiar y dirigir a la gente en cualquier situación, sin importar lo buena o mala que sea. Tony Dungy puso la idea en práctica con sus observaciones sobre la importancia de ser competente y de compartir esa fortaleza con quienes la necesitan.

"Un líder se gana la confianza cuando demuestra ser competente. Debe ganar esa confianza de su grupo demostrando que sabe hacia dónde van y que tiene la capacidad de llevarlos ahí. Si el líder tiene esa integridad que gana la adhesión de los demás, y trabaja para desarrollar su confianza y seguridad, la pasará mejor cuando la cosa se ponga fea. Es muy fácil dirigir cuesta abajo. La verdadera prueba es cuando se tiene que ir cuesta arriba; es ahí cuando las personas realmente tienen que esforzarse para seguirlo. Como líder, usted está ahí para el beneficio de todo el resto, tratando de ayudarlos a llegar al lugar donde necesitan ir y a ser tan buenos como lo puedan ser. Es por eso que lo siguen, porque ellos creen que usted puede ayudarlos a ser mejores y a alcanzar los objetivos que tengan."

Miles McPherson estaba en la misma sintonía que su compañero del

Un líder se gana la confianza cuando demuestra ser competente.

fútbol profesional. Miles se había jubilado hacía más de una década de la Liga Nacional de Fútbol; sugirió que ese tipo de competencia es imposible a menos que el líder sea consistente con lo que proporciona a sus seguidores.

"Las personas, por naturaleza, quieren predictibilidad. Cuando miran al líder, quieren saber qué conseguirán y cuándo lo conseguirán. Si el líder cumple, es coherente; y si es coherente, la gente lo respetará. No es necesario que esté de acuerdo con ellos para lograr su respeto y su confianza, sino que debe ser consistente. Si dice la verdad todo el tiempo, lo respetarán. Eso es consistencia. Si las personas saben qué es lo que recibirán, sentirán que pueden confiar en ese líder porque es previsible."

El entrenador Dungy hizo un gesto de aprobación y agregó algunas palabras sobre cómo afecta la coherencia la confianza de las personas. "Con mi equipo tenemos muchas discusiones acerca de todo tipo de cosas, incluyendo cómo tomo las decisiones y en qué se basan esas decisiones," explicó. "Al hacerlo, trato de ser una persona en quien puedan confiar. Quiero que escuchen y vean que mis decisiones no cambian según las circunstancias. Siempre haré lo que creo que es mejor para el equipo y para las personas del equipo, individualmente. Quiero que lo sepan."

A lo largo del día casi no habíamos escuchado hablar a Wilson Goode, el ex alcalde de Filadelfia. Había estado atento, pero Wilson es una persona tranquila y circunspecta, que al parecer no necesita compartir su opinión simplemente porque la tiene. Es inevitable que le caiga bien a uno; tiene un aire reservado, pero respetable. Parecía que tenía ganas de participar en este tema, así que lo invité a compartir sus ideas acerca de cómo construir la confianza.

"En primer lugar, tiene que conocer dónde están las personas, entender su contexto y lo que están experimentando, y conocerlos como son, no según la percepción de un tercero. Las personas confiaban en mí porque sabían que yo las conocía y que estaba con ellas.

"El desarrollo de la confianza, además, tiene que ver con formar relaciones. Aún antes de convertirme en alcalde, antes de ocupar cualquier tipo de cargo público, yo había desarrollado relaciones con gente de toda la ciudad. Esas relaciones se basaban en que la gente me conociera a mí y a mis intenciones, y no sólo lo que habían leído sobre mí. Parte de la transformación tiene que ver con las relaciones; usted no puede llegar a la transformación sin tener relación con Dios y con otras personas."

Mientras asimilábamos las palabras de Wilson, noté que Ken Blanchard se había acercado sigilosamente al alcalde de voz suave para escuchar qué tenía para decir. Wilson es amigo de Ken. Sí, de acuerdo, ¡todos los que lo conocen se hacen amigos de Ken! No obstante, Ken había escuchado con obvio placer lo que Wilson había expresado y luego compartió algunas de sus propias experiencias y su conocimiento del tema de crear confianza.

"Escribí un libro con los dos mejores entrenadores de ballenas de Sea World porque estaba preocupado por este asunto de la confianza. Había estado preguntándoles a personas de todo el mundo: '¿Cómo sabes que estás haciendo un buen trabajo?' La respuesta número uno era: 'Últimamente, nadie me ha gritado.' Por supuesto, usted no puede crear confianza haciendo eso. En Sea World pregunté a un grupo de personas: '¿Cuántos de ustedes creen que sería una buena idea castigar a una ballena de media tonelada y después decirles a los entrenadores que se metan en el agua con ella?' Todos se rieron."

Ken es un maravilloso narrador de historias. Esa es una de las habilidades que muchos grandes líderes utilizan para su conveniencia: conmueven a las personas mediante este método mientras captan su atención y las educan con el contenido. Ken fue al grano de su historia. "Resulta que hay cosas clave que hacen los entrenadores. Lo primero es crear confianza. Cuando les llega una ballena, ya sea una cría o un ejemplar de otro lugar, no les dan ningún entrenamiento durante un mes. Lo único que hacen es alimentarla y jugar con ella. Pregunté: '¿Por qué se toman tanto tiempo?' Uno de los entrenadores respondió: 'Queremos convencer a las nuevas ballenas de que no les haremos daño.' La confianza se basa en la convicción de que uno no quiere hacerles daño. Eso no significa que no le diga a la gente lo que piensa o que no le exija rendir cuentas de su responsabilidad.

"Confianza es que usted sepa que yo no tomaré ninguna decisión impulsiva ni arbitraria que lo afecte, sin involucrarlo en el proceso, porque soy su compañero. Yo no soy su superior, y usted no es mi subordinado. Simplemente tenemos roles distintos."

Al hablar de las relaciones y de su impacto sobre el desarrollo de la confianza, respaldaba las palabras de Jon Gordon, quien explicó lo que él había aprendido en ese sentido.

"Como líder, usted puede tener la mejor visión del mundo, pero si no se relaciona con las personas a las que dirige, y ellas no confían en usted, no lo seguirán. El entrenador Mike Smith [entrenador principal del equipo de fútbol americano Atlanta Falcons] se reúne con cada uno de los jugadores del equipo y establece esa relación con ellos. Entra en el vestuario para hablarles, y hasta va a la sala de recuperación, donde los jugadores se tratan las lesiones. Eso es sumamente fuera de lo común entre los entrenadores, pero él lo hace porque ha establecido ese tipo de relación con los jugadores. Confían en él porque saben que él se preocupa por ellos."

Indudablemente, una de mis personas favoritas en la sala era Lou Holtz. El entrenador tiene una manera asombrosa de llegar al meollo del asunto y simplificarlo para que los demás lo entiendan. Varias veces lo escuché decir que él no es más que un tipo sencillo que trata de hacerles más simple la vida a quienes lo siguen. Quizás fue la narración de Jon sobre el crear confianza y su referencia al fútbol la que puso al entrenador en la misma sintonía.

"Si hace lo correcto, tendrá la confianza de la gente. Si miente y engaña, si está siempre persiguiendo a alguien, o le es infiel a su esposa, o roba, no logrará la confianza de nadie. Y sin confianza, no puede haber relación. No puede haber matrimonio si no confían el uno en el otro. No puede tener un equipo de fútbol si no pueden confiar los unos en los otros."

El entrenador respiró profundamente, miró a los ojos a algunas personas, y continuó. "Ahora, no conozco otra manera de lograr que la gente confíe en uno y entre sí que tener a todos funcionando bajo la misma regla: *hacer lo correcto*. Tomemos el ejemplo de Tylenol. Hace muchos años, las cápsulas de Tylenol fueron envenenadas y algunas personas murieron. ¿Qué hizo Tylenol? Retiró el producto de los estantes y regresó al mercado con el envase inviolable. Hoy en día, Tylenol tiene más éxito que nunca. ¿Por qué hicieron eso? Era lo correcto. Sólo se construye la confianza haciendo lo correcto. Si usted va a dirigir, las personas deben confiar en usted. No solamente deben tener confianza en usted, sino confiar los unos en los otros. No conozco ninguna otra manera de confiar en cada uno sino haciendo que las personas hagan lo correcto. Mi esposa y yo llevamos noventa y cuatro años de casados, cuarenta y siete cada uno, pero juntos suman noventa y cuatro." Los demás se rieron cuando lo explicó. "¿Cómo lo hicimos? Podemos confiar el uno en el otro. Jamás perdí su confianza. Y la única forma en que usted puede lograr esa confianza es haciendo lo correcto."

Al echar un vistazo al reloj digital del conteo regresivo, me di cuenta de que en pocos minutos tenía que volver a escena para el siguiente cambio de guardia, pero antes de irme les pregunté a los líderes reunidos si la confianza perdida puede ser recuperada alguna vez. ¿Cuántos líderes empresariales, gubernamentales y religiosos han estado en la primera plana de los diarios en los últimos años por violar la confianza de la gente? ¿Es posible restaurar la confianza una vez que el líder la ha destruido? Mike Huckabee, quizás sintiendo mi necesidad de salir corriendo a cumplir con mis obligaciones de maestro de ceremonias, dio una respuesta breve.

"Se puede, George, pero cuesta el doble, y no estoy seguro de que alguna vez vuelva al mismo nivel que al principio. En el fondo, las personas siempre se preguntarán: *¿Volverá a hacérmelo?*"

Luego de escuchar ese pensamiento realista pero aleccionador, me disculpé y me dirigí hacia el escenario. No podía permitirme perder la señal del momento preciso para relevar a los oradores que estaban en la plataforma. Después de todo, acababa de aprender que parte de ser un buen líder es desarrollar la confianza de la gente, y una de las claves para establecer esa confianza es cumplir competentemente con las tareas asignadas. Lo último que desearía hacer sería permitir que mi propia necesidad de aprender cómo liderar interfiriera con la necesidad de las personas a las que tenía que servir.

CAPÍTULO 9

CONFRONTACIÓN Y CONFLICTO

MIENTRAS CAMINABA HACIA el escenario, uno de los directores de escena me detuvo y me dio instrucciones de qué hacer durante la siguiente secuencia. Su idea me resultó un poco descabellada, y me sentí incómodo de llevarla a cabo. Le transmití mi incomodidad, y que toda la propuesta parecía contradecir el tenor de lo que habíamos construido en el encuentro hasta ese momento. Él insistió en que se hiciera a su manera. Me di cuenta de que el director general estaba cerca y lo llamé con una seña, repitiéndole lo que el director de escena acababa de decirme que tenía que hacer, y preguntándole si era la forma en que debía conducir la transición. Volví a describir mi sensación de que no me parecía la mejor manera, ni la más lógica, de afianzar lo que ya habíamos logrado hasta el momento.

Para un evento que había transcurrido tranquilo y sin problemas hasta entonces, ahora teníamos lo que parecía una confrontación en ciernes detrás de escena. Podía sentir que los ojos del director de escena me perforaban el rostro mientras observaba que el director general iba poniéndose rojo de ira contra él. Me pidió que los disculpara un momento y arrastró al director de escena tres metros más adelante, detrás de un cortinado. A continuación hubo una feroz discusión en tonos atenuados para no interrumpir los eventos del escenario principal, a sólo diez metros de distancia. Pocos instantes después, el director de escena salió en la dirección contraria a grandes zancadas, mientras el director se tomó un segundo para serenarse, y entonces volvió a reunirse conmigo para decirme que continuara con lo que habíamos planeado originalmente para esta transición.

Un poco perturbado por la confrontación y sin saber qué había detrás de ella, hice mi intervención y enseguida volé hacia la protección de la sala de espera, pero la experiencia todavía me daba vueltas en la cabeza, y pensé: *¿Qué mejor manera de recibir claridad sobre el conflicto y la confrontación que interrogar sobre ese embrollo a los líderes que me rodean?* Mi interés no tenía tanto que ver con el pequeño episodio que acababa de vivir, sino con una interpretación más amplia sobre cómo impactan el conflicto y la confrontación en el liderazgo.

Después de buscar una taza de té para calmar mis nervios y de tomarme un momento para aclarar mis ideas, eché un vistazo a la sala para ver qué estaba pasando. Noté que Henry Cloud estaba sentado en un sillón, solo, mirando a Michael Franzese en una de las pantallas planas. Me acerqué lentamente a Henry con la seguridad de que él tendría una opinión sabia sobre el tema del conflicto. Sabía que recientemente había escrito *The One-Life Solution* (*La solución*), y que había tratado el tema de la confrontación en una sección del libro.

Luego de recibir algunas bromas amistosas por mi insistencia en aprender todo lo posible en este campo de conocimiento y especialización sobre el liderazgo, le relaté mi reciente experiencia y el interés general sobre la cuestión del conflicto y la confrontación que el suceso había generado. En broma, puso los ojos en blanco, como si yo fuera un investigador insaciable —culpable de lo que se me acusaba, supongo—, se recostó en su silla y comenzó a ofrecerme los conceptos que yo estaba buscando.

Su perplejidad conmigo continuó mientras daba inicio a su sesión de entrenamiento. "Hay dos verdades sobre la confrontación. Una es que, si a usted le resulta difícil, no se preocupe; se puede aprender sobre ella y mejorar. La otra es que, si le resulta fácil, eso puede ser un problema porque probablemente signifique que le encanta mortificar a las personas." Nos reímos de esto y luego se puso más serio.

"Respecto a la naturaleza, en términos de conflicto se puede categorizar a las personas dentro de uno de tres estilos. El primero es el de las personas que son muy agresivas, como si estuvieran buscando pelea y salieran a ganar. Los llamamos 'abogados.' Se caracterizan por ser agresivos y tener una actitud desafiante que es natural en ellos." Basado en algunas experiencias que había tenido, no estaba seguro si estaba bromeando o hablaba en serio. Me di cuenta de que hablaba en serio.

"El segundo estilo es el que denominamos el de 'evasión,' en el cual se trata de evitar el conflicto. No les gusta el conflicto y lo rehúyen. Le dan vueltas, no se ocupan de él o, de alguna manera, lo eluden. En ocasiones mandan al tipo de los trabajos sucios para que lo resuelva por ellos, pero cualquiera sea el rumbo que tome, lo cierto es que no quieren involucrarse.

"El tercer estilo es el denominado 'avance,' que involucra ser un conciliador en lugar de ser un pacificador. Ellos se aliarán con la persona, le mostrarán afecto y suavizarán las cosas.

"Cada uno de estos estilos es incompleto porque no es integral. Los líderes en conflicto arrastran todas sus carencias, que es la expresión bíblica para describir la inmadurez. Cuando tenemos un conflicto, si no hemos madurado o no nos hemos completado, salen a la luz nuestras necesidades. Piénselo de esta manera: si usted es un mecánico y tiene una caja completa de herramientas, entonces va, diagnostica el problema y usa la herramienta necesaria, ¿verdad? Entonces, en un conflicto usted a veces confronta, otras escucha, a veces comprende y a veces se pone de acuerdo en mantener la diferencia. En ocasiones, para su sorpresa, está de acuerdo y cambia para adoptar el punto de vista de la otra parte. O mantiene un diálogo en el que surge una respuesta nueva que trasciende a ambas posturas, pero para hacer esto, necesita muchas habilidades, ¿verdad?"

Las palabras de Henry me hicieron pensar en mis propias respuestas a los conflictos. Había escrito ciertas verdades molestas que no habían gustado, y que, como resultado, crearon todo tipo de conflictos. Pude relacionar las diferentes herramientas que estaba describiendo con varias instancias de conflicto que había enfrentado en los años recientes.

—George, ¿conoces el viejo dicho que dice que si lo único que tengo es un martillo, todo se parece a un clavo?

—Claro, es uno de mis dichos favoritos —le dije—. Lo uso mucho cuando entreno a las personas, porque hay una tendencia a que los líderes tengan un enfoque uniforme para resolver los problemas de su organización.

—Bueno, eso es porque están luchando con la inmadurez. No tienen una caja de herramientas completa —explicó Henry—. Si me presento ante un conflicto y lo único que tengo es agresión, discutiré hasta hacer que las personas se sometan, pero no lograré resolverlo. Si tengo mucho miedo, no haré otra cosa que correr para huir y evitarlo, pero seguirá estando ahí. ¿Puedes ver el problema?

La explicación de Henry sobre lo inconcluso o inmaduro tenía sentido. Le pregunté cuál era la solución para la inmadurez, ya que todos somos una obra en desarrollo y es probable que todos encontremos numerosas situaciones de conflicto a lo largo del camino hacia la madurez.

—Queremos que los líderes estén en el proceso de desarrollar una caja de herramientas completa, de manera que no sepan qué van a hacer hasta que estén en la situación. La Biblia dice que el que responde antes de entender es un necio. De la misma manera, cuando uno le pregunta a alguien: '¿Cómo maneja el conflicto?' desearía que la respuesta fuera: 'Con sabiduría, gracia y verdad.' Lo que uno no quiere escuchar es: 'Sabemos lo que pasará, antes de que suceda,' porque eso significa que la persona actúa en piloto automático, producto de su inmadurez.

»Sabes, el significado de la palabra latina para 'confrontar' es muy positivo.

Quiere decir 'encarar algo frontalmente' o, literalmente, 'volver el rostro hacia algo.' Somos nosotros los que ahora le hemos dado a la confrontación una connotación negativa. La vemos como algo adverso o como entrar en guerra, pero lo único que quiere decir es que volveremos el rostro y haremos frente a este tema. Es algo muy positivo. La confrontación sólo significa que usted está enfrentando la realidad, pero lo hace con gracia y con verdad.

—Lo que me parece que está diciendo es que los líderes necesitan revisar cómo interpretan el significado de la confrontación, y encarar la situación con una perspectiva distinta —le dije, sonando como un psicólogo que practica escuchar activamente con un paciente. Henry asintió con la cabeza y continuó.

—Es correcto; los líderes tienen que adquirir aptitudes para manejar los conflictos y descubrir que la confrontación puede ser buena. Es importante que recuerden que consiguen lo que toleran. No existe el liderazgo eficaz sin la capacidad de confrontar bien, así que es muy importante que lo logren.

Uno consigue lo que tolera.

Es posible que Henry haya dicho más cosas, pero yo quedé fascinado por la idea de que "uno consigue lo que tolera." Me senté y recordé ciertas situaciones en las que los problemas habían crecido innecesariamente por el simple hecho de que yo había tolerado la tontería por mucho tiempo. Cuando decidí enfrentar el asunto, era un tema que explotaba. Sacudí la cabeza sin poder creer mis propios errores en esa área y volví a prestar atención a lo que Henry decía a continuación.

"En el otro extremo del proceso, si el conflicto se da con demasiada facilidad, es porque usted realmente no entiende lo difícil que es para algunas personas ser confrontadas. Son individuos que han perdido contacto con la experiencia del temor, la vulnerabilidad y el dolor. Son desastres potenciales para la organización porque es probable que vivan el conflicto de mala manera." Supuse que dejó de describir el extremo más severo del espectro porque se había dado cuenta de que yo no me embarcaba fácilmente en los conflictos.

"De modo que el conflicto," dijo, cambiando de postura como para mostrar que había llegado a su fin nuestra improvisada consulta privada, "es una de las cosas más importantes de las que debe ocuparse un líder. El resultado de una buena confrontación es limitar la toxicidad, el caos, los problemas y el temor, y ponerlos en cuarentena. Otra forma de expresarlo es que la capacidad de confrontar del líder es el sistema inmunológico de la organización. Si la organización no tiene un buen sistema inmunológico, es probable que surjan enfermedades por todas partes. Si el líder maneja mal la confrontación, la organización tiene una enfermedad autoinmune que devora su propio organismo. Manejar bien el conflicto es sumamente importante."

Para entonces, John Townsend, que se había acercado a nuestro rincón apartado, escuchó los últimos minutos de la conversación. Henry lo puso al tanto de lo que estábamos hablando, y John sumó, brevemente, sus opiniones.

—Mi consejo en cuanto al conflicto es que más vale normalizarlo lo antes posible, porque si no hace del conflicto una norma, algo que se espera, a lo cual se ha adaptado y que tiene habilidad para manejar, el conflicto lo atrapará y arruinará o, al menos, afectará negativamente la clase de fruto que quiera producir. Hay varios tipos de conflicto. Está el conflicto . . .

—¡Detente, espera, por ahora nada más, amigo! —le advertí al Psicólogo Número Dos—. Tu colega aquí ya me habló de todo eso. Amigos, ustedes dos deben beber de la misma agua. Ya entendí. Como muchos líderes, tengo problemas con el conflicto y necesito sanar y ocuparme de él y manejarlo de una manera franca, honesta y afectuosa. ¡Madre mía! —Nos reímos a carcajadas de mi reacción y nos relajamos un poco. Yo estaba descubriendo que esta cosa del conflicto puede tensionar bastante a una persona.

Le pregunté a John si manejaba muchos temas de conflicto en su tarea de entrenamiento para el liderazgo.

"Dedico mucho tiempo no sólo al manejo de conflictos, sino también a desarrollar las aptitudes para navegar a través de ellos. Una de las cosas más importantes que puede aprender el líder es permanecer neutral en un conflicto. La idea es tratar a todos como buenas personas, hasta que aparezca un mal tipo que demuestre ser embustero, irresponsable o tóxico. Hasta que eso suceda, considérelos buenos a todos. Si lo hace, usted será el desinfectante para contrarrestar las cosas malas que las personas sienten unas por otras. El conflicto no es el fin del mundo, pero las personas a su cargo temen el conflicto la mayor parte del tiempo. Creen que los odiarán por causa del conflicto, o que serán despedidos. De manera que si usted es capaz de decir, simplemente: 'Ah, sí, el conflicto. Oigan, vamos a almorzar,' de repente todos se calmarán y volverán a la tarea de resolver los problemas y producir resultados."

Parecía que mi pequeño arrebato hacia John antes de sus comentarios finales había llamado la atención, más de lo que me había propuesto. Ahora teníamos un mayor número de expertos reunidos alrededor de nosotros. Entendí que era el momento oportuno para integrar las ideas y las experiencias de los demás, así que pregunté si había ocasiones en que fuera razonable, e incluso necesario, que el líder creara el conflicto con el fin de promover la agenda de la organización.

Sin dudarlo, Henry confirmó el concepto de que los líderes instrumentan el conflicto. "Absolutamente. Y también hay ocasiones en las cuales el líder *no* debe confrontar. Lo interesante de todo esto es que hay un sistema operativo de sabiduría implícito. La sabiduría para el líder es, a veces, por un propósito mayor, pasar por alto algo que la persona haya hecho, porque es mejor para su desarrollo, o para lograr un objetivo. Por otra parte, hay determinadas cosas que el líder debe confrontar instantáneamente o, como usted ha expresado, instrumentar. El buen líder es muy estratégico en cuanto a cuándo, cómo, por qué y a quién confrontar."

Mientras la gente reflexionaba sobre esto, Henry dio un ejemplo: "Acababa de involucrarme en un proyecto de consultoría y hubo una reunión del equipo. Estalló un conflicto y una de las personas se pasó de la raya, por lo que la junta directiva convocó inmediatamente a otra reunión. Optaron por imponer sanciones sumamente severas. Acto seguido, confrontaron a la persona, porque era la clase de comportamiento y de toxicidad que no podía ser tolerada.

"Sin embargo, en otra instancia el líder puede ver cierta conducta y decidir pasarla por alto, porque sabe que esa persona está en una etapa de desarrollo y está progresando. De manera que hay situaciones mediante las cuales se puede entrenar a las personas, y hay otras que resultan más graves.

"En el Nuevo Testamento, Pablo dice que debemos rechazar a la persona que causa divisiones, luego de darle una segunda advertencia. Existe una diferencia entre la persona tonta y la persona mala. La persona tonta causa daños colaterales. No está tratando de perjudicar a nadie; simplemente es irresponsable y no se hace cargo de sus propios asuntos y responsabilidades. Ocasiona mucho caos, trastornos y otros problemas, pero en el fondo no tiene esa intención. Entonces usted confronta a esa persona, le informa las consecuencias, los límites y la disciplina, y todo ese tipo de cosas. A veces, es posible rescatarla. No obstante, otras veces hay personas que resisten al líder. Realmente causan división y les gusta que haya discordias, así que tratan de provocarlas. Les gusta que el líder fracase o que caiga. Ese es el tipo de personas con las cuales la confrontación es más bien como extirpar un cáncer, y debe hacerse con rapidez."

Laurie Beth Jones había seguido los comentarios de Henry, y añadió el beneficio de un poco de su experiencia.

"El conflicto es parte del trabajo. Los líderes son los que abren nuevas sendas y van donde nadie se ha atrevido a ir antes, de modo que los conflictos son de esperar, no de temer. De hecho, a veces

El conflicto es parte del trabajo. hay que alentarlos. El conflicto y la confrontación son saludables. Por ejemplo, cuando hay un silencio absoluto en la sala respecto a una decisión, es un buen momento para echar leña al fuego. Hay una tendencia en determinadas personalidades a ser pasivo-agresivas, a ocultar o enmascarar el enojo; pero este saldrá a la luz. Los sentimientos persisten; no es que simplemente se desvanecen. De modo que es saludable poder sacarlos a la luz. Además, si usted es realmente un líder y todos aceptan lo que plantea, necesita cuestionar esa conformidad. Es el momento de averiguar si usted realmente está liderando, o tratando de ganar un concurso de popularidad."

Barry Black, el capellán del Senado, fue el siguiente en tomar la palabra. Él también estaba de acuerdo que en determinadas situaciones era necesario movilizar cuidadosamente el conflicto.

"A veces hay que promover el conflicto, como cuando Jesús limpió el Templo. Él tenía que haber sabido que al hacerlo iba a acelerar su ejecución, pero lo hizo porque era necesario. Grandes líderes como Andrew Jackson se crecen con el conflicto. Él sabía cuál era el momento adecuado para tratar de generar el conflicto y, a veces, la confrontación en amor. Por eso Efesios 4:15 nos aconseja que digamos la verdad en amor.

"En ocasiones, es necesario que usted evite el conflicto. A veces, puede darle una nueva dirección, o desviarlo e incluso postergarlo. Y, sí, a veces es bueno impulsarlo. Frederick Douglas dijo en una oportunidad que no se puede esperar obtener la mies sin arar la tierra, y no se puede esperar una cosecha sin lluvia, truenos y relámpagos. De manera que, a menudo, el conflicto es constructivo.

"En los años sesenta, estaba en Alabama y participaba en la lucha para la eliminación de la segregación racial en los restaurantes. Este es un ejemplo clásico: entrábamos a los restaurantes y nos sentábamos, y el conflicto no surgía con los oficiales de policía, quienes finalmente venían y nos llevaban a la cárcel, sino con la gente del lugar que se enojaba y comenzaba las peleas. Ellos querían sacarnos del restaurante sin esperar a que llegara la ley. Sin embargo, Martin King nos ayudó a creer en el poder de una redención no violenta y en el poder de esa estrategia, mezcla de la de Gandhi, Thoreau y Jesucristo, para despertar la conciencia de la nación. Él nos mostró que, instrumentando ese conflicto, al final conseguiríamos lo que deseábamos: liberarnos de las cadenas de la segregación racial y de la discriminación. Y nos dirigíamos a la cárcel cantando. Era algo asombroso. Así que el conflicto a menudo se puede utilizar de una manera muy constructiva."

La sala guardó silencio mientras escuchábamos a este digno hombre afroamericano hablar sobre las tribulaciones del liderazgo, y de cómo la estrategia del conflicto había producido consecuencias importantes para actuar de la manera correcta, como hubiera dicho el entrenador Holtz.

Mientras los recuerdos del capellán nos pusieron en un estado meditativo, sus palabras activaron la mente de Erwin McManus. Erwin tiene una manera única de ver las cosas y de expresar su perspectiva, como demostró mediante su respuesta sobre la obligación del líder de instrumentar conflictos.

"Si usted es un líder, no puede tolerar la incoherencia entre lo que alguna persona dice y lo que hace. Yo no puedo tolerarlo cuando fingimos ser una cultura de servicio y fingimos preocupación por las personas, por el mundo que se ahoga en la pobreza, por las enfermedades y, sin embargo, no hacemos nada al respecto. Decimos todo eso, pero nada en nuestra cultura y en nuestros valores refleja esa preocupación. Sencillamente, no puedo tolerarlo. De manera que me doy cuenta de que no sólo me encuentro con el conflicto; sospecho que genero el conflicto. Pienso en Pablo de Tarso, a quien muchos historiadores llaman el fundador del cristianismo debido a su enorme influencia; en cada lugar que iba, encontraba el peligro. Leo una y otra vez la historia y pienso, *Tengo la sensación de que todos esos lugares eran seguros antes de que él llegara allí. Y tal vez seguirían siéndolo luego de que él se marchaba.* Creo que Pablo traía consigo el peligro. Y creo que el liderazgo tiene que ver con traer el peligro con usted."

> **Los líderes traen consigo el peligro porque procuran la verdad con diligencia, siempre dicen la verdad y no se conforman con nada menos que la verdad.**

Me reí en voz alta de esa afirmación, quizás de manera inapropiada —fui el único en reírse, así que sin duda fue inapropiado—, pero no pude evitarlo. *Era tremendamente brillante.* La mayoría de nosotros —incluyéndome— habría enunciado una idea similar, pero con más cautela: "Los líderes incomodamos a la gente. Los sacamos de su zona de comodidad." Sin embargo, Erwin pasó el límite: los líderes traen consigo el peligro porque procuran la verdad con diligencia, siempre dicen la verdad y no se conforman con nada menos que la verdad. Y cuando el líder se conduce de esa manera, puede resultar incómodo. A veces, incluso provoca la confrontación. Todo líder que esté totalmente consagrado a hacer lo correcto, a buscar la verdad, es una persona peligrosa. No obstante, también es una persona que transformará el mundo porque nada puede impedírselo.

Tuve que sentarme. Esa idea para mí valía el precio de la entrada, pero, si bien teníamos un público cautivo que estaba interesado en el tema, teníamos que avanzar con el juego. De modo que reconocí el valor de utilizar el conflicto como una herramienta para crecer, pero pregunté cómo funciona el proceso de resolver los conflictos. Ben Carson brindó algunas ideas sobre el tema.

"Usted debe tomar la iniciativa. No puede estar pasivo, porque el conflicto continuará aumentando y haciendo metástasis. Es necesario reconocerlo y extinguirlo, no necesariamente con mano autoritaria, sino muchas veces con una terapia de percepción, que funciona sumamente bien."

Dejó de hablar y lo miré entrecerrando ojos, como suelo hacer cuando estoy desconcertado, y le pregunté qué era la terapia de percepción.

"La terapia de percepción," explicó pacientemente, "es cuando usted logra que las partes en conflicto analicen por qué se sienten de determinada manera y hace que comprendan que quizás haya distintas vías para resolver este conflicto, en lugar de la confrontación que han elegido."

Mientras pensaba en ese concepto, Miles McPherson aportó otra idea útil.

"He aprendido que, a menudo, cuando tengo un conflicto con alguien, lo que alivia la tensión y acerca a las personas es hacer preguntas para aclarar las cosas y darle a la gente la oportunidad de explicar su posición. He aprendido a sonreír al entrar en una confrontación, y a decirles a las personas involucradas que solamente quiero aclarar la situación. Quiero estar seguro de no ofenderlos y de recordar que la respuesta amable calma el enojo. Podemos ganar un amigo al darle el beneficio de la duda, aclarando a la vez cuál es la dificultad, y evitando, quizás, el conflicto directo. En definitiva, el objetivo es salir del problema con la alegría de haberlo resuelto de verdad. Algunas personas encaran el conflicto como si se tratara de ganar una pelea frente a resolver un problema. Son dos cosas diferentes. Si usted entra en una discusión sintiendo que sólo quiere resolver el problema, la encarará de una manera distinta a si la afronta convencido de que tiene razón y que tiene que ganar la pelea."

Mencioné que parecíamos dar vueltas alrededor del concepto de negociación como una de las herramientas de las que Henry había hablado al comienzo de esta conversación. Barry retomó ese tema.

"Una de las cosas en la que frecuentemente fallamos durante la negociación es en no investigar lo necesario antes de negociar. Es fundamental hacer la indagación correspondiente, para no entrar en el proceso de negociación sin la información adecuada. Es como ir a comprar un nuevo automóvil sin tener ni idea de su valor real. Es una tontería. Así que usted debe hacer la investigación necesaria y, en segundo lugar, usted debe escuchar, porque muy a menudo puede descubrir dónde están los límites y cuáles son las necesidades del individuo con quien está negociando. Es la misma estrategia que se usa en el proceso de desarrollar el liderazgo: escuchar para aprender a dirigir."

Mientras Barry hablaba, volvió a impresionarme la frecuencia con la que se mencionaba la acción de escuchar como una aptitud esencial del liderazgo. Muchas de las tareas que el líder tiene que ejecutar —desde el desarrollo de la visión hasta la contratación de personal, desde fomentar la confianza hasta la creación de valores compartidos, y desde crear una cultura sana hasta la resolución de conflictos— dependen de saber escuchar.

"En tercer lugar, es importante esforzarnos por lograr un marco en el que todos ganen. Si el individuo con el que está negociando no gana, tampoco usted ha ganado. Elimine de su pizarra las opciones ganar-perder."

Ese punto no me sonó a realidad, sino a retórica. Se lo dije a Barry, y le pregunté si había maneras prácticas de asegurar un resultado en el que todos ganen. Me llamó la atención por precipitarme; su siguiente comentario abordaría esa cuestión.

"Cuarto: debe ser creativo. Muchos quedamos atrapados por dos posiciones antagónicas y olvidamos que hay numerosos matices. Muchas veces un poco de reflexión creativa permite que encontremos algo quizás poco ortodoxo pero sumamente saludable en el proceso de negociación.

"Quinto, ser paciente es un factor fundamental. Tiene que tener la suficiente paciencia como para estar dispuesto a alejarse. Muchas veces, es cuando me alejo que me piden que regrese; así que la paciencia tiene un valor incalculable.

"Y, finalmente, una parte crítica de la negociación es confiar en el favor de Dios."

Barry lo dijo de una manera tan modesta que sonó simple y natural. Sin embargo, para muchos, confiar en Dios es un concepto que adoptamos, pero que no siempre practicamos. Fue útil que Barry lo denominara el punto culminante del proceso.

Luego de recibir este valioso aporte, me di vuelta para mirar a Henry, quien se había mantenido atento a lo largo de toda la conversación. Le pregunté si tenía alguna opinión final sobre el tema, antes de marcharme apresuradamente al escenario para la transición con el siguiente orador.

Él reiteró lo dicho sobre la actitud de escuchar, de tener un criterio lo suficientemente amplio como para tener en cuenta opciones diferentes de las que uno adoptó al comienzo de la negociación y de desear verdaderamente un resultado positivo para todos. Luego introdujo un buen concepto como punto final.

"Uno de los aspectos que no hemos mencionado es el de ser capaces de transmitir a las personas lo que usted ha entendido de lo que dicen. No se presente a una negociación diciendo: 'Para nosotros lo importante es esto,' o 'Lo que necesitamos de ustedes es esto, esto y esto.' Empiece con: 'De acuerdo, ahora, según lo que entiendo y lo que escucho de ustedes, pareciera que lo que realmente necesitan en esta situación es esto y aquello, y para sus propósitos lo más útil serían estas y estas otras cuestiones. Es lo que escucho de ustedes, ¿he entendido bien?' Una vez que ellos sepan que a usted le interesa comprender sus necesidades y satisfacerlas de la mejor forma que esté a su alcance, le será más fácil en determinado momento decir: 'Muy bien, ¿les parece adecuado que intente elaborar un acuerdo para tal y tal asunto?'

"Al negociar, lo que usted trata de hacer, entre otras cosas, es evitar el síndrome de pelear o escapar. El cerebro siempre trata de detectar en milisegundos si lo que se acerca es amigo o enemigo. Si el cerebro percibe que lo que viene a su encuentro es neutral o es un enemigo, estará a un milisegundo de luchar o escapar. Esto significa que las personas se alejarán de lo que usted propone o bien se opondrán; de manera que usted tiene que eliminar cualquier cosa de su parte que ponga las cuestiones en una posición de enfrentamiento, o que las haga pensar que sus intereses son distintos a los de usted. Cuando la gente se da cuenta de que usted hará todo lo que esté a su alcance para satisfacer sus necesidades, es posible que se produzca todo tipo de magia entre ustedes."

Y supongo que eso es lo que todos los líderes queremos, ¿verdad? La magia de lograr que todos estén en la misma sintonía, avanzando juntos hacia una visión en común que facilite una transformación positiva. ¿Quién iba a pensar que el conflicto podía ser una de las herramientas para generar semejante cambio?

CAPÍTULO 10

EL CARÁCTER

EL SEGUNDO DÍA VOLVÍ renovado al lugar del encuentro, listo para otra jornada estimulante. Luego de la discusión sobre el conflicto, había coordinado el cierre de la primera jornada y regresado al hotel con la información, los conceptos y los desafíos dándome vueltas en la cabeza. Era como tener un posgrado comprimido en treinta y seis horas, y me sentía la persona más afortunada del mundo por tener un trato tan intensivo con mis mentores.

Al revisar el programa del día, me di cuenta de que, entre las salidas al escenario y el taller que tenía que exponer, contaría con cinco momentos más en la sala de espera. La noche anterior había repasado las conversaciones del primer día, evaluando los temas desarrollados, y supuse que hoy sería el día en que cubriríamos los hoyos por rellenar. Estaba revisando una nota en la que había escrito algunos temas de posible discusión, cuando John Townsend se me acercó con una taza de café en la mano, y puso su brazo sobre mis hombros.

"Sé lo que estás haciendo," me dijo con una gran sonrisa. Cuando las personas me dicen algo así, la mitad de las veces *yo* no sé lo que estoy haciendo, y deseo que me lo expliquen. Él prosiguió: "Y me parece genial. Uno de los disparadores que podrías introducir hoy en la conversación podría ser el del carácter. Creo que hemos hablado sobre algunos elementos esenciales para el liderazgo, pero me parecería lamentable que no nos ocupáramos de la importancia del carácter del líder."

Esto sí que era notable. No sólo era yo tan transparente que todos sabían exactamente lo que estaba haciendo, sino que también se entusiasmaban como para ayudarme a completar el proceso. ¿Cómo? ¿He sido tan evidente? Está bien, una forma más realista de expresarlo era que mi necesidad como líder era tan obvia que todos se habían dado cuenta y se habían compadecido de mí, y estaban tratando de orientarme en asuntos que ni se me había ocurrido considerar. ¿De acuerdo?

Como fuera, me gustó mucho que John hubiera mencionado el carácter como un tema que debíamos analizar. Le pregunté cómo comenzaría él esa conversación.

"Es importante enfocarse en el carácter en el sentido de que, quién sea usted, determinará a la larga el éxito que tendrá. Hace un tiempo, comencé a compartir cada vez más con líderes del mundo de los negocios, así como con líderes del ámbito pastoral. Observé constantemente que los triunfadores eran personas que tenían ciertos atributos sólidos de carácter que persistían a través del tiempo y configuraban un patrón de comportamiento. Y vi que los perdedores —los que no alcanzaban los objetivos, los que se agotaban o que no triunfaban en el largo plazo— eran los que no tenían los atributos necesarios de carácter."

Como ya había ocurrido antes, algunas personas que venían entrando para las sesiones matutinas se acercaron a nosotros. Uno de ellos era Patrick Lencioni, una de las mejores imitaciones del conejito de Energizer que he conocido en mi vida. Ya sea en la mañana, al mediodía o en la noche, él siempre está cargado de energía. No obstante, también tiene una perspectiva tan maravillosa y sistemática del liderazgo que uno entiende por qué está siempre "con las pilas cargadas." Puso su granito de arena sobre el tema del carácter, desafiando la idea corriente sobre el esfuerzo que significa el liderazgo.

"El liderazgo no tiene que ver con las aptitudes, sino con el carácter. Muchas veces contratamos al líder para una organización porque tiene experiencia en la industria. No obstante, piense lo siguiente: una persona puede aprender sobre la industria en pocos meses, pero si no tiene carácter, ¡luego tendrá que contratar al pastor local y a un psicólogo durante doce años para que se someta a terapia! ¿No le parece que primero debería observar el carácter?

"En cualquier posición de liderazgo, lo primero que miro es el carácter. En mi propia empresa, incluso cuando contrato personas para trabajos que mayormente consisten en cumplir ciertas tareas, primero observo el carácter, porque las personas pueden aprender las habilidades y las cosas de la industria que sean necesarias."

John agradeció la línea de pensamiento de Patrick y se encargó de continuar. "Cuando la gente considera el carácter, a veces piensa: *Ah, usted se refiere a alguien que no hace trampa con sus impuestos y que le es fiel a su esposa,* etcétera. Por supuesto, eso es una parte de la cuestión, pero el carácter es mucho más que el hecho de ser una persona moral con buenos valores. El carácter es, esencialmente, el conjunto de aptitudes que usted necesita para responder a las exigencias de la vida. En griego, *carácter* significa las experiencias que ha tenido en su vida. Se refiere a su carácter interior, o sea que también incluye la forma en que usted se relaciona con los demás. Quienes tienen un buen carácter pueden abrir su corazón y llegar a los demás, y dejar entrar a otros en su corazón.

"El carácter también tiene que ver con la manera de manejar el fracaso," continuó John. "¿Tiene usted la capacidad de aceptar el fracaso y de comprender que no es perfecto? ¿Puede mostrarse con franqueza, o siempre quiere ser visto como un buen tipo? ¿Puede aceptar las imperfecciones de otros? Cuando estoy trabajando con un líder, el carácter es una de las

El liderazgo no tiene que ver con las aptitudes, sino con el carácter.

primeras cosas que observo, y analizo su interior para ver si la máquina está a punto."

Agradecí todo lo que se había dicho, pero estaba confundido por algo sobre los valores a lo que John había hecho alusión. Cuando dijo que el carácter es más que ser "una persona moral con buenos valores," ¿quiso decir que los valores son una parte poco importante del carácter?

"No, en absoluto. Mientras observaba a los líderes exitosos, seguían surgiendo varios atributos; uno de los cuales era que ellos tenían un claro sentido de los buenos valores. Valores como ser honesto, o creer que vale la pena esforzarse, o pensar que las personas son importantes. Estos líderes exitosos estaban definidos por sus valores, y estos eran los valores correctos.

Probablemente, el investigador que llevo adentro, que siempre quiere medir y categorizar todo, me impulsaba a desear que los expertos identificaran qué es lo que realmente importa del carácter. Yo sabía, por mi trabajo personal con líderes, que la Biblia identifica más de cincuenta rasgos de carácter que honran a Dios. No obstante, quería saber, en este ámbito, cuáles de esos rasgos serían indispensables en los que son dirigentes.

Mike Huckabee, genial y afectuoso aun en la mañana, comenzó ese debate recordándonos que la coherencia es esencial. "La mejor definición del carácter es que son aquellas cualidades que identifican a su persona cuando nadie más lo está observando. O sea que el carácter es lo que hace que usted tome las mismas decisiones en público que las que tomaría en privado."

Eso me pareció interesante a la luz del ámbito político. ¿Cuántos casos del discurso público no son coherentes con el comportamiento privado de nuestros líderes políticos? Formulé este planteamiento y pregunté si una persona podía ser un buen líder político a pesar de tener una vida privada controvertida. Antes de que Mike pudiera responder, lo hizo Newt Gingrich, su compañero republicano.

"Su manera de ser inevitablemente determina quién es usted. ¿Puede acaso ser un completo sinvergüenza en privado, pero un estupendo líder en público? No; por lo menos, no muy a menudo. Por otra parte, creo que todos los líderes que hemos tenido a lo largo de nuestra historia —incluyendo a Abraham Lincoln, George Washington y Franklin Roosevelt, algunos de nuestros mejores líderes, según creo— son seres humanos. Así que nunca me horrorizo cuando las personas pecan, porque mi interpretación de la enseñanza de Cristo es que el pecado es el comportamiento inevitable de todo el mundo."

Si reconocemos que ninguno de nosotros es perfecto, pero que el carácter es fundamental para nuestra capacidad de conducir exitosamente a las personas, ¿cuáles son, entonces, los atributos de carácter más importantes en los que deben enfocarse los líderes y con los cuales deben mantenerse coincidentes?

John respondió mi pregunta. "Volviendo a mis comentarios sobre los líderes exitosos, descubrí que ellos realmente querían conectarse con la gente a un nivel personal, lo cual, básicamente, significa escuchar. Eran buenos oyentes. Muchos líderes que son buenos comunicadores transmiten la visión y lo que ellos quieren, y eso es importante. Sin embargo, descubrí que los que marcaban la diferencia eran los que podían escuchar cuando las personas estaban decepcionadas de ellos y cuando tenían ideas distintas a las suyas, y eran capaces de entender el punto de vista de los demás. Su tendencia era sacar adelante a las personas que tenían problemas improbables de resolver, y no disimulaban las malas noticias. Realmente se conectaban con las dificultades que las personas estaban enfrentando."

Al escuchar eso, mi interpretación fue que los grandes líderes deliberadamente establecen y cultivan relaciones con la gente, porque se preocupan por ellos. Presenté esa idea y obtuve la respuesta de Sam Chand.

"Uno de los elementos no negociables del carácter del líder es cómo trata a los demás. Se trata del tema recurrente de cuidar a las personas. He visto a algunos líderes caminar por la oficina y pasar junto a diferentes personas a las que consideran lacayos o recaderos. Si un líder tiene un alto respeto por las personas —todas las personas, sin importar qué puesto ocupen—, sé que puedo trabajar con él. Sin embargo, si un líder respeta poco a las personas, eso me indica cómo las ve, y entonces se trata de un asunto muy distinto."

Las ideas de Sam Chand le recordaron algo a Erwin McManus, y lo compartió con nosotros.

"Recién estaba en un estudio de cine con los directores, escritores, editores y el equipo de postproducción para una película que estábamos haciendo. La persona más talentosa y autorizada del estudio era la que menos intervenía. Luego de revisar una de las tomas, dijo: 'Muchachos, si no les gusta esto, ya saben, empezaremos de cero. Comenzaremos todo de nuevo.' Era el único en el estudio que había sido nominado para un premio Oscar, y era el único dispuesto a ceder. Y les digo con honestidad: yo prefería sentarme y escuchar a ese tipo. Eso es algo que admiro. Que la persona que más derecho tenía a ejercer el poder lo soltara y actuara como si estuviera pensando: *Muy bien, ¿qué puedo hacer para que todos participen en esto y puedan realizar su sueño?*

"En algún punto del camino, empecé a admirar a las personas que tienen ese tipo de humildad. Quería ser como ellos; anhelaba convertirme en esa clase de persona. Y entonces, a un nivel más práctico y real, pensé: *Veamos, yo no sé cómo ser humilde, pero sé cómo hacer cosas humildes. Así que fingiré serlo.*"

Su sinceridad nos hizo reír a todos.

"*Sacaré la basura, apilaré las sillas, limpiaré el piso y fregaré los baños. Eso es lo que hacen las personas a las que admiro, y quizás algo de ello se incorpore a mi persona.* Creo que debemos amar la humildad. Y la manera de saber si usted está yendo en esa dirección es observar si ama a las personas humildes, modestas y respetuosas."

"Creo que usted está definiendo algo que me ha parecido importante en el carácter, y eso es ser desinteresado," añadió Rich Stearns. "La gente quiere percibir que su líder no se centra en sí mismo. Buscan a alguien que reconozca que no se trata de mí, el líder; sino que se trata de usted, de la misión y del equipo. No se trata de mí."

Una serie de cuchicheos estalló luego de que Rich terminó. Cuando cesaron, John Ashcroft ofreció una adenda a los pensamientos de Rich sobre el desinterés, poniendo el concepto bajo una luz diferente.

"Usted debe tener una dimensión que esté más allá de sí mismo, lo cual no significa que tenga que ser desinteresado. Puede tener un buen concepto de su persona, pero también debe tener la percepción de que se trata de otras cosas, más allá de usted mismo. Es más noble que esté dispuesto a sacrificarse por los demás y por una causa si usted reconoce valor en sí mismo en lugar de considerarse una basura y que no vale nada. La Biblia no dice que no debe tener un buen concepto de sí mismo. Dice que no debe creerse superior a los demás. Debe tener una dimensión que trascienda a su propia persona."

Esto se había convertido en una discusión muy intensa e interesante. Estas eran las personas que servían de modelo de gran liderazgo a millones de líderes en todo el mundo. Meterme dentro de sus mentes en lo relacionado al carácter resultaba un ejercicio fascinante, y la interacción entre las opiniones de Rich y de John demostró que las ideas similares a veces se enredan en diferencias de lenguaje. Era evidente que ambos coincidían en que, sin importar cómo se lo denomine, el gran líder es aquel cuyo carácter le permite estar por encima de sí mismo y entender que lideramos para el bien de otros. Los siguientes comentarios subrayaron esta interpretación.

Dirigiéndole una cálida sonrisa al General Ashcroft, Rich brindó más opiniones personales sobre el carácter.

"También pienso que los mejores líderes son muy conscientes de sí mismos. Tienen en cuenta cómo los perciben los demás, cómo *Los mejores líderes son muy conscientes de sí mismos.* recibe la gente sus palabras, cuáles son sus debilidades, su talón de Aquiles, y cuáles son sus fortalezas. Si usted es consciente de sí mismo en esos aspectos, tiene más posibilidades de saber cómo impactará a las personas y qué cosas debe compensar de su propia personalidad y habilidades."

Alguien le preguntó a Rich si había encontrado algún líder eficaz que careciera de tal conocimiento de sí mismo.

"He visto líderes que no tienen autoconsciencia," admitió, "y son casi como ciegos; chocan constantemente contra las cosas porque no las ven. La pasan muy mal en el área de trabajo porque no se dan cuenta del impacto que causan en los demás. Puede ser que estén controlando excesivamente a otros, pero no se dan cuenta. Las personas que trabajan para ellos se frustran terriblemente, pero no parecen conseguir que su jefe entienda que debe darles más espacio en lugar de controlarlos. En las reuniones, esos líderes dirán cosas hirientes al personal, y ni siquiera se darán cuenta de que los están afrentando."

Surgió otra pregunta acerca de lo que uno puede hacer para ayudar a una persona así.

"Esa falta de autoconsciencia es muy difícil de manejar en las evaluaciones de rendimiento," contestó Rich. "Como ven, percepción es realidad. Si voy a una reunión con uno de mis líderes y le digo: 'Tienes que dejar de controlar a la gente. Estás abochornándolos y sofocándolos. Tratas de hacer el trabajo por ellos,' me responde: 'No, yo no hago eso. No soy así. Yo no los controlo. No sé de qué estás hablando.' Mi respuesta es: '¿Sabes qué? La percepción es la realidad. Te aseguro que todos perciben que los controlas. Aunque no lo creas, así es como te perciben. Así que debes cambiar la percepción o la realidad; pero, como sea, tienes que ocuparte del tema, porque eso está socavando tu capacidad de liderazgo.

"De manera que yo pienso que el conocimiento de uno mismo es una característica fundamental," planteó Rich, resumiendo sus ideas. "Lo hemos visto en nuestras familias; todos tenemos un tío o una tía loca, o una hermana o un hermano que no lo entienden. No ven el efecto que tienen sobre los demás; no se dan cuenta de lo inapropiadas que son algunas de las cosas que dicen en las reuniones familiares. A menudo es porque no se dan cuenta de quiénes son, ni del efecto que produce su comportamiento."

John Townsend, quien había iniciado esta línea de pensamiento, conectó las últimas ideas con otro elemento del carácter del líder.

"También he observado que los líderes exitosos tienen un alto sentido de responsabilidad por sus vidas. Al final del día, aceptan la responsabilidad de los éxitos y de los fracasos. No toleran las excusas, ni que se culpe a los demás. En ese sentido, son más duros consigo mismos que con los demás. Por ese motivo pueden lograr más; están en control de sus vidas, y tienen la seguridad de haber sido ellos los que tomaron sus decisiones.

"Por el contrario, concocen muy bien sus límites: no se hacen responsables de cosas por las cuales no deberían responsabilizarse. Así que no los verá controlando ni haciendo el trabajo de otros porque piensan que pueden hacerlo mejor. Saben cómo delegar. Tampoco se hacen responsables de los sentimientos negativos de otra persona. No corretean detrás de todo el mundo para caerles bien siempre."

Ese era otro tema del que me ocuparía más tarde: las cuestiones de la presión, la popularidad y la crítica. No obstante, John había apoyado el punto de Rich sobre aceptar la responsabilidad como parte integral del carácter personal. Para completar el hilo de sus ideas, John agregó una observación más, extraída de su experiencia en el trabajo con líderes.

"Finalmente, he observado que conocen bien lo que es el fracaso y no se sienten incómodos con él. Eso les permite arriesgarse, ser creativos y aprender, porque el fracaso es la clave para esas cosas, y tienen muy poco sentido de vergüenza o de culpa, o de autoacusación, por fracasar. Hay personas más dotadas y talentosas en esas áreas que otras, pero eso no significa que cada líder no tenga a su vez un conjunto de valores saludables, que sea capaz de escuchar y de conectarse emocionalmente con los demás, de tener en claro de qué es y de qué no es responsable y de ser una persona que acepta el fracaso y aprende de él."

El grupo le dio a John una calurosa ronda de elogios. Quedó claro que el carácter importa, y estos líderes habían trabajado duramente para afinar su carácter y lo tenían muy en cuenta con las personas que contrataban y con las que trabajaban. De modo que fue inevitable que, una vez que el fulgor de los comentarios de John se desvaneció, otros ofrecieran más aspectos para tener en cuenta.

Los líderes exitosos tienen un alto sentido de responsabilidad por sus vidas.

No me decepcionaron. En su momento, Mike Huckabee mantuvo viva la charla comentando sus ideas sobre un atributo que en algún momento seguramente surgiría: la integridad.

"Hay que ser sincero con uno mismo y con Dios. El gran líder debe demostrar honestidad, basándose en un código interno de honor. Es mucho mejor ser detestado y considerado un perdedor, pero poder vivir en paz consigo mismo por haber sido honesto, que ser un ganador, pero sin poder vivir en paz."

"A mí me parece que muchos líderes tienen dificultad para contar la historia de la misma manera dos veces, ¿vieron?" dijo Sam Chand. "Adornan las cosas, pero cuando lo hacen, arrojan una sombra, y me pregunto cuánto de lo que dicen es realmente cierto. También me pregunto si cumplirán sus promesas. Si dicen que van a hacer determinadas cosas, nunca me los tomo en serio. Les pregunto: '¿Está seguro de esto?' Los obligo a que lo piensen, porque parte del carácter es cumplir con la palabra. No tengo ningún problema con que las personas cambien de opinión. Sin embargo, levante el teléfono, envíeme un correo electrónico, un mensaje de texto, y dígame que cambió de opinión. Eso lo acepto."

"Yo creo firmemente que la gente quiere seguir a líderes íntegros, líderes en los que pueden confiar, líderes que respetan, que admiran por el carácter y la integridad de sus vidas," fue la vigorosa confesión de Rich. "Quieren que sus líderes sean íntegros en todas las áreas: en sus matrimonios, como padres, en sus comunidades, con sus finanzas, y no solamente en su lugar de trabajo.

"He tenido jefes que carecían de integridad, y no tenía ganas de levantarme en la mañana para ir a trabajar, porque no quería servir a alguien así. En primer lugar, esa clase de personas no me inspira. Siempre soy cínico en cuanto a sus motivos, porque supongo que trabajan sólo para ellos mismos, y no creo ni una palabra de lo que dicen.

"Lamentablemente, muchos de los líderes que carecen de integridad la compensan usando el miedo. Su manera de pensar es: *Bueno, no les caigo bien, pero haré que me tengan miedo.* Es otra manera de dirigir, pero no es la adecuada."

Me alegré de que Michael Franzese se entusiasmara con la observación de Rich en cuanto a dirigir usando el miedo porque, como ex jefe de la Mafia, Michael había dependido del miedo como herramienta de liderazgo durante mucho tiempo. Por haber estado preso y, sobre todo, por haber aceptado a Cristo y reformado completamente su mentalidad sobre la vida y el liderazgo, Michael brindó algunos conceptos duramente adquiridos sobre los peligros de liderar a través de la intimidación.

"Durante mi infancia, yo idolatraba a mi padre," contó, refiriéndose a uno de los máximos líderes de la familia Colombo, gánsteres de Nueva York. "Quería ser como él e imitar su vida. Él era poderoso, respetado y admirado. Yo veía que mi papá era un caballero, que trataba a las personas de manera correcta, y que había cosechado su respeto. No obstante, a medida que crecí comprendí mejor las cosas y vi que el miedo era un factor importante. Actualmente, el temor no forma parte de mi manera de dirigir. Ahora tiene más que ver con el respeto y el amor. Si las personas me respetan y me estiman, entonces mi liderazgo se fortalece."

Uno de los hechos fascinantes de la vida es que, cuando un ex líder de la Mafia habla, la gente lo escucha. Los estadounidenses, quizás por la mística creada por las películas de El Padrino, están cautivados por los detalles de lo que pasa entre bambalinas en el mundo del crimen organizado. Tal vez Michael sea la única figura importante de ese mundo que ha dicho la verdad, que ha cumplido tiempo y que se ha alejado para vivir una vida limpia y productiva, después de años en el hampa. Su historia es irresistible, pero no tanto como la persona en la que él se ha convertido. Él nos brindó algunas piedras preciosas de sabiduría.

"En mi vida anterior vi personas que lideraban sin integridad, pero eso siempre se les volvía en contra porque dependían del miedo y de la intimidación. Hoy en día comprendo que la integridad y la honestidad son muy importantes. Verán, una cosa es ser el jefe, pero otra cosa es ser el líder. Las personas quieren ver algo que los haga confiar en usted, que los haga correr riesgos por usted. Quieren creer que lo que les dice es verdad. Su historial es sumamente importante, porque las personas lo ven y confían en usted en base a él. Usted quiere que lo sigan en base a esa confianza, no porque le tienen miedo."

Mientras las personas le agradecían a Michael por su contribución, nosotros continuamos analizando las cuestiones del carácter. Rich dijo que había otras tres cualidades que quería poner sobre la mesa como requisitos.

"En primer lugar, las personas quieren un líder justo. Segundo, quieren un líder con empatía: ya saben, como diría Bill Clinton, alguien que se identifique con su dolor. El líder entiende, conoce sus puntos de dolor y puede relacionarse con ellos de maneras valiosas. Y la gente quiere un líder que entienda y practique el perdón. Queremos seguir a alguien que perdone a los demás y que pida perdón cuando cometa errores. A menudo, los líderes no tienen la costumbre de pedir perdón, y esto puede tener un efecto muy poderoso en la organización."

Rich hizo una pausa, frunció la boca y el ceño, y entonces contó una anécdota sobre el poder del perdón en el liderazgo. "No hace mucho, tuvimos una gran reunión. En los últimos años, habíamos tenido algunos problemas significativas en la organización con un grupo importante de recaudadores de fondos, lo cual produjo algunos cambios en el liderazgo. Había mucho descontento. Tuvimos una cumbre de la cúpula para tratar de determinar cuál era la mejor forma de encarar esos temas. En un primer momento le dije al grupo: 'Miren, como gerente general de Visión Mundial, mi mayor fracaso durante los últimos diez años ha sido no servir bien en esta función. He asignado a las personas equivocadas para los trabajos, y he fallado en resolver los temas que debían ser resueltos para que ustedes tuvieran éxito. Al examinar esos diez años, veo esto como uno de mis grandes fracasos. Por lo tanto, hoy me comprometo con ustedes a darle a esto la más alta prioridad. Quiero que esto les sirva; quiero hacerlo mejor.'

"Esa actitud cambió completamente el tenor de la reunión. La reacción fue: '¿Habla en serio?' Usted tiene que estar dispuesto a aceptar su responsabilidad y, si es necesario, a pedir perdón a las personas a las que no ha servido bien. La reunión pasó de ser un festín cínico de quejas a un período productivo, en el cual las personas se preguntaban: '¿Cómo podemos solucionar esto? ¿Cómo podemos unirnos para que funcione?' No obstante, tuve que empezar diciendo: 'No soy perfecto y he hecho algunas cosas que malograron esto. Lo siento mucho.'"

Mientras las personas felicitaban a Rich por "ser todo un hombre" y por reconocer sus imperfecciones ante las personas que él lidera, alguien describió sus acciones como una demostración de valor y de sabiduría. Todavía no habíamos hablado de la sabiduría como un rasgo esencial del carácter, pero el consenso era que ella es, efectivamente, muy importante para los líderes. Newt comentó algunas ideas sobre adquirir la sabiduría necesaria para ser un buen dirigente.

"La sabiduría es algo que usted debe permitir que le llegue. No puede adquirirla. Puede cultivar la inteligencia, pero tiene que abrirse y escuchar las voces interiores para que la sabiduría lo alcance. Adam Smith sostiene que hay un hombre en el espejo y que somos intrínsecamente morales, que es el motivo por el cual la Ilustración Escocesa decía que la búsqueda de la felicidad es sabiduría y virtud. Sabiduría es lo que queda cuando todas las otras cosas desaparecen."

Cerca del comienzo de la primera sesión del día, y mientras los oradores se concentraban en lo que aportarían durante la jornada, finalizamos con una perspectiva muy incisiva de parte de Lou Taylor.

"Casi todas las oportunidades en las que realmente he sido capaz de dirigir de manera eficaz han nacido o han sido posibles por una predisposición absoluta a someterme. A veces, eso ha significado someterme a personas que obviamente no eran devotas, pero de todas maneras me sometí y fui paciente. Creo que probablemente esa ha sido mi revelación más grande sobre el liderazgo: que la capacidad para dirigir surge primero de desarrollar el carácter dentro de mí mismo.

"Las personas perciben la sumisión como una debilidad, pero yo creo que no existe una fuerza más grande que someterse de verdad y ser paciente hasta que haya un entendimiento o un conocimiento absoluto, o una oportunidad que le permita ponerse a la altura de las circunstancias y dirigir. En ocasiones, no se le presentará esa oportunidad, pero su carácter saldrá a la luz en medio de eso, y su disposición a sentarse en el asiento posterior tal vez le dará la oportunidad de liderar.

"Estoy en una situación en la que dirigimos las vidas y las carreras de muchas personas; pero, aunque tomamos decisiones todos los días, casi siempre hay una visión de equipo u otros profesionales comprometidos en perpetuar la carrera o el bienestar económico de alguien. Cuando está en la posición de tomar esa clase de decisiones, a veces no le conceden el deseo de ser el líder principal. A veces usted es marinero; otras, el vigía; y a veces es el capitán. La sumisión es fundamental."

Quizás los comentarios de Lou a último momento eran los que mejor resumían lo que yo necesitaba llevarme de esta incursión en el desarrollo del carácter. Si yo, como líder, estoy expuesto a las necesidades de las personas a las cuales he sido llamado a dirigir y me mantengo sensible a las inquietudes que surjan en mi conciencia, Dios revelará las áreas de mi carácter que necesitan ser pulidas. En base a mi experiencia personal, no tenía dudas de que él también estaría feliz de participar en ese proceso de refinamiento. Como había mencionado uno de mis colegas, el desarrollo del carácter es un proceso continuo, que nunca termina.

Entonces, que continúe el viaje.

CAPÍTULO 11

LOS SEGUIDORES

EL DÍA HABÍA COMENZADO muy bien. Nuestros oradores se sentían entusiasmados por lo que estábamos haciendo, el público demostraba su gratitud de diferentes maneras y los líderes la pasaban bien entre ellos fuera del escenario. Mucho tiempo atrás, había aprendido que el liderazgo es un trabajo difícil y que puede convertirse en una ocupación solitaria. Por eso, había observado que en el escenario de un encuentro, los líderes generalmente están bastante cómodos en compañía de otros líderes. No son responsables por otros líderes, ni tienen que rendirse cuentas y se identifican fácilmente con el lenguaje, las experiencias, los desafíos y las alegrías que todos comparten. Y, en efecto, al regresar a la sala de espera, escuché el zumbido de las conversaciones.

Fui directo a una de las mesas y tomé algunos alimentos para desayunar y una taza de té. Luego me dirigí hacia un grupo que ignoraba el monitor, porque prefería una conversación que ya estaba en marcha. Mientras me acercaba, escuché la voz de Rich Stearns.

"Tuve la oportunidad de pasar un día con Peter Drucker antes de que falleciera. Él hizo una declaración que nunca olvidaré: 'Todos escriben libros sobre el liderazgo. Alguien debería escribir un libro sobre las personas que siguen a los líderes, ya que, por cada líder, hay mil seguidores.' Era como si estuviera diciendo: 'Basta de hablar sobre el liderazgo. Enseñémosle a las personas a ser seguidores.' No lo explicó en gran detalle, pero siempre pensé que era una buena idea."

A mí también me pareció una buena idea. Sin embargo, John Kotter tenía algunas inquietudes sobre ese mismo tema.

"No conozco a muchos líderes que hayan enseñado sobre los seguidores. Supongo que lo verían como un enfoque paternalista, ¿entienden a qué me refiero? No los consideran como seguidores, sino como personas. No se trata de *ellos*, sino de *nosotros*. No se trata de 'yo, líder; usted, seguidor.' No creo que los grandes líderes piensen en esos términos."

Eso dio origen a una discusión positiva sobre la semántica y las percepciones. Salimos de ella con el general Bob Dees. Sus años como líder militar (en el Ejército), de negocios (en Microsoft) y en el ministerio (en Campus Crusade for Christ) le habían permitido ver el liderazgo desde múltiples ángulos. Como me dijo humorísticamente en una conversación previa, él había visto de todo.

"Algunos líderes son fáciles de seguir; otros, no. Los que son fáciles de seguir aceptan a los demás como personas, y aceptan el fracaso o el desempeño insuficiente de la manera correcta. En esos casos, la gente puede percibir que el líder se interesa de corazón por ellos. En el proceso, usted tiene que observar si el líder toma tiempo para entrenar al seguidor a fin de que mejore, y si lo apoya lo suficiente cuando el rendimiento es positivo.

"Lo que realmente está haciendo el líder es establecer las condiciones para la siguiente decisión o el siguiente suceso. Esa primera decisión define el carácter del comandante, porque el seguidor todavía está tratando de comprenderlo. El líder le facilita las cosas al seguidor si establece las condiciones para el diálogo, el reconocimiento y el entrenamiento. Al haber determinado ese clima entre el líder y el seguidor, el líder se convierte en una persona a la que otros están dispuestos a seguir."

Lo que decía Bob tenía sentido, pero planteó el interrogante de qué es necesario para crear esa clase de clima.

"Uno de los elementos es la capacidad," observó. "Las personas seguirán con más agresividad si comprenden su rol; de manera que es importante establecer una división de trabajo y límites claros. El líder sabio es capaz de tejer relaciones dentro de su equipo que se excluyen mutuamente y que son conjuntamente exhaustivas, lo cual quiere decir que todas las áreas estén cubiertas, pero que no exista redundancia de trabajo a menos que haya un buen motivo.

"Otro principio a tener en cuenta es que las cosas se rompen en las uniones. De manera que el líder sabio sabe que, al instruir a sus seguidores y al facilitarles que respondan y lo respalden, no sólo define una buena división de tareas, sino que además gana un poco de altura para poder monitorear las uniones. El líder debe ver el punto de contacto entre las organizaciones, y entre los individuos que cumplen distintas funciones, lo cual le permitirá entonces sacar la arena de los engranajes para que los seguidores vean con claridad y no se queden sin llevar a cabo su propósito."

Los comentarios de Bob le recordaron a Ken Melrose una experiencia que había tenido en Toro. Su relato fue un ejemplo del valor de la empatía, como resultado de entender lo que el resto de los empleados necesitaba y percibía.

"Teníamos una planta que estaba sindicalizada y sabíamos que no confiaban en la gerencia. Un día fui a la planta para recorrer las instalaciones. Así que el gerente de planta, el dirigente del sindicato y yo caminamos de un lado al otro por las cadenas de montaje. El delegado sindical estaba disgustado porque el gerente de planta seguía aumentando la velocidad de las cadenas para producir más, lo cual era algo necesario para aumentar la productividad, pero protestó y me preguntó: '¿Podría decirle a su gerente de planta que disminuya la velocidad de las cadenas? No están logrando el tipo de calidad que quieren porque tenemos que armar las cortadoras de césped demasiado rápido.'

"Eso me dio una idea. Le respondí: 'Vamos, Emil. Yo podría traer aquí a los directivos de Minneapolis y lograría el ritmo que les piden.' Se le enrojeció la cara y empezó a empujarme con el dedo. Entonces me hizo el desafío: 'Sí, traiga aquí a su equipo y demuéstrelo.' Lo que logré fue preparar la situación para el fracaso, ¡que era exactamente lo que yo quería hacer! Quería que nuestro equipo de directivos viniera e intentara de hacer lo que les pedían a los obreros de la planta; que se dieran cuenta de que era imposible y que los obreros, que realmente eran muy buenos, tampoco podían lograr esa velocidad.

"Así que, ahí estábamos por toda la planta, unas veinte personas del equipo, trabajando codo a codo con los obreros tratando de montar esas cortadoras de césped. Había unos botones que podíamos tocar para detener la cadena, y que emitían un destello amarillo. Miren, esas luces titilaban por todas partes. Parecía Navidad. El gerente de planta o el supervisor gritaban: '¿Qué problema hay?' Y alguno le respondía con otro grito: 'Ah, nada. Los directivos no pudieron mantener el ritmo. Cometieron algunos errores.' Así que disminuyeron la velocidad de las cadenas y luego desaceleraron un poco más. Demostramos que no éramos buenos para eso.

"También aprendimos otra cosa durante esa experiencia. Nos dimos cuenta de que todos los obreros hablaban mientras armaban las cortadoras de césped. Durante nuestro turno, yo trataba frenéticamente de hacer el trabajo, y les decía: 'No hablen. Me desconcentro.' Pero presté atención a lo que hablaban entre ellos. Hablaban de juntar dinero para la iglesia, del entrenamiento de la liga de béisbol infantil, del tratamiento de una enfermedad o de prestar ayuda en una calamidad. Tuvimos una reunión posterior con algunos de los obreros de la planta, y uno de nuestros directivos dijo: 'Es muy interesante. Nunca había pensado en esto, pero todos ustedes enfrentan las mismas situaciones que mi esposa y yo. Ella está tratando de recaudar dinero para la iglesia, yo soy entrenador de la liga infantil y mi madre está muy enferma en el hospital. Somos muy parecidos.' Para ese directivo era una gran revelación. De pronto pensó: *Caramba, estas personas son como nosotros. Y son realmente muy buenos en lo que hacen.*

"Así que, cuando nos reunimos después de esa experiencia, pudimos decir: 'La próxima vez que necesitemos recortar los costos o aumentar la velocidad de la cadena de montaje, lo haremos valorando a los obreros de la cadena, porque no queremos perderlos, ni tener un enfrentamiento con ellos. Hagamos las cosas teniéndolos en cuenta.' Experimentamos una nueva actitud entre los directivos de Minneapolis. En lugar de pensar en ellos como 'el personal obrero' o 'los de Windom,' cambiamos para considerarlos parte de nosotros. Ya no decíamos 'ellos' y 'nosotros.' Ahora los considerábamos parte de la familia Toro; sólo que trabajábamos en distintos lugares. Fue asombroso lo diferente que empezaron a pensar el personal operativo y la gerencia de planta sobre la gente del sindicato. Se trata de confiar, valorar y facultar, y de hacer que nuestros gerentes reconozcan que todos son importantes."

Al parecer, la lección que había aprendido el grupo de Ken era que las personas se convierten en mejores compañeros de equipo cuando sienten que pertenecen al grupo y son aceptadas por los líderes por ser una parte vital del equipo.

"No hay dudas sobre eso," respondió Ken. "Si el pariente de un obrero de la cadena de montaje está enfermo, alguien de Minneapolis le visita para ofrecerle ayuda y los de Minneapolis le escriben cartas de apoyo. Me mantuve en contacto con las personas con las que había trabajado en la cadena de montaje. Le escribía a Jennifer, una de las obreras, y ella me respondía diciendo: 'Jamás pensé que le escribiría una carta al presidente de la compañía para contarle lo que está pasándole a mi hija.' Todo esto forma parte de tratar de mejorar sus vidas porque uno los aprecia. Cuando uno construye ese tipo de relación, no hace falta decir: 'Más vale que cumplan; de lo contrario . . . ,' porque de todas maneras lo harán. Superarán cualquier parámetro normal que haya puesto, porque tendrán ganas de hacerlo."

El tema de sentirse reconocido y valorado era algo que John Townsend había visto a lo largo de sus años en el entrenamiento del liderazgo y en el asesoramiento.

"A fin de cuentas, las personas necesitan sentir que son valiosas y valoradas. Ahí es donde interviene el estímulo. Solamente el líder puede dar eso. Si un compañero suyo lo estimula, no tiene el mismo efecto que si el reconocimiento proviene de alguien que opera muy por encima de usted y le dice: 'Me alegra que esté con nosotros; usted es un complemento muy valioso para nuestro equipo.' A menudo, las personas aceptan un puesto con menos beneficios y menos dinero debido al factor estímulo."

Algunos reconocieron la importancia de tal estímulo, pero confesaron que muchos líderes no lo dan espontáneamente. Sin embargo, a la mayoría nos gusta ese tipo de reconocimiento cuando lo recibimos; entonces, ¿por qué es tan difícil de brindar? Mencionamos el estar demasiado ocupados para hacerlo, o de tener metas que funcionan como un objetivo móvil y que, por lo tanto, hacen que la producción actual siempre parezca insuficiente. No obstante, John creía que había algo más que eso.

"Creo que ofrecer esa clase de estímulo probablemente exija una serie de habilidades. La primera es la capacidad de obedecer la Regla de Oro: tratar a los demás como le gustaría ser tratado. Si el líder puede invertir la situación al dialogar con un subalterno, con uno de sus compañeros, o con quienquiera que sea, y pensar: *¿Qué necesitaría yo si en este momento estuviera hablando conmigo mismo?* entonces podría darse cuenta de que la persona con la que está hablando probablemente necesite que se le diga la verdad y se le dé la información necesaria, pero lo que *más* necesita es alguien que le diga: 'Estamos en el mismo equipo.'

"Lo segundo es que las personas deben saber que son importantes. Necesitan escuchar que el líder piensa que el lugar de trabajo sería un escenario diferente —no tan bueno— si ellos no estuvieran. La gente teme que si se va, nadie lo notará o a nadie le importará. No obstante, si usted es capaz de transmitirles que depende de que ellos estén ahí, y que no se trata solamente de lo que ellos dan, sino de quiénes son como personas, será un estímulo valioso."

El consenso general era que dar esa clase de aliento y de palabras de agradecimiento es un medio importante para ayudar a que las personas sigan al líder de una manera más eficiente. Wilson Goode sugirió que no son sólo las palabras motivadoras lo que cuenta, sino que la información clara también refuerza el rendimiento del personal.

"He visto que la manera más eficaz de tener buenos seguidores es informándoles cómo son las cosas. Cuando yo era alcalde, e incluso antes, cuando era miembro de la Comisión Estatal de Servicios Públicos, tenía reuniones municipales todo el tiempo. Salía, llevaba el presupuesto y le decía a la gente: 'Quiero que sepan en qué se está gastando su dinero. De aquí lo recibimos, en esto lo gastamos y esto es lo que quiero hacer el año que viene.' Descubrí que darles información a los ciudadanos aumentaba su apoyo hacia mi liderazgo, e incluso aumentaba la pasión con la que apoyaban lo que yo estaba haciendo, porque habían podido presentarse, hacer preguntas, y ver lo que estaba pasando y cómo funcionaban las cosas."

John agregó que, además de informar cómo funcionaban las cosas, saber qué espera de ellos el líder hará que las personas lo sigan de una manera más eficaz. "Si leen el informe de Gallup, Marcus Buckingham argumenta con firmeza que los mejores líderes son aquellos cuyos seguidores dicen saber claramente qué se espera de ellos y cuentan con los recursos necesarios para cumplir con esas expectativas. Son felices porque tienen una estructura. De manera que ayudar a que las personas se transformen en mejores seguidores significa hacerles saber, no de manera ambigua sino muy concreta y directamente, qué se espera y necesita de ellos, al mismo tiempo que se les proporciona el tiempo, dinero y entrenamiento necesario para que lo hagan."

Mientras charlábamos sobre cómo los líderes pueden comunicar dichas ideas de ayuda, Sam Chand recomendó la comunicación al nivel más bajo. "Simplifíquelo. Fracciónelo en una comunicación concreta. Transmita los hechos básicos que necesitan saber de una manera muy simple: quién, qué, cuándo, cómo y dónde. Que todo sea concreto y simple. No intente deslumbrarlos con el proceso que ha recorrido y no trate de impresionarlos con sus ideas profundas.

> *Los mejores líderes son aquellos cuyos seguidores dicen saber claramente qué se espera de ellos y cuentan con los recursos necesarios para cumplir con esas expectativas.*

Sólo dígales qué tiene que suceder y cuándo es necesario que suceda, para que todos lo capten sin desconcentrarse."

Sin embargo, ¿cómo hacer para que los que generalmente son comunicadores abstractos expresen en un lenguaje concreto la visión, los objetivos, los valores, los planes y cosas por el estilo?

"Redefinir el lenguaje es una parte importante de lo que debe hacer el líder cuando trabaja con sus seguidores. En general, los líderes son más abstractos que concretos, y los seguidores son más concretos que abstractos. El líder a menudo puede ser de las dos formas, pero el seguidor normalmente funciona sólo en un nivel concreto. El peligro es que, cuanto más alto es el nivel de educación del líder, más se desconecta su lenguaje del de sus seguidores. Es natural: a diario leen a un nivel diferente, se comunican con otros líderes a un nivel diferente y escriben a un nivel diferente. No obstante, deben recordar que cuando se reúnen con sus seguidores, deben comunicarse en un lenguaje que los conecte con esas personas."

Rich Stearns había escuchado en silencio todo lo que se había dicho y parecía listo para emitir sus conceptos sobre el desarrollo de los seguidores eficaces. Le pregunté en qué estaba pensando.

"Suelo pensar en la clase de seguidores que quiere el líder en su equipo y tengo en claro que, como líder, uno quiere personas desinteresadas que no impongan sus propias agendas. Son los que en todas las reuniones dicen: '¿Cómo puedo ayudar? ¿Cómo puedo contribuir al bienestar del equipo?' Uno quiere personas que estén dispuestas a hacer lo que se les pida para respaldar la misión global de la organización. Sin embargo, en el mundo corporativo, e incluso en el eclesiástico, suele haber más personas que se acercan a las reuniones para satisfacer sus intereses personales. Quieren saber: '¿Qué hay para mí?' y '¿Cómo me favorecerá?' y '¿Lograré distinguirme si lo hago?'

"Así que siempre que estoy cara a cara con los empleados, les pregunto: '¿Qué clase de persona le gustaría tener en su equipo?' Obviamente, uno prefiere al que dice: 'Estoy dispuesto a hacer cualquier cosa que usted necesite de mi parte para ayudar al equipo a ganar. No me importa si es un trabajo sucio o ingrato; si eso es lo que usted necesita que yo haga para ayudar al equipo, envíeme a mí. Yo lo haré.' Esa es la clase de personas que nosotros, como líderes, queremos en nuestro equipo: no personas sin carácter, sino con la disposición de ayudar y la actitud de que ellos no son lo más importante.

"No obstante, uno no quiere a alguien que lo siga ciegamente," advirtió Rich. "No quiere gente que dice *sí* a todo, sino personas que pueden disentir de manera correcta y respetuosa con usted y con los demás. De ese modo tomamos mejores decisiones. Los líderes que se rodean de acólitos que los adoran y que confían en sus propios comunicados de prensa pierden contacto con la realidad. Así que rodéese de seguidores que estén dispuestos a cuestionar.

"No obstante, eso le exige al líder invitar a que las personas lo hagan, porque la posición del líder es intimidante. Cuando estoy en una reunión, especialmente con personas de dos o tres niveles por debajo del mío, siempre tengo la precaución de decir: 'Esta es la idea, pero por favor entiendan que esta idea no es la última palabra. Quiero escuchar sus críticas. Puede ser una idea realmente mala o quizás una que ustedes pueden mejorar. No teman darme su opinión, porque si no me dan su parecer, no me son de ayuda. Si están siempre de acuerdo conmigo, no me son útiles. De manera que estoy dándoles permiso para cuestionar esta idea.' Es necesario que los líderes le den al personal la oportunidad y el permiso de debatir.

"Lo otro que puede hacer para formar buenos seguidores," agregó Rich, "es decirles que no hay riesgo en equivocarse. Puede decirles: 'Miren, lo que yo espero es que se arriesguen un poco. Es normal que fallen a veces. Si no se equivocan de vez en cuando, es porque no están corriendo suficientes riesgos. No recibirán un castigo por fallar. De hecho, el premio es que aprendan del fracaso.' Usted tiene que crear un ámbito seguro para sus seguidores, de manera que ellos puedan dar realmente todo, sin temor, culpa, aflicción por el fracaso o inquietud por contradecir al líder."

Capacitar al personal. Las personas necesitan líderes que les den la libertad de innovar sin temor a las represalias. Eso me dio una idea para el siguiente tema que podríamos analizar al regresar de la próxima transición en el escenario principal.

CAPÍTULO 12

FORMAR EL EQUIPO

DESPUÉS DE NUESTRA CONVERSACIÓN sobre ayudar a las personas a convertirse en mejores seguidores, lo único que parecía razonable era hablar de lo que hace falta para que los líderes formen mejores equipos. Como se había planteado en una conversación anterior, ningún líder puede contribuir con todos los dones y las aptitudes necesarias para alcanzar el éxito. La mejor manera de maximizar los talentos propios y de asegurar el éxito es trabajar como parte de un equipo de líderes.

Yo había tenido el privilegio de estudiar equipos de líderes durante varios años y había escrito un libro sobre mis descubrimientos. Las lecciones fueron tan poderosas que, desde entonces, siempre he abogado por el trabajo en equipo. Cada vez que encuentro una organización que está supeditada a un solo líder, mi principal recomendación es que rescaten tanto al líder como a la organización, incorporándolo a un equipo con otros líderes que tengan aptitudes de liderazgo complementarias. No obstante, estaba ansioso por escuchar lo que dirían nuestros expertos sobre el rol de los equipos.

Como era de esperarse, el sentir unánime era que los equipos son un método superior al liderazgo unipersonal. Los equipos siempre superan al individuo; es un sencillo principio matemático. Y nuestros expertos coincidían bastante en sus opiniones sobre la manera en que un equipo funciona mejor.

Ken Blanchard tiene mucha experiencia en el tema y conoce un gran número de líderes y de equipos de liderazgo. Dio comienzo a nuestra interacción exponiendo claramente el valor del sistema de equipos.

"Si tiene un área en la que es débil, contrate a personas que cubran su debilidad; esa es una manera muy poderosa de lograrlo. Ninguno de nosotros es tan inteligente como todos nosotros juntos. Uno de mis últimos libros favoritos es *Team of Rivals* (Equipo de rivales). Es sobre Abraham Lincoln cuando postuló a la presidencia. Todos los otros aspirantes tenían más experiencia, se odiaban unos a otros y odiaban a Lincoln. Cuando finalmente ganó la elección, Lincoln se presentó ante cada uno de esos rivales y le dijo: 'Yo lo necesito, porque usted tiene esta fortaleza y esta capacidad.' Todos terminaron admirándolo; todos lo llamaron magnánimo. Estaba convencido de que es sorprendente lo mucho que se puede lograr si a uno no le importa quién se quede con el reconocimiento."

Laurie Beth Jones coincidía con la opinión de Ken, y señaló que la manera de desarrollar ese tipo de equipos de liderazgo es tener en cuenta las propias fortalezas y asociarse con personas que sean fuertes donde uno es débil. "Estoy de acuerdo con Buckingham y su investigación para Gallup en que lo más importante es que usted identifique sus fortalezas. Usted es como Dios lo hizo. Él no quiere un tigre que se comporte como un buey. Y no sirve de nada ni es agradable ver que uno intenta transformarse en el otro. Lo importante es entender cómo está constituido usted y cuál es su lugar; y además darse cuenta de que usted no puede captar la figura completa. Entonces podrá rodearse de personas que lo complementen y que sepan cómo llenar los vacíos. Es perjudicial que los líderes crean que lo tienen todo y no vean las fortalezas que pueden aportar otras personas. Son personas peligrosas."

Si bien Patrick Lencioni por lo general coincidía con Ken y con Laurie Beth, formuló una advertencia sobre el uso de la identificación de sus debilidades como excusa para no seguir creciendo.

"No soy partidario de enfocar solamente sus fortalezas, porque creo que es una muestra de humildad entender en qué aspectos uno no es bueno. Sí, Dios le ha dado fortalezas y usted debería usarlas, pero el motivo por el que debe conocer sus debilidades es que algunas de ellas son las que le impiden ser un buen líder o una mejor persona." Admitió que no estaba tratando de que la gente ignorara sus limitaciones. "Rodéese de líderes que no tengan las mismas debilidades que usted. Conozco mis debilidades y no tengo miedo de aceptarlas. Complementar mis fortalezas con las fortalezas de otras personas es tener sentido práctico, pero, en definitiva, debería mejorar algunas de las cosas en las que no soy bueno."

Al parecer, la discrepancia tenía que ver con cuestiones de equilibrio: cuánto tiempo debiera invertirse en apuntalar las debilidades, en lugar de ejercitar las fortalezas. Sin embargo, no había discrepancia en cuanto a la importancia de armar equipos cuyas fortalezas hagan más competente al conjunto.

Desde su amplia experiencia, Patrick brindó otro consejo sobre la forma de trabajar en equipo. "Es mejor que los equipos sean pequeños. Cuando se tiene más de ocho personas, el equipo fracasa. Chris Argyris, de Harvard, nos dijo hace muchos años que para comunicar eficazmente, uno debe tener dos tipos de comunicación: apoyo e investigación. Cuando se tiene más de siete u ocho personas en una reunión, dejan de preguntar, y lo más probable es que sólo apoyen una posición determinada.

"Cada equipo necesita un líder, aun si se trata de un equipo formado por líderes. Es necesario que alguien haga el desempate final, pero si la persona hace bien su trabajo, rara vez será necesario que ejerza esa autoridad. No creo en los equipos autogestionados. Cuando trabajo con equipos en los que nadie está a cargo —donde todos somos iguales—, cabe la posibilidad de que todos se laven las manos y aleguen que esa no era su responsabilidad."

Patrick estaba describiendo la figura a la que los equipos suelen llamar su capitán: la persona que en general está en igualdad de condiciones que el resto del grupo, pero que en ocasiones debe intervenir para decidir o para asegurarse de que el equipo siga adelante con la tarea. Ralph Winter, quien monta múltiples equipos cada vez que realiza una película, nos dio una guía útil sobre el proceso de hacer que el equipo sea funcional.

"Parte de armar un equipo eficaz es lograr que todos estén en la misma sintonía o que caminen en la misma dirección, hacia la misma meta. Eso nos permite lograr cierto acuerdo sobre el tipo de producto que estamos creando y por qué. En mi caso, hacer que todos estén en la misma sintonía significa que tengamos la misma interpretación sobre qué tipo de película estamos haciendo, por qué estamos haciéndola y para quién estamos haciéndola. Eso tiene que suceder antes de que iniciemos la filmación. En cada proyecto que trabajo, hay una cantidad de productores, titulares de los derechos y, por supuesto, los integrantes del estudio; así que es casi imposible que todos se pongan de acuerdo. Atravesamos por una serie de discusiones acerca de lo que estamos tratando de llevar a cabo y cómo lo haremos. Invariablemente, hay muchas agendas distintas que todos traen consigo, y tratar de armar un equipo exitoso es como querer enhebrar una aguja. El productor tiene su agenda; el estudio tiene su agenda; mi productora asociada tiene su agenda. Necesitamos que todos vayan en la misma dirección. Las expectativas de la gente crecen si uno no les habla y establece esos puntos de conexión. Los equipos eficaces requieren de una comunicación constante en cada tema o en cada proyecto."

El énfasis de Ralph sobre la comunicación volvió a meter a Ken en la conversación. "Les daré un buen ejemplo sobre el tema. Miren a Ronald Reagan: él tenía esa capacidad de reunir a las personas alrededor de él y hacer que escucharan. Y creo que Dios quiere que escuchemos más y hablemos menos. De lo contrario nos habría dado dos bocas."

"Suelo ser un líder participativo," reconoció Rich Stearns. Su experiencia con numerosos equipos de liderazgo lo había llevado a exaltar las virtudes de escuchar más que las de hablar. "Trato de poner en marcha buenas discusiones y de escuchar mucho. No adelanto la respuesta. Trato de sacarla a la luz o de descubrirla por medio del diálogo. Me gusta tener personas enérgicas reunidas en un equipo y reconocer que en conjunto tienen más habilidad para descubrir las respuestas que en forma individual. Si usted puede dar rienda suelta al potencial de un equipo de personas muy resueltas con opiniones y contextos diferentes, puede descubrir mejores respuestas que si toma las decisiones en soledad sin ese tipo de interacción grupal."

Patrick insistía en que el diálogo dentro del equipo debía ser franco y abierto. "Yo busco diferencias de opinión sinceras, y quizás, hasta producir un poco de malestar. Recientemente he llegado a la conclusión de que uno de los mayores problemas que enfrentamos en nuestras organizaciones es el temor al malestar o a los momentos incómodos. El otro día estaba con un grupo de directores generales que odian tener que reclamar algo, o estar en desacuerdo con alguien. Harían lo que sea por evitar las emociones. La gente me pide que les cuente anécdotas buenas de peleas en las reuniones. La verdad es que la mayoría de los líderes trata en lo posible de evitarlas.

"A mí me gusta ver pasión, e incluso un poco de emoción, en las reuniones," continuó. "Cuando parece que nadie está comprometido —ya saben, cuando comparten información y datos, pero no sus verdaderas opiniones, y hay muy poca angustia—, pienso que probablemente no estén trabajando en equipo. Piénselo así: si usted pasa una semana con un matrimonio que nunca tiene desacuerdos, y no quiero decir que deban llevarse como perro y gato, pero si nunca tiene discrepancias, no hay muchas esperanzas para ese matrimonio, porque no se están ayudando a mejorar. No me gusta cuando mi esposa trata de mejorarme, pero la amo por ayudarme a ser mejor. Los equipos deben funcionar de esa manera."

"Y si usted permite que el equipo se estanque con personas que no colaboran, básicamente, está muerto," añadió Jimmy Blanchard. "Quiero decir que si en sus equipos de liderazgo carga con personas que no colaboran, están muertos como empresa de alto rendimiento." Subrayó la importancia de los comentarios de Ralph. "Se trata de mantener una comunicación constante, de aclarar continuamente los valores y la cultura, y de readaptar y mejorar incesantemente la estrategia al desarrollar los planes.

"Sin embargo, lo que es, probablemente, más importante es que los equipos logran el éxito aconsejándose y alentándose frecuentemente los unos a los otros. Lo más importante en un equipo es establecer un ambiente de sinceridad en el cual se apoye el debate y se preste atención al conflicto. Si en las reuniones todos se sienten incómodos con una decisión, pero lo único que dicen es: 'Está bien, jefe, tiene razón; lo que usted diga,' usted no tiene un equipo. Tienen que ser capaces de llegar a un acuerdo debatiendo las cosas a fondo, ventilando y discutiendo entre ustedes, y tienen que poder decirle al jefe que está loco. Al terminar la reunión, deben llevarse bien con los demás y estar en la misma sintonía."

Recordé algunas de las organizaciones que había observado mientras estudiaba la dinámica de equipo. Al principio, antes de comprender el proceso, me asustaba la manera en que algunos equipos se reunían a puerta cerrada y peleaban. Es decir, se atacaban sin límites, se gritaban, se engatusaban y discutían. Tardé un tiempo en reconocer tres cosas importantes que estaban sucediendo. En primer lugar, estaban poniendo a prueba y mejorando las ideas que finalmente adoptarían. Al estudiar hasta la última coma de todo lo que había sobre la mesa, se aseguraban de buscar lo mejor que tenían para ofrecer. En segundo lugar, cada líder tenía la oportunidad de que se escucharan sus opiniones. Y en tercer lugar, estaban desarrollando la confianza mutua, permitiendo que afloraran las fortalezas de cada uno en el deseo común de ser y de hacer lo mejor posible. Detrás de esa puerta cerrada, todo estaba disponible para todos, nada estaba escrito en piedra y todos tenían las mismas oportunidades. No obstante, al abrir la puerta, el equipo emergía unido y compacto, mutuamente solidario y firme en su propuesta. Después de haber trabajado con varios equipos sumamente

Lo más importante en un equipo es establecer un ambiente de sinceridad en el cual se apoye el debate y se preste atención al conflicto.

disfuncionales, observar este proceso era algo maravilloso, como también lo eran los resultados que producían esos equipos.

Sin embargo, sabía también que la construcción de ese tipo de equipos no es una tarea simple, y que el reunir buenos líderes en un mismo ámbito no genera automáticamente un equipo funcional. John Townsend habló de lo que había observado y señaló que los equipos sanos debían contar con determinados componentes.

"Primero, tienen que compartir tiempo juntos. Usted puede hablar sobre el trabajo en equipo todo el día, pero, a menos que estructure intencionalmente marcos formales e informales en los que puedan interactuar los miembros del equipo, no pasará de ser otra buena idea. Es crucial organizar el tiempo en medio de las otras tareas para que estos líderes puedan reunirse y descubrir que pueden disfrutar de la energía, del intercambio, del ánimo y de las personalidades.

"Y luego tiene que mostrar los resultados de esa dinámica: demostrarles a las personas que cuando trabajan en equipo alcanzan sus objetivos e invierten sus dones en beneficio de la misión con más eficacia. En otras palabras, es necesario que vean que no sólo se puede disfrutar de trabajar en equipo, sino que además da mejores resultados."

Una pregunta común que la gente solía hacerme a través de los años era si los equipos de liderazgo debían formarse deliberadamente, o si la organización debía permitir que surgieran de manera natural. Mis investigaciones me demostraron que es mejor cuando los equipos son organizados deliberadamente. He descubierto que cuando hay un grupo de líderes cuyas aptitudes se complementan con las de los demás miembros del equipo —es decir, un líder visionario e inspirador, más un líder estratégico, más un líder que esté bien relacionado, más un líder operativo que construya los sistemas—, entonces tiene los ingredientes para algo especial. La química es mucho menos importante que las habilidades complementarias, si los individuos comparten apasionadamente la misma visión.

John había llegado a la misma conclusión. "Reunir a las personas en equipo debe ser algo intencional porque las personas, por naturaleza, se aíslan o tienen su propio club con quienes se sienten más seguras. Y lo que hace un líder es sacar a las personas de sus zonas de comodidad para hacer lo que no es natural, lo que significa decir: 'Yo renunciaré a mis preferencias personales en pro del bien común.' A veces tiene que arrear el ganado a donde no quiere ir."

Esa descripción fue apoyada por Colleen Barrett. Southwest ha promovido por mucho tiempo la idea de los equipos de líderes. "Usted tiene un equipo de verdad cuando todos trabajan para la misma causa y saben que su contribución es la que los llevará al éxito final. En otras palabras, cada persona es importante. Deben honrar y respetar la contribución de cada uno. Escuchan, aprenden y dirigen juntos."

Mi mente volvió a la investigación que había leído sobre las empresas frustradas y cómo la mayoría de ellas había padecido un sistema de conducción solitaria. Mi propia investigación había mostrado una diferencia sustancial en el rendimiento entre las organizaciones que cuentan con equipos de liderazgo y las que no los tienen. Y ahora los expertos reunidos en el encuentro coincidían en la convicción de que los equipos son el único camino posible. Parecía estar claro que promover equipos de líderes para trabajar juntos por una visión compartida es algo obvio. Conformarse con menos sería despojar a la organización y a sus interesados de lo mejor que tiene para ofrecer.

CAPÍTULO 13

FE Y MORAL

MIENTRAS RECORRÍA CON la mirada la sala de espera y me tomaba un minuto para pensar en el trasfondo de estos líderes de primera línea, me asombró que tantos de ellos hubieran hecho mención a la confianza y la fe en un poder superior, o al menos hubieran indicado que los líderes eficaces necesitan una fuente de autoridad moral superior a sí mismos. Ya que la fe ha jugado un papel tan importante en las últimas elecciones presidenciales, en las discusiones sobre la ética comercial y en otros acontecimientos mundiales recientes, me pareció que era un tema razonable para investigar en forma más meticulosa y directa con estas personas.

Cuando mencioné el asunto en un pequeño grupo de líderes, Bob Dees fue el primero en responder.

"Napoleón dijo una vez que la moral es al cuerpo en proporción de tres a uno. Él reconocía que en el campo de batalla la cuestión física es importante, pero que las cuestiones morales, espirituales y emocionales son todavía más importantes. Sabía que una cinta prendida en el uniforme de un soldado es mucho más poderosa que años de entrenamiento. El mero reconocimiento de los esfuerzos de la persona es una herramienta poderosa. Nosotros pasamos mucho tiempo enseñándoles a los soldados cómo disparar sus armas; eso es destreza. No obstante, su voluntad es aún más importante. ¿Por qué disparar, cuándo disparar, pueden disparar cuando tienen escasas posibilidades o ante el fuego enemigo?"

El hilo de la afirmación de Bob hizo que John Kotter se interesara por la conversación, mientras reflexionaba en el rol de la autoridad moral en los líderes. "El poder es intrínsecamente parte de la administración y del liderazgo. La cuestión es usarlo con inteligencia y respeto por los demás, con cierto sentido de dirección moral. No hay duda de que se necesitan personas en lo más alto de las organizaciones que ayuden a proporcionar algún tipo de marco moral, algo que los líderes hacen naturalmente. Piense en los grandes líderes a lo largo de la historia, esos que realmente consideramos grandes. Todos aportaron un marco moral. Va más allá de la política, del producto o de la economía, y es parte del motivo de su éxito. La autoridad moral es una pieza muy poderosa de lo que tienen los líderes verdaderamente grandes. Muchísimos grandes líderes de nuestro tiempo no reciben su poder del puesto que ocupan, sino de su autoridad moral. Los que se parecen a Martin Luther King Jr. son grandes ejemplos de ello."

Me pregunté en voz alta si en nuestra sociedad cada vez más secular y pluralista los actuales líderes saben siquiera qué significa *autoridad moral*. Seguramente las personas a las cuales dirigen deben haberles otorgado esa autoridad, pero ¿en qué se basa? En un contexto en el que las escuelas de negocios abandonan sus clases de ética profesional porque ni siquiera el cuerpo docente se pone de acuerdo sobre qué enseñar en dichas clases, ¿hay motivos para creer que los líderes seguirán funcionando con autoridad moral, en lugar de ejercer sencillamente el poderío en base a decisiones y preferencias personales carentes de moral?

"Los líderes operan con una especie de filosofía moral genérica sobre la vida," explicó John. "Está ligada a un dicho de cinco palabras que tiene que ver con las decisiones en una variedad de maneras. Las cinco palabras son *todos los hijos de Dios*. Una de las maneras en que se relacionan con el liderazgo es que los líderes piensan que todos tenemos la responsabilidad de cuidar a todos los hijos de Dios. Eso puede parecer demasiado esperar de un hombre de negocios, y quizás lo sea, a la manera extrema en que acabo de expresarlo en esa oración, pero esa amplitud de perspectiva y de responsabilidad suele ser inherente a los buenos líderes."

Barry Black vinculó ese concepto con el rol de la fe dentro del liderazgo.

"La fe y la moralidad a la larga influyen en su liderazgo porque influyen en usted. Me encanta la declaración que hace Pablo en Hechos 24:16: 'Por esto, siempre trato de mantener una conciencia limpia delante de Dios y de toda la gente.' Pienso que eso habla de una espiritualidad en la que usted puede vivir de tal manera como para ser transparente. Yo la llamo la prueba de Daniel. Cuando los enemigos de Daniel intentaron tenderle una trampa por su vida de oración, mandaron personas para que lo siguieran; en cambio, ellas terminaron homenajeándolo al decir que no habían encontrado nada contra Daniel, excepto que él seguía las leyes de su Dios.

"Ahora bien, si alguien siguiera en secreto a un líder, ¿qué saldría a la luz? La espiritualidad es una parte de la autoridad moral, y una vez que pierde su autoridad moral, ha perdido su capacidad de liderar. Hemos visto muchos ejemplos de grandes líderes que fueron descubiertos en una actividad poco ética, y perdieron una parte fundamental de su capacidad de liderar. En su libro sobre retórica, Aristóteles se refiere a ella como *ethos*, y habla de un individuo que es éticamente congruente, cuya retórica está respaldada por sus actos. Por ese motivo la espiritualidad es fundamental: a la larga, influye en quién es usted. Es el viejo tema de Lincoln: no puede engañar a todo el mundo, todo el tiempo. Su espiritualidad es muy importante."

Sin embargo, ¿de dónde viene esa autoridad moral? ¿Está otorgada por la gente? ¿Es dada por Dios? ¿Lo único que tiene que hacer el líder es asumirla? ¿Depende de la posición? ¿Cómo funciona en la práctica? Hubo un pequeño debate sobre el tema. Una de las perspectivas la brindó Jon Gordon.

"La autoridad moral encamina a la organización hacia un propósito superior para llevar a cabo algo significativo, algo socialmente responsable, para generar impacto sobre el bienestar común. Cuando usted tiene autoridad moral y la usa de esa forma, está creando confianza porque demuestra que vive lo que predica. La autoridad la obtiene simplemente diciendo lo que hará y haciendo lo que dice.

"La autoridad moral es una cuestión de integridad y confianza," agregó Jon, pensando en lo que había visto en sus trabajos de consultoría. "Usted construye esa confianza comprometiéndose en el proceso con la gente: preocupándose por ellos, sirviendo con ellos en las trincheras, permaneciendo accesible, expresando agradecimiento, haciéndoles preguntas y escuchando sus opiniones.

> *La autoridad moral encamina a la organización hacia un propósito superior para llevar a cabo algo significativo, algo socialmente responsable, para generar impacto sobre el bienestar común.*

"Ese tipo de líder tiene autoridad moral, y la mantiene creando una cultura que valora a las personas y a los empleados, preocupándose por ellos y por el cliente. Como líder, usted tiene que ser un ejemplo de esa mentalidad y de ese comportamiento. La autoridad moral se logra cuando usted lleva a la práctica la integridad que predica, cuando hace las cosas para el interés común y cuando verdaderamente se preocupa por los demás y por la organización."

La noción de ganarse la autoridad moral y de conservarla conmovió a Mike Huckabee. Sus años de servicio en el ministerio y en el gobierno le habían facilitado el tiempo para estudiar y reflexionar sobre la fuente de autoridad moral, así como para tener una visión privilegiada —y la experiencia personal— de cómo ponerla en práctica.

"A veces se dice que uno debe tomar decisiones que profanan sus principios morales. Yo digo que, en realidad, no es así. Cuando yo era gobernador, tomaba decisiones que políticamente eran duras, o que la gente no entendía claramente, pero no me sentía obligado a mentir, a engañar ni a hacer algo que fuera deshonesto para conseguir lo que quería. Nunca pensé en hacer eso.

"Uno de los grandes retos para muchos cristianos que se involucran en asuntos políticos es que quieren transferir la pureza de la teología a la práctica política. La teología es pura: el cielo, el infierno, la luz, las tinieblas, el diablo. Con la teología es fácil ver las cosas en blanco y negro. No obstante, la política es el arte de lo posible, de manera que si queremos conducir una causa a favor de la vida, bien . . . ¿qué tan a favor de la vida es? En este momento, si sacamos alguna ventaja y logramos determinadas restricciones sobre la práctica del aborto, eso es lo posible. Me gustaría ver que se protege toda vida humana. No podemos hacer eso en este momento, pero podemos ayudar a mover la pelota por el campo de juego y lograr el Acta de Protección al Embrión y el consentimiento informado. Si llegamos hasta ahí, ¿debería decir que fallamos en proteger la vida humana? Hemos tenido éxito al lograr hacer lo que era posible. A veces la legislación no será como quisiéramos que fuera, pero si hemos avanzado y no nos dimos por vencidos, esa es la parte que debemos aceptar."

Mike había planteado un punto de vista interesante: el ejercicio de la autoridad moral no siempre es una propuesta de todo o nada. No obstante, volviendo al concepto de Jon, la autoridad moral también tiene que ver con no darse por vencido cuando se está buscando lo que consideramos moralmente correcto. Como las demás cosas de la vida, para lograr esos resultados hay que pasar por un proceso que lleva tiempo y energía, pero también constancia y determinación.

Jon volvió al diálogo con algunas ideas sobre el origen de dicha autoridad y la forma en que la fe influye en la capacidad de liderazgo. "Muchos no son espirituales ni cristianos, y cuando uno les describe el papel que cumple la fe para establecer la autoridad moral e incluso para desarrollar una actitud positiva frente a los tiempos difíciles y a los desafíos, lo miran a uno como si estuvieran pensando: *¿Fe? ¿Qué es eso? Vamos, dígame otra cosa. ¡Esa no puede ser la respuesta!* Yo lo entiendo porque fue parte de mi propia vida." Jon describió cómo había sido educado en una familia judía y finalmente había aceptado a Jesucristo como el Mesías y como su Salvador. Por nuestras conversaciones anteriores, yo sabía del dramático impacto que esa conversión había producido en la vida de Jon.

"Yo solía pensar mucho más en la energía positiva, en el propio pensamiento positivo, pero ahora he llegado a creer que tiene que ver con depender más de su fe y de Dios que de sí mismo. Usted puede tener convicción y creer en sí mismo como líder, pero su fe en Dios debe ser aún más grande. De hecho, mi versículo bíblico favorito es: 'Pues todo lo puedo hacer por medio de Cristo, quien me da las fuerzas.'"

Esa línea de pensamiento nos llevó a debatir sobre el rol de la fe en el liderazgo. Como yo he expuesto que el líder es una persona con tres cualidades —el llamado de Dios a liderar, el carácter que agrada a Dios y le permite conferir autoridad al líder, y las capacidades esenciales para llevar a cabo la visión dada por Dios—, planteé la cuestión del llamado, y si el líder cristiano tiene una clase distinta de llamado a la del líder que no es seguidor de Cristo.

Mike Huckabee, quien es considerado en muy alta estima por gente de un variado abanico de creencias, a pesar de que ha sido muy transparente y sincero sobre su compromiso personal con Cristo, opinó que los cristianos que son líderes probablemente tienen un llamado diferente. "El líder cristiano tiene que preocuparse no sólo por su reputación, sino también por la del Señor. Por ejemplo, no tratará a las personas de tal manera que la opinión que se formen de Jesús sea tan mala como la que tienen de usted. Tiene la responsabilidad de reflejar quién es él. Parte de eso tiene que ver con mantener sus decisiones y tomarse el tiempo para explicarlas. Si, por ejemplo, tiene que sacar a alguien de su puesto, no es cuestión de arrojarlo del autobús."

> El líder cristiano tiene que estar preocupado no sólo por su reputación, sino también por la del Señor.

Según Laurie Beth Jones, los cristianos en puestos de liderazgo realmente tienen un llamado distinto. Explicó que eso se debe a la identidad de una autoridad superior ante quien los cristianos son responsables. "Todos deben tener una autoridad superior. Si tiene un gerente general que cree que su autoridad viene del directorio, el cual está compuesto por accionistas o por personas que representan a los accionistas, ese gerente responderá ante ese directorio. Si usted tiene un directorio conformado por personas que sólo van detrás del dinero, puede ser el inicio de un ciclo de ineptitud y mediocridad, porque eso será lo que dirija sus decisiones. El gerente general está bajo la autoridad de ellos, y puede estar haciendo lo correcto, pero fallando en alcanzar sus exigencias de un retorno financiero de determinadas proporciones. Lo hemos visto en el colapso financiero nacional. Si, en cambio, el líder procura hacer lo que haría Jesús, y discernir cómo ve Dios la situación, el líder tiene entonces una perspectiva completamente distinta."

Parecía que habíamos llegado al tema de la autoridad moral y la fe como la fuente de los valores que son promovidos y ejecutados por los líderes. Igual que Jon Gordon, Michael Franzese había experimentado una extraordinaria transformación en su fe y en su moral. Él entendía de primera mano tal cambio de valores.

"Cuando Cristo no estaba en mí y llevaba un estilo de vida delictivo, había desarrollado una habilidad para justificar ciertas cosas en mi vida que no estaban bien. La vida de uno se vuelve muy maquiavélica, donde el fin justifica los medios. Por ejemplo, en mi antigua vida, mi blanco eran los organismos gubernamentales. No respetaba al gobierno porque siempre había sentido que era mi enemigo. Entonces, estafar al gobierno a través de los impuestos era un crimen técnicamente, pero moralmente para mí no lo era, porque los veía a ellos como los malos, y a mí como el tipo bueno. Así es como pensaba en aquel momento; era capaz de justificar cosas malas como moralmente correctas. Una vez que Cristo llegó a mi vida, me di cuenta de que era una manera equivocada de pensar y de dirigir a los demás. Obviamente, conducía a las personas en la dirección equivocada. Ahora, con Cristo en mi vida, oriento a las personas de una manera distinta, y no los llevaría por el camino incorrecto."

En lo que se refiere a la base para tomar decisiones, Newt Gingrich construyó sobre esos fundamentos. "Si no sé cuál es su fe, ¿cómo sé yo de qué manera tomará las decisiones? Hay una diferencia entre juzgar si usted pertenece a la fe correcta y saber si toma su vida en serio o no. ¿Cree que el sentido de la vida va más allá de lo inmediato, existencial y hedonista? ¿Cree que es heredero de una larga tradición de seres humanos que procuran el bien, y que finalmente formará el mundo de sus hijos y de sus nietos, y que tiene una obligación moral en ello?

"Creo que parte de lo que arruinó a los republicanos en el Congreso en 2006," continuó Newt Gingrich, pasando de lo filosófico a lo pragmático, "es que olvidaron que el poder sin criterio es nihilismo, y el nihilismo facilita la corrupción, porque no tiene barreras que lo frenen. En un sentido muy real, en la tradición anglosajona de Estados Unidos, la ley es la que nos obliga a bloquear el mal. Todos podemos caer en la tentación, todos incumpliremos las promesas y haremos cosas malas, y necesitamos estar sujetos por la civilización. De manera que debemos preguntarle a quien quiera ser un verdadero líder si entiende eso."

Ralph Winter tomó las ideas de Newt para darles una aplicación práctica. "Es de esperar que su fe afecte la forma en que se relaciona con las personas: con sensibilidad, con respeto y con una cosmovisión que sustente la manera en que las trata. Debe pagarles un salario justo y ser veraz. Al despedirlas, tendrá que decirles la verdad y no dorarles la píldora. Tiene que cumplir la ley.

"Haré todo lo que me pidan, pero trataré de hacerlo con un sentido de humanidad. Cuando despido gente, trato de hacerlo como para que me lo agradezcan. Eso ha sucedido algunas veces. Incluso al dejar partir a las personas, ayudarlas a entender por qué sucedió, hacerles saber de que no ocurrió porque fueran malas personas, sino porque no habían alcanzado los objetivos y que, como seres humanos, todavía son valiosas. Estas personas encontrarán otro empleo. Se puede despedir a alguien sin ser necio, y nuestra fe debe influir en la manera cómo lo encaramos y cómo podemos ser más humanos durante el proceso. Los líderes no necesitan hacer su trabajo en forma deshumanizada."

Ralph y otros habían hecho alusión a que, a medida que se desarrollaban como líderes, su fe se había convertido en una fuente de fortaleza.

Mientras pensaba en todas las tareas difíciles y abrumadoras que todo buen líder debe encarar, tuve que preguntarme qué es lo que impulsa y vigoriza a seguir adelante en tiempos desafiantes. La fe parece ser una de las fuentes de fortaleza para la travesía, y quizás sea la primordial.

Durante su trayectoria en Toro, Ken Melrose estuvo en varios puestos y enfrentó todo tipo de dificultades, lo cual incluyó la supervisión de la empresa cuando estuvo al borde de la quiebra. Habló un poco sobre la diferencia que había significado para él su fe en Cristo mientras lideraba durante esos tiempos difíciles. "Había momentos en que pensaba: *No estoy preparado para esto.* Cuando Toro estaba al borde de la quiebra y la gente se iba de la empresa y el gerente general estaba a punto de abandonar su puesto, el directorio me llamó un sábado por la mañana. Yo estaba pintando la sala de mi casa cuando el presidente del directorio me preguntó si podía ir y reunirme con él. Al principio, no supe de quién se trataba, porque el presidente del directorio no solía llamarme por teléfono. Nunca lo había hecho, así que no reconocí su voz. Creo que se sintió un poco molesto cuando me dijo: 'Habla David' y yo respondí: '¿Qué David?' y he aquí que se trataba del mismo presidente del directorio.

"Así que fui a su casa, donde había otros miembros del directorio. Él me dijo: 'Nos gustaría que te conviertas en el director de la compañía y nos saques de este problema. La empresa está perdiendo mucho dinero.' Toro tenía todo tipo de problemas y parecía que quizás no sobreviviríamos. Yo escuché su propuesta pensando para mí mismo: *¿Quién, yo? ¿Por qué yo? No estoy preparado para esto.* La tarea que había por delante, sólo para mantenernos a flote, era monumental, y ellos querían que yo me encargara de dirigir la recuperación y que asegurara nuestra supervivencia. No tenía idea si estaba capacitado para eso. Yo era una persona de mercadeo, un fomentador de crecimiento. Una de las primeras tareas luego de asumir el cargo sería la de despedir a casi la mitad de nuestros empleados y cerrar la mayoría de nuestras plantas. La idea de reunir a todos los empleados de una planta y decirles que íbamos a cerrarla y que ya no tendrían sus empleos me hacía sentir incapaz de hacerlo. Sabía que necesitaba ayuda.

"Así que conseguí un letrero, lo enmarqué y lo colgué en la pared de mi oficina. Sabía que Dios no me pediría hacer cosas que estuvieran más allá de mis limitaciones, y que él estaba ahí para ayudarme. Me imaginé que, de alguna manera, esto era lo que Dios quería que yo hiciera, aunque yo no estuviera tan seguro de querer hacerlo. Entonces puse ese cartel que decía: 'Dios quiso que estuvieras aquí . . . ¡en este momento!' Era un letrero muy visible, y lo puse en la pared opuesta a mi escritorio, de modo que cuando entraba en la oficina, lo primero que veía era el cartel. Si estaba hablando por teléfono y miraba esa pared, o si estaba reunido con alguien en esa mesa, podía ver el cartel.

"Eran momentos críticos, y yo dudaba de mí y hablaba conmigo mismo sobre la situación. *¿Estoy capacitado para esto? Bueno, yo no, pero Dios y yo, sí. Mientras Dios esté conmigo, me sentiré bien, porque no haré esto solo.* Ese letrero era como un faro para mí; me daba ánimo para convencerme a mí mismo. *Ay, yo puedo hacer esto. Va a ser turbio y terrible, y habrá partes que odiaré, pero es lo que hay que hacer. Es el llamado, y es lo que yo creo que Dios quiere que haga en este momento.* De manera que mientras dirigí la compañía, cobré suficiente confianza como para decirle a la gente que yo tenía determinada filosofía sobre el liderazgo de servicio, la capacidad y el crear confianza en la organización. Les recordé que no teníamos mucho que perder porque era probable que, de todas maneras, entráramos en quiebra y desapareciéramos. Sin embargo, no fuimos a la quiebra porque los ayudé a creer que sobreviviríamos, y lo haríamos con la ayuda de Dios."

Muchas personas del grupo sonrieron. Hasta algunos de los líderes presentes que probablemente no fueran seguidores devotos de ninguna fe estaban intrigados por el poder que había encontrado Ken en su convicción de haber sido llamado a aceptar un puesto nada atractivo, y su certeza de que, con la ayuda de Dios, sería capaz de hacer algunas cosas especiales en una empresa lesionada. Su fuerza había salido de su fe en Dios y de los constantes recordatorios, como ese letrero, de que Dios no nos da más de lo que podemos manejar si nos comprometemos a hacer lo correcto según sus principios. Y no hay nada en sus principios que sea incompatible con las buenas prácticas en los negocios.

A esas alturas, Lou Taylor también estaba entusiasmada, y nos dio su punto de vista sobre la importancia de la fe como fuente de fortaleza y orientación, inclusive en el mundo secular e inflexible del entretenimiento en el que ella estaba inmersa.

"La fe espiritual del líder lo es todo. No creo que usted pueda dar lo que no tiene. Esa fue una revelación realmente difícil para mí. En el libro de Josué leemos sobre el momento en que Josué entró en la Tierra Prometida y decidió no buscar al Señor cuando se produjo el problema con los gabaonitas. Desde luego, eso se convirtió en un problema para él, y desde ese momento Josué no volvió a escuchar la voz del Señor hasta que volvió a obedecerle. Algo que me sorprendió en esos capítulos es que Josué era el hombre responsable de la comunión con el Señor; recibía las instrucciones que Dios le daba y las ejecutaba. Eso me permitió verlo por primera vez como pastor, y me di cuenta de que estaba pastoreando a los hijos de Israel al mismo tiempo que tenía otro trabajo, porque era el comandante del ejército.

"Fue una tremenda revelación para mí," nos confió Lou mientras revivía el descubrimiento. "Ahí estaba Josué, en las trincheras con la gente, haciendo su trabajo como comandante del ejército, pero también tenía las responsabilidades de un pastor; él era esa conexión, por decirlo de alguna manera, con el Señor. De manera que si no tengo esa conexión con el Señor, si no lo escucho, si no sigo sus instrucciones y si no recibo la guía del Espíritu, ¿qué puedo transmitirle a mi equipo en cuanto a la visión? ¿Cómo puedo alentar a mis clientes?

"Cuando estoy en mi oficina," expuso con firmeza, "soy el comandante de mi ejército allí. Estoy en las trincheras, luchando contra el lado oscuro de la fama, la celebridad, el dinero, el sexo y todo lo demás. No obstante, también tengo que servir como pastora a las personas que trabajan conmigo. ¿Cómo voy a poder darle esperanza a alguien si no estoy conectada con el Señor, y a la vez cumplir con el trabajo para mis clientes como una guerrera incondicional?"

Lou había hecho el gran trabajo de captar el desafío de tener un pie en cada mundo: el de cumplir con las responsabilidades propias en el mercado y el de integrar los principios de la fe personal en todas las dimensiones de la vida. Los líderes que operan basados en la fe enfrentan a diario ese desafío, pero Wilson Goode lo presentó con una buena perspectiva.

"Siempre he creído que si confío en Dios, él me ayudará. No puedo recordar un solo día como funcionario público en que haya dudado o que temiera que Dios me abandonara. No recuerdo haberme levantado en la mañana pensando: *Me pregunto si todo lo que me rodea se vendrá abajo.* Todos los días me levantaba con la expectativa de que, sin importar qué problema hubiera, al terminar la confusión y las cosas que estaban sucediendo, Dios iba a ponerme en una montaña alta y yo saldría adelante."

Los recuerdos sinceros de Lou y de Wilson me trajeron a la mente uno de mis pasajes favoritos de las Escrituras, Proverbios 3:5-6, donde Salomón escribe: "Confía en el Señor con todo tu corazón, no dependas de tu propio entendimiento. Busca su voluntad en todo lo que hagas, y él te mostrará cuál camino tomar."

No todos los líderes motivarán, movilizarán, proveerán recursos y conducirán a las personas hacia la visión sobre el fundamento de su creencia de que Dios está con ellos, guiando sus pensamientos y sus actos. Sin embargo, estaba seguro de que los que sí lo hagan encontrarán el camino allanado, los desafíos menos abrumadores y los resultados improbables más fáciles de alcanzar.

CAPÍTULO 14

EL PODER

LUEGO DE PRESENTAR a Warren Bennis ante el público, volví a la sala de
espera. Warren ha estado hablando y enseñando sobre el liderazgo durante
más de cuatro décadas. Caminé hacia el sillón que estaba vacío en un
extremo de la sala y me dejé caer, con la esperanza de escuchar la presentación de Warren sobre el uso sabio del poder en el liderazgo eficaz.

Ya había comenzado su charla, pero pude observar y escuchar que estaba
sentando algunas ideas preliminares.

"Cuando estaba en el ejército, comencé a ver que algunos líderes de
infantería, en las líneas del frente, parecían evitar las bajas más que otros,"
recordó Warren, caminando lentamente de un lado al otro del escenario.
"Había líderes que parecían no cuidar a sus hombres, porque estos regre-
saban malheridos de las trincheras, o con principio de congelamiento. Eso
no solamente me intrigó, sino que, como nos arriesgábamos a morir, quise
saber qué estaba pasando realmente ahí. ¿Por qué había diferencias?

"Cuando empecé a estudiar con mi mentor principal, el capitán Gardener, él me aclaró muy bien que hay varios tipos de poder. Me decía: 'Sabes, Warren, la influencia es resultado del poder.' La influencia, para utilizar el lenguaje académico, es la variable dependiente, pero el poder es la fuente de aquello que lleva al comportamiento.

"Ahora bien, en la mayoría de las organizaciones, el poder se define coercitivamente. Yo tengo poder porque soy el que controla los medios para satisfacerlo. Puedo decidir cuándo va a tomar usted las vacaciones. Puedo manipular sus ascensos, y si se los darán o no. Yo controlo su sueldo, sus horas laborales, la cantidad de clases que va a dar. Eso es poder, y es realmente muy coactivo. Eso no significa que no lo utilicemos. La mayoría de las burocracias funciona así. No es bueno ni malo; simplemente así son las cosas, y puede ser bueno o malo, según la relación que se construya.

La influencia es resultado del poder.

"Piense entonces en el poder que proviene de la relación, el poder de una persona que se identifica con un líder y que adopta sus objetivos y se siente inspirado. Nos identificamos con los líderes y con sus ideas. Nos identificamos con sus metas. Esa es otra forma de poder. Y otra es el poder grupal, que denominamos poder de referencia y que también es coercitivo.

"Otra clase de poder es el poder del experto. Vaya a un abogado, a un médico y si está pensando nuevamente en la influencia como resultado del poder —el médico, el juez, el abogado, el ingeniero, cualquiera sea el experto— usted no siempre tiene que aceptar su punto de vista, pero en la mayoría de los casos, usted lo escuchará atentamente.

"Y existe otro tipo, que es el poder de red o poder de acceso. Por ejemplo, yo sé que tengo poder en la universidad porque puedo ayudar a que los estudiantes ingresen a los cursos de posgrado, o puedo ayudar a que nuestros candidatos doctorales consigan empleo. Puedo ayudar a que mis colegas publiquen sus obras, porque puedo abrir algunas puertas."

Warren estaba inspirado con el tema. Mientras hablaba, mi amigo Michael Franzese se había sentado junto a mí en el sillón. Como los dos somos de Nueva York, nos gusta hacernos bromas sobre nuestras raíces. Mientras Warren continuaba con su exposición, le pregunté a Michael si lo había estado escuchando. Asintió con la cabeza. Sabiendo que Michael había pensado mucho sobre la naturaleza y el uso del poder, le pregunté qué pensaba de lo que había escuchado hasta el momento.

"Este tipo es brillante," dijo Michael respetuosamente. Los momentos que siguieron nos dedicamos a escuchar las palabras de Warren.

"Si tiene una opinión maquiavélica de la naturaleza humana, indudablemente, usted actuará por miedo; tal vez por respeto, en el mejor de los casos, pero siempre por el deseo de manipular."

Me imaginé que esa declaración sería un tema candente para Michael, y así era. Warren, quizás pensando en su propio libro sobre los contrastes entre el enfoque maquiavélico y el judeocristiano del liderazgo, había estimulado el pensamiento de Michael.

"Sabes, George," dijo Michael mientras volvía a acomodarse en el sillón, mirándome directamente, "el ansia de poder es algo horrible. En la forma que yo vivía, esa búsqueda de poder siempre conducía a la destrucción. Siempre. Nunca vi que una persona hambrienta de poder sobreviviera; finalmente te atrapa. Uno no se escapa de eso. El poder es una cosa demasiado peligrosa si no se lo usa debidamente. Uno siempre debería liderar reconociendo que tiene poder, pero sin hacer que el poder sea el motivo central de su liderazgo."

Antes de que pudiera responder a las sabias palabras de Michael, Newt Gingrich, quien había aparecido detrás de nosotros y estaba siguiendo la conversación, ofreció su respuesta a Michael.

"El poder es muy peligroso," reafirmó. "Lo más peligroso que tiene es que le hace creer a uno que no es mortal, pero desde luego, que lo es. Es un problema inherente al poder. El gobernante romano cierta vez le dijo al general, durante un desfile triunfal: 'Recuerda que sólo eres un hombre.' Es por eso que las democracias y el dominio de la ley son tan importantes para la experiencia humana. En ausencia del gobierno de la ley y de personas que tengan el derecho a despedirlo, el líder inevitablemente comienza a creer en sus propios comunicados de prensa y lo que escribe es cada vez más grotesco."

Decidí dejarme llevar por la corriente y ver hacia dónde nos conducía. No había manera de predecir cuál podía ser ese destino, porque ahora habíamos llamado la atención de otra media docena de líderes en torno al sillón. En ese momento me sentía como el Flautista de Hamelín del liderazgo, y me honraba estar en compañía de estas personas.

Pregunté a esta promoción de líderes por qué era tan problemático el poder. Todos somos adultos, sabemos diferenciar lo bueno de lo malo y tenemos una capacidad interna de ejercer el poder con sabiduría. ¿Por qué no lo hacemos? ¿Cuál es el problema? ¿Estamos tan sometidos a nuestras emociones y egos que no podemos ayudarnos a nosotros mismos y dejamos que reinen nuestras debilidades y negatividades?

Jimmy Blanchard atacó todo el paquete como si fuera un lanzamiento de pelota que le permitiría correr las cuatro bases. "George, yo me convertí en gerente general de nuestra empresa siendo muy joven; tenía sólo veintinueve años. Así que llegué sin saber demasiado hacia dónde iba o qué quería hacer. Al principio, fui un líder silencioso; no estaba encaminado para alcanzar una visión o un objetivo específico. Gracias a Dios, me fui moviendo hacia lo que ahora llamamos un liderazgo de servicio."

Todo este concepto del liderazgo de servicio fue algo que propuso Robert Greenleaf en la década del ochenta, en un influyente libro que lleva el mismo nombre. Varios líderes han promovido desde entonces ese enfoque para el liderazgo, incluido Ken Blanchard, quien también estaba entre nosotros en esta ocasión.

"Por supuesto que no lo llamábamos liderazgo de servicio. Quiero decir, nadie había escuchado ese término hasta que el libro de Greenleaf lo hizo muy popular, y mucho después llegó Ken Blanchard con el movimiento Líderes como Jesús. Hubiera deseado saber a mis veintinueve años todo lo que sé ahora, a mis sesenta y siete."

Jimmy Blanchard fue interrumpido por una persona de nuestro contingente que le preguntó de qué se trataba exactamente el liderazgo de servicio.

"El liderazgo de servicio tiene que ver con imitar la vida de Jesús como el perfecto ejemplo de servicio a los demás, mientras al mismo tiempo los lideramos. El verdadero liderazgo de servicio tiene que ver con frenar nuestro egoísmo."

El verdadero liderazgo de servicio tiene que ver con frenar nuestro egoísmo.

Resulta que alrededor del sillón no sólo teníamos a un grupo de líderes devotos del servicio, sino que, además, muchos de ellos abogaban con vehemencia a favor de esa metodología de liderazgo. Uno de ellos, Mike Huckabee, retomó donde se había detenido Jimmy.

"El modelo del liderazgo de servicio, que considero un modelo bíblicamente correcto en cualquier esfera en la que uno dirija, ya sea empresarial, política, o la que sea, es un modelo transformador, porque usted no pretende lograr que las personas le sean fieles para mejorar su propia posición. Usted dedica su lealtad a quienes lo rodean y, como consecuencia, ellos lo ascenderán a un nivel más alto del que usted podría alcanzar por sus propios medios. El liderazgo tiene que ver con darles poder a las personas que tiene a su alrededor, y ayudarlas a triunfar; entonces, en retribución, ellas le otorgarán un nivel de éxito que usted jamás habría podido alcanzar por su cuenta. No obstante, eso se dará a través de una relación natural, en lugar de tener que estar diciéndoles constantemente que usted es el líder."

Barry Black aportó entonces más contenido a la apologética del líder de servicio. "El *sine qua non* del liderazgo es el servicio," comenzó. Debo reconocer que, como siempre he evitado el latín como si fuera la peste bubónica, no tenía idea de qué estaba hablando. Después lo busqué en el diccionario y descubrí que quería decir que la esencia, o la condición indispensable, del liderazgo es servir a los demás. "Jesús dijo, en Mateo 20: 'Pues ni aun el Hijo del Hombre vino para que le sirvan, sino para servir a otros.' El apóstol Pablo dijo en 1 Corintios 4:1: 'Considérennos como simples siervos de Cristo, a quienes se nos encargó la tarea de explicar los misterios de Dios.' Eso no significa que algunos de los demás factores que han expresado no jueguen un papel en la dinámica del liderazgo, pero el servicio debe ser siempre el motivo principal del líder."

Ahora sí que hablaba de algo que yo no solamente entendía, sino con lo que también coincidía de todo corazón. "Jesús les dijo a sus discípulos: 'Ustedes saben que los gobernantes de este mundo tratan a su pueblo con prepotencia y los funcionarios hacen alarde de su autoridad frente a los súbditos. Pero entre ustedes será diferente.' Creo que él estaba comunicando su filosofía del liderazgo. Y creo que una de las razones por las que el viejo adagio 'A la gente no le preocupa mucho cuánto sabes, hasta que saben cuánto te preocupas' es tan cierto para el liderazgo eficaz es porque, cuando usted los sirve, efectivamente se preocupa y demuestra que le importan. Cuando observa cómo lideró Jesús, se da cuenta de la mejoría impresionante que experimentó el servicio de los que lo seguían desde el momento en que Jesús dejó el cielo, hasta que ascendió. Todo tenía que ver con el servicio. Para mí, el servicio es el tema dominante del liderazgo."

Esos pensamientos fueron calurosamente recibidos por Bob Dees, quien manifestó que no había ingresado al servicio militar con una actitud de servicio. "Uno de los mayores cambios que se ha producido en mis opiniones sobre el liderazgo está relacionado con la noción del servicio. Los líderes eficaces de cualquier sector deben ser líderes de servicio. En *Good to Great* (*Empresas que sobresalen*), Jim Collins escribe que los dos criterios de los grandes líderes verdaderamente efectivos son la pasión y la humildad; pero ¿cómo desarrollarlos?"

Esperamos unos segundos para que Bob repasara sus ideas y respondiera su propia pregunta. "Cuando era cadete en West Point me enseñaron que debía cuidar a las tropas. Luego, cuando pasé por el entrenamiento de oficiales de infantería, nuevamente dejaron en claro que uno tiene que cuidar a sus tropas. De manera que yo conocía ese requisito y di mi consentimiento mental al hecho de que debía cuidarlas.

"Como oficial novato yo cumplía esa tarea, pero lo hacía porque se suponía que tenía la obligación de cuidarlas. Sin embargo, en algún punto del camino hice la transición de cuidar a las tropas a amarlas. La idea bajó de mi cabeza a mi corazón. No sé cuándo pasó; tal vez fue la primera vez que vi que un soldado daba su vida por la de otro; o quizás fue cuando tuve que juntar los huevos de Pascua con una joven viuda y su hijo porque su esposo los había escondido la víspera de la Pascua y luego se había suicidado; o quizás fue durante un combate. Después volvió a transformarse y pasó de ser una pasión dentro de mi corazón a ser un llamado divino. Adquirió un sentido espiritual y noble que fue inspirado por Dios.

"Para mí fue una formulación profunda: ver que el liderazgo de servicio es la esencia de Jesucristo y la esencia de lo que significa ser un líder cristiano. Con el tiempo, eso fue confirmado por libros como *Empresas que sobresalen*: el liderazgo de servicio es la base del liderazgo eficaz. Había aprendido de modelos que grabaron esa idea en mi cabeza, pero se hizo carne en mi experiencia cuando vi morir a una persona que estaba a mi cargo. En el ejército hay una expresión: la amenaza aclara la mente de un hombre; cuando eso ocurre, usted se vuelve una persona muy susceptible a aprender. Mientras hace el servicio militar y ve las amenazas que hay sobre su vida y sobre la de los demás, se le aclara la mente y capta, con total claridad, la esencia de algunas de esas cosas."

Como suele suceder cuando los líderes militares comparten sus experiencias, hubo un nuevo nivel de gravedad mientras asimilábamos lo que Bob había impartido a través del crisol de sus tareas en tiempos de guerra. Nada podría haber continuado mejor ese momento que la sabiduría de otro líder de voz suave, Tony Dungy.

"Lo que más transformó mi perspectiva fue cuando escuché a un pastor hablando del pastor del Medio Oriente, que era el ejemplo que Cristo usaba tan a menudo y la razón por la cual se refieren a él como el Buen Pastor. Realmente no sabía de qué se trataba hasta que me lo describieron, porque el pastor, en esa parte del mundo, siempre estaba al frente de las ovejas. Las ovejas siempre lo seguían, y básicamente podían ir a cualquier parte, pero cuando él las llamaba, sabían en qué dirección tenían que ir. Es una interpretación completamente diferente a lo que vemos en el arreo del ganado, cuando los vaqueros llevan a las vacas.

"Cuanto más pensaba en eso y más lo estudiaba," nos dijo Tony, "era más claro que el pastor cuida tan bien de las ovejas que ellas reconocen su voz, su presencia, y saben qué quiere él que hagan; lo siguen porque creen que es lo mejor para ellas. Saben que las está cuidando. El pastor sabe qué camino tomar y ellas lo siguen. Eso de alguna manera ha moldeado mi estilo de liderazgo. Los jugadores y los entrenadores con los que he trabajado saben que me preocupo por ellos de tal manera que hago todo lo que puedo por lograr que alcancen sus metas. Ellos me siguen porque quieren, no porque yo tengo el puesto del líder y soy el entrenador principal y los obligo a hacerlo. Lo hacen porque creen que, a la larga, es el mejor camino."

El discurso de Tony fue útil porque yo había escuchado muchas declaraciones despectivas de que la Biblia se refería a los seguidores de Cristo con simples ovejas: animales bobos que no pueden cuidarse a sí mismos y que dependen completamente de alguien que los sostenga. Sin embargo, la revelación de Tony sobre el papel histórico de los pastores fue perspicaz e instructiva. Las ovejas siguen al pastor porque se dan cuenta de que le interesan tanto que él hace lo mejor para ellas. ¿Acaso no es esa la clase de líder que todos queremos ser: alguien de quien los demás puedan depender para que los cuide de la mejor manera, y que les proporcione lo necesario para alcanzar los mejores resultados? Como oveja, esa sería la clase de líder que me gustaría seguir.

Entonces, uno de los más prolíficos defensores del estilo de liderazgo de servicio, Ken Blanchard, compartió con nosotros otra anécdota pertinente. "Este verano estuve por Texas con Southwest Airlines. Gary Kelly nos señalaba el impacto que el costo del combustible tenía sobre sus márgenes," relató Ken, refiriéndose al gerente general de la aerolínea. "Como consecuencia de la clara visión que tienen, él dijo: 'Hay dos cosas que no vamos a hacer. Una, no vamos a aumentar los precios de los pasajes aéreos, porque estamos en el negocio de la libertad. Creemos que todos los norteamericanos deberían tener la libertad de estar con un amigo o con un pariente en momentos de alegría o de tristeza. De modo que ¿por qué ir en contra de lo que creemos?'

"Luego se refirió a la segunda cosa que no iban a hacer, es decir, hacer cualquier cosa que pudiera perjudicar a su personal. Southwest cree que lo más importante que tienen es su gente; son aún más importantes que los clientes, porque si los empleados no se sienten inspirados y motivados, no cuidarán a los clientes. Gary dijo: 'No nos vamos a deshacer de las personas. Tal vez cancelemos algunos vuelos, pero no nos desprenderemos de nuestra gente.' Lo que hicieron a continuación fue averiguar qué sugerencias tenían todos para reducir los costos. Una de las recomendaciones que recibieron, la cual están tomando seriamente en cuenta, la dio una de las personas contratada por hora, quien dijo: 'Eliminemos los uniformes. Tenemos treinta y cuatro mil empleados. No tendríamos que comprar los uniformes ni lavarlos.' Si lo piensa, se trata de millones de dólares, pero es notable cómo la empresa mantuvo sus valores y cómo su conducta demostró lo que significa cuidar de su personal."

Bob vio cómo encajaba la historia de Ken con sus propias experiencias. "Los líderes deben elegir necesitar a sus subordinados y, en la medida que los necesiten y transmitan esa actitud de capacitación, consideración y respeto, se producirá una dinámica muy fuerte."

Nuevamente, Bob había deslizado sutilmente una idea simple que me pareció profunda: la elección de los líderes de necesitar a las personas con las que trabajan. "Como tantas cosas en la vida, todo tiene que ver con las elecciones que hacemos. Tal vez, hasta podríamos decir que, como líderes, hemos elegido los resultados que experimentamos, ya sean los deseados o no. Nuestros resultados son el fruto de cuán bien servimos a nuestros compañeros líderes y a los que eligen seguirnos."

Durante algunos minutos, la gente compartió algunas de sus propias anécdotas de guerra sobre cómo la mentalidad de siervo en el líder cambia la cultura de la organización y faculta a las personas para que se desempeñen superando las expectativas.

"Los líderes tienen que saber que su trabajo y responsabilidad suprema es servir a su gente," declaró decididamente Jon Gordon. "Usted los sirve cuando invierte en ellos: hace que se desarrollen, los alienta, los levanta, los inspira. No hace todo esto simplemente para ser una buena persona —que, de paso, es en lo que usted se convierte al hacerlo—, sino que lo hace porque tiene también un gran sentido comercial. Cuanto más sirva a las personas que están debajo de usted, y cuanto más poder y valor les dé, será más probable que rindan a un nivel superior y lo eleven a usted y a su organización a un nivel más alto."

Miré hacia el monitor y vi que Warren estaba concluyendo su sesión. ¡Caramba! Tendría que conseguir el DVD y escuchar toda su presentación luego (como haría con casi todas las sesiones del Encuentro de Grandes Líderes, puesto que había estado muy ocupado con estas conversaciones). No obstante, ¿por qué quejarse? ¿Qué otra persona en el mundo había vivido lo que yo había podido vivir en estos dos días? Afortunadamente, los DVDs de las grandes sesiones estaban disponibles, pero las sesiones en la sala de espera eran otra cosa. Mientras me disponía a volver al escenario para agradecerle a Warren su contribución y luego conducir a otro gran líder al micrófono, me concentré en las palabras de cierre de Ken Melrose.

"Filosóficamente, el liderazgo tiene que ver con servir a las personas. Usted quiere que todos sean productivos y contribuyan al funcionamiento de la organización, pero si le ha conferido el poder de tomar decisiones sólo a unas pocas personas que le dicen al resto qué tiene que hacer, esa filosofía de liderazgo no obtendrá lo mejor de nuestra gente. Si todos sienten que tienen poder, que tienen responsabilidades, y que pueden tomar decisiones y no ser perjudicados por una equivocación, entonces sí habrá logrado un proceso sano.

"Lo esencial de la filosofía es que todos estamos en esto juntos. Como líder, mi trabajo es hacer que todas estas personas trabajen bien juntas. A veces el líder debe tomar una decisión, quizás de manera unilateral, quizás con autocracia; pero, en esa instancia, es por necesidad y no representa la filosofía esencial. La filosofía del liderazgo de servicio o de entrenamiento no sólo es sustentable, sino que además mejora constantemente a la organización, porque permite que sus integrantes tomen mejores decisiones, en lugar de depender únicamente de que usted las tome siempre. Expande el poder de la organización y permite que se cumplan los objetivos de rendimiento."

Tuve la seguridad de que, si Warren hubiera estado en la sala, habría disfrutado el sentido de esta charla.

CAPÍTULO 15

CRÍTICAS Y PRESIONES

LA NOCHE ANTERIOR, en mi cuarto de hotel, había terminado bastante agotado de la actividad del día, así que había pedido servicio al cuarto y me había recostado en la cama para mirar un par de películas. Ya las había visto antes, y me encantaban. Una de ellas, *Mi querido presidente*, muestra a Michael Douglas como el presidente actual en busca de la reelección. La otra película era una de bajo presupuesto llamada *Desafío a los gigantes*, sobre un entrenador de fútbol que lleva a su equipo desde lo más bajo a ganar el campeonato. Ambas películas tenían muchos conceptos sobre el liderazgo. No obstante, mientras daba vueltas en la cama, después de apagar las luces, mi mente quedó fija en la forma en que los líderes de esas historias manejaban la crítica y las presiones. Según mi experiencia, esos retos habían sido de los más difíciles de superar.

Sin embargo, no había problema. Después de todo, estaba en el Encuentro de Grandes Líderes y tenía acceso exclusivo a los pensamientos de los grandes líderes de Estados Unidos. Les preguntaría a ellos sobre estos temas al día siguiente.

Bueno, "el día siguiente" era hoy, así que cuando volví a la sala de espera aproveché una de mis últimas oportunidades para ahondar en este tema. Encontré un trío de héroes de pie, en silencio frente a un monitor que había a un costado, y consideré que eran el blanco perfecto para la siguiente ronda de "Escarbe en la mente del líder." En realidad, los tres caballeros seleccionados cerca de la pantalla eran magníficos candidatos para una discusión como esa: John Ashcroft, Lou Holtz y Rich Stearns. Cada uno de ellos había pasado por el fuego. Estaba absolutamente seguro de que me lo aclararían.

John fue el primero en responder voluntariamente sobre la forma en que había manejado las presiones y las críticas, especialmente tras los sucesos del 11 de septiembre. "Supongo que lo que podría decir es que mantenía la mirada en el premio. No quitaba los ojos de lo que quería hacer porque corría el riesgo de quedar atrapado en lo que decía la gente. Desde que dejé mi cargo, he sabido lo que alguna gente decía de mí, y miro atrás y me pregunto si habría sido capaz de hacer lo que tenía que hacer si hubiera prestado atención a las reacciones de la gente. Las personas creen que soy alguien mucho más fuerte de lo que soy.

"Es interesante: un buen amigo mío, que es un excelente líder de Missouri, una vez me dijo: 'John, los perros pueden ladrar, pero la caravana sigue adelante.' Usted debe entender cuál es su objetivo y no escuchar a los perros que ladran. Entonces, ¿cómo manejar la presión? Ponga su mirada en el premio. Si es noble, si es lo correcto, simplemente, hágalo. Para mí, hay un componente de confianza en creer que las cosas, de alguna manera, resultarán bien."

A lo largo de mis conversaciones con John, descubrí a una persona que ha sido realmente afectada por el peso de las decisiones que tomó mientras estaba en el cargo público. Se tomó en serio esa responsabilidad, pero también logró una manera de integrar su fe en el proceso de tomar decisiones: una vez que se sentía tranquilo de saber qué cosa realmente era la correcta, tomaba la decisión y seguía adelante. En eso, era muy parecido a Lou Holtz, como Lou estaba a punto de de demostrar.

"Si usted va a ser un líder, enfrentará adversidad y dificultades; téngalo por seguro. El primer año que estuve en Carolina del Sur, heredamos una situación muy difícil. Durante mi primer año no ganamos nada. Perdimos todos nuestros partidos, pero los informes pueden ser engañosos. En realidad no éramos tan buenos como nuestro historial haría creer." Todos nos reímos a carcajadas de su relato en un tono deliberadamente inexpresivo y de su modestia. "Te critican con cartas desagradables, en los programas de radio y en las columnas de los periódicos y de las revistas. Sin embargo, como líder, debes tener fe y creer que sabes hacia dónde vas, y que nada en el mundo te impedirá llegar. Para alcanzar el éxito, se tiene que aguantar el dolor y el sacrificio, superando los problemas y los obstáculos. ·

"¿Es eso difícil? Sí que lo es. Por eso no son muchas las personas que están dispuestas a ocupar el rol de liderazgo. La pregunta que usted se debe hacer es: *¿Estoy dispuesto a soportar las dificultades del liderazgo para ser exitoso, o me daré por vencido y caeré en la negatividad y la mediocridad que todos esperan de los fracasados?*

"No puedo contarles la cantidad de veces que, después de ese año de perder todo, me arrodillé y oré a Dios pidiéndole el valor y la fuerza para que, cuando entrara ahí, pudiera mostrar la actitud de que eso era lo que se tenía que hacer. No nos gustaba dónde estábamos, pero lo único que cambiaría nuestra posición y el lugar donde estaríamos dentro de cinco años serían los libros que leyéramos, las personas que conociéramos y los sueños que soñáramos. Teníamos algunos sueños, e íbamos a seguir persiguiéndolos, y en el instante en que entendieron que yo tenía la misma fortaleza de convicción tanto en tiempos de adversidad como cuando las cosas iban bien, empezaron a responderme.

"¿Estaba desanimado? ¿Estaba desmoralizado? Claro que sí. Sin embargo, no podía asistir a una reunión sin orar para tener el coraje de mostrarles la actitud correcta. Y ¿saben qué? Funcionó. Doce meses después, tuvimos el segundo repunte más grande en la historia de la NCAA. Pasamos de una temporada sin triunfos al puesto número 17 del país y le ganamos a Ohio State el 1 de enero."

Mientras el entrenador hablaba, les hice señas a varias otras personas para que se nos unieran. Sabía que sería otra aventura que valdría la pena. Cuando Lou terminó, ya con un mayor grupo de líderes participantes, le pregunté cómo se las había arreglado para mantenerse enfocado en sus objetivos. La presión debió haber sido increíble después de la temporada 0–11, en especial, por su alto perfil como entrenador reconocido en todo el país.

Lou se lo tomó con calma y dijo: "Presión es cuando usted debe hacer algo para lo que no está preparado. Debe tener claro qué quiere hacer y qué está tratando de hacer. Yo nunca he sentido la presión. Bear Bryant dijo en una oportunidad: 'No se preocupe por ganar amigos; no se preocupe por ganar enemigos. Preocúpese por ganar, porque si gana, sus enemigos no podrán lastimarlo y si pierde, sus amigos no lo respaldarán.' Así que sólo trate de hacer lo correcto y de hacerlo lo mejor que pueda. Usted tiene un plan, los hace participar de ese plan y está convencido de que el plan funcionará.

"Yo de verdad creía en nuestro plan, incluso aquel primer año en Carolina del Sur, cuando no ganamos ningún partido. No hay que cambiar de plan; hay que hacer que funcione. Así que nos ajustamos a él, creímos en él y tuvimos una temporada ganadora; clasificamos a nivel nacional y ganamos un partido importante contra Ohio State. Es que yo creía en el plan y, si bien no funcionó de entrada, fue porque no todos lo apoyaban, y no podíamos implementarlo por completo. De modo que siempre me presioné más a mí mismo que lo que cualquier otra persona me presionó: la presión de estar a la altura de mis expectativas. Mis expectativas eran más altas que las de los demás.

"Y en cuanto a las críticas . . . déjeme decirle que no puede preocuparse por ellas. Cuando los demás lo critiquen, tómelo en cuenta y reconozca que tal vez tengan algo de razón; tal vez en parte sean críticas justificadas. Si es así, es necesario que cambie esto o corrija aquello. O quizás no supo que esto estaba pasando. O a lo mejor se dé cuenta de que la crítica simplemente es absurda. Pase lo que pase, siga adelante y olvídese del tema. Escuche las críticas; vea si son justificadas, porque si lo son, lo ayudarán a mejorar, pero si no lo son, olvídelas."

Luego de observar que le hubiera gustado tener cerca al entrenador para que ayudara a algunos equipos de Arkansas, Mike Huckabee habló de las presiones y las críticas que él había enfrentado en la vorágine de la vida política. "En la política, tuve que aprender a enfrentarme con el hecho de que la vida no es justa. Al principio, la pasé muy mal. No me molestaba la crítica, porque en parte era merecida, pero sí esa clase de crítica fingida, injusta y de doble moral, porque tengo consciencia de la justicia. Cuando inventan algo e insisten con eso y uno no ha actuado así con los demás, en ese momento se despierta mi sentido de justicia y me gustaría decir: '¡Eh! Usted no sólo está pegándome; también me está pateando. No está tratando este tema con imparcialidad.'

"Pero aprendí que si no podía manejarlo, sería mejor que no me metiera en política, porque es un deporte de mucho contacto personal. Habría mucha sangre, y parte de ella sería la mía, así que si decidía jugar, tendría que creer en mí mismo y en lo que yo representaba, y tenía que confiar que saldría bien en todo eso.

"Cuando me postulé para presidente, la pasé mucho mejor de lo que la mayoría de las personas esperaba, porque me metí en ello sabiendo que entraba a la brega de la política. Y lo fue, pero para serles sincero, no fue tan salvaje como otras contiendas políticas que he tenido. La candidatura a la presidencia fue más fácil porque, aunque los comentarios políticos eran duros, intensos y parciales, ya me los esperaba. Yo sabía que iban a ser duros, pero me pareció que lo que había vivido al postularme como candidato republicano y cristiano en Arkansas había sido peor. Fue como si en un partido de béisbol el lanzador me golpeara en la cabeza. Estoy en el suelo y pienso: *¿Eso es lo mejor que tienes? ¿Esa es tu pasión? Vamos, demuéstrame que puedes hacerlo mucho mejor.*" Mike hizo una pequeña pausa, con esa manera graciosa que maneja a la perfección, antes de añadir: "Por supuesto, eso me lo decía a mí mismo; no lo diría en voz alta, porque el otro podría haberlo intentado."

Mientras nos reíamos, Newt Gingrich apoyó el concepto de Mike de no enojarse por las críticas inevitables. "Ignore la crítica externa, a menos que le marque una diferencia o le parezca acertada. Margaret Thatcher solía regodearse en el hecho de que jamás leía los periódicos ni miraba la televisión porque eso podía alterarle el equilibrio emocional. Tampoco leía artículos que hablaran de ella, porque decía que se conocía a sí misma más que cualquier escritor. Desde luego, tenía un equipo de personas que leían los periódicos, pero tiene que poner una barrera entre su persona y el efecto emocional de preocuparse por la crítica.

"Así que trate de ser internamente abierto a la crítica, y de prestarle atención sólo a las críticas externas que sus colaboradores califiquen como legítimas," fue la recomendación de Newt. "Debe aceptar que si usted va a ser un líder decisivo, las personas a las que se oponga se enfurecerán con usted. Nunca me preocupé demasiado porque los demócratas liberales se volvieran locos, porque tenían razón: nosotros *estábamos* quitándoles poder, y con la ayuda del pueblo norteamericano, *estábamos* cambiando el Congreso que ellos creyeron que administrarían como una plantación."

"La presión es un gaje del oficio," admitió Tony Dungy. "Cuando usted acepta un puesto de liderazgo, tendrá que aceptar todo lo que viene con él: los elogios, la fanfarria, los agradecimientos, los momentos difíciles, el trabajo extra, la desilusión, las críticas. Todo eso viene con el trabajo, y en el mismo paquete está la presión de tomar la decisión correcta. Probablemente, esa sea la presión más grande, cuando usted no está seguro de lo que tiene que hacer y se da cuenta de que la decisión que tome afectará a muchas personas de la organización.

La presión es un gaje del oficio.

"La presión externa —lo que las personas creen o dicen que debiera hacer— es algo que jamás me ha molestado. Es la presión de saber si debería hacer esto o aquello, cuando no estoy demasiado seguro de cuál es la mejor alternativa. Debo reunir toda la información, sumar los aportes de todas las personas que me rodean y decidir. Para mí, llega un punto en el que solamente tengo que confiar en orar por el tema y sentir en mi interior que esa es la mejor cosa por hacer. Tengo que decirle al Señor: *Creo que estoy haciendo lo correcto.*"

Laurie Beth Jones había experimentado el efecto de la presión interna en su liderazgo y en su asesoramiento a otros líderes. "La presión viene de los deseos contradictorios, y si el único deseo que usted tiene es agradar a Dios, la presión no vendrá de afuera; se trata de la presión interna. *¿Me mantendré y lo haré, o me harán cambiar de posición?* En este momento estoy trabajando con un cliente que es un ser humano increíble y, de hecho, trabajo con él porque quiero estar cerca suyo para aprender más. El otro día él estaba charlando informalmente con alguien, y dijo: 'Yo sé a dónde voy y sé cuál es mi destino, y este asunto de la economía y todo lo demás es algo cambiante. Sé lo que vine a hacer aquí.' Y tenía una especie de paz en él, a pesar de estar metido en una industria tumultuosa. Creo que la predisposición a perder todo cuando uno no tiene nada que perder —cuando uno vive en sumisión, no tiene nada a menos que se lo hayan dado, hasta la misma vida— hace más fácil soportar la presión. Las personas que buscan complacer a todos nunca estarán satisfechas. Siempre estarán bajo presión."

Michael Franzese carraspeó, preparándose para abordar el tema. "Miren, el apóstol Pablo ha tenido un impacto muy poderoso en mi vida y, particularmente, en mi liderazgo. Pablo decía que si usted no es criticado por las cualidades de su liderazgo y por las cosas que dice, no es un líder eficaz. Las personas siempre critican las decisiones que no les gustan. No se puede liderar siguiendo los caprichos de la gente; usted debe guiarlos para que hagan lo correcto, y parte de su buena conducción es creer en lo que usted está diciendo, y lograr que hasta los escépticos lo sigan, aunque se muestren reacios."

John Townsend se sumó al comentario de Michael sobre lo inevitable de ser criticado cuando se está haciendo algo importante. "El liderazgo, por definición, implica presión. Si no hay presión, el líder no es necesario. De manera que el líder que se alista para el trabajo debe normalizar la presión y estar preparado en lugar de tener la esperanza de que no ocurra.

"Estar preparado ayuda, pero también es necesario proveerse de recursos para manejar la presión. Eso quiere decir que, en primer lugar, usted tiene que estar apoyado en cada una de las relaciones que lo respaldan en su vida, para que, si fracasa o no lo entienden o comete un gran error, tenga personas que le levanten el ánimo, le den valor y le impartan un poco de sabiduría. Necesita personas que le digan: 'Vamos, estamos de tu lado, no importa lo que pase,' para que usted pueda volver a la lucha. Tiene que relacionarse con otros.

"En segundo lugar, debe tener experiencia. Si el líder piensa: *Quiero asumir un nuevo puesto, o conseguir un ascenso o encargarme de una industria nueva*, tiene que ser capaz de manejar las presiones vigentes: fortalecer los músculos para tomar decisiones, manejar bien los conflictos, perseverar, postergar la gratificación, marchar continuamente hacia la meta, etcétera. La capacidad de manejar las circunstancias actuales aumenta su potencial para manejar cosas nuevas. En el futuro, tendrá más presión; así que fortalezca sus músculos hoy."

Barry Black propuso que, además de normalizar la presión —esperarla, prepararse para ella y tener los recursos debidos para controlarla adecuadamente—, debe haber un aspecto espiritual en la forma en que los líderes responden a las críticas y a las presiones.

"Creo que la forma de manejar la presión es muy simple: tómese en serio las instrucciones de las Escrituras y sea un hacedor, no un mero oyente, de esas instrucciones. En Mateo 7:24-27, al terminar el Sermón del Monte, Jesús hace referencia a las presiones. Habla de la presión en dos casas: una edificada sobre la roca, y la otra, sobre la arena. En mi opinión, la moraleja de la historia no sólo consiste en tener los cimientos adecuados, sino también en saber que la presión llegará a cada vida, sin tener en cuenta cómo sean los cimientos. No obstante, Jesús dijo: 'Todo el que escucha mi enseñanza y la sigue es sabio, como la persona que construye su casa sobre una roca sólida.' Y hay otro mensaje de él en Juan 16:33, en el que el griego en realidad utiliza la palabra *presión*. La versión RV60 dice: 'En el mundo tendréis aflicción; pero confiad, yo he vencido al mundo.' La palabra que se ha traducido 'aflicción,' en griego es *presión*, y 'confiad,' en realidad es *anímense*. De modo que Jesús dice que enfrente la presión con ánimo.

"Si vamos a ser hacedores de la Palabra, tendremos que enfrentar la presión con valentía. Y Jesús termina diciendo: 'Confiad, porque yo he vencido al mundo,' o 'Anímense, pues yo he vencido al mundo.' Viendo las cosas desde una perspectiva eterna, yo agregaría que si Cristo ha vencido al mundo, para el líder cristiano esto quiere decir que la eternidad es el destino final, y si la eternidad es mi destino final, de repente la presión del momento no es ni de cerca tan catastrófico."

Esos eran pensamientos muy alentadores. Me recordaron mis versículos favoritos en Eclesiastés, en los que Salomón nos recuerda que la mayor parte de lo que experimentamos y esperamos en la vida no tiene sentido. Lo que importa de verdad es amar y obedecer a Dios. O las palabras de Jesús en Mateo 6, cuando dijo a sus seguidores que no se preocuparan por el mañana, porque hay suficientes asuntos que resolver en el día de hoy. No obstante, mi lucha frente a la presión aplastante era poner en práctica las cosas que yo sabía intelectualmente y que podía recitar en el acto. Se trataba del embotellamiento entre mi cabeza y mi corazón.

Estaba considerando estos temas hasta que Lou Taylor y Miles McPherson intervinieron, y ahí me di cuenta de que todos habíamos adoptado algunas suposiciones en el transcurso de nuestro diálogo que podían ser injustificadas. Nosotros mismos podemos crear la presión que sentimos, y podemos rechazarla fácilmente si tan sólo analizamos por qué la sentimos. Lou fue la primera en expresar ese punto de vista. "A veces, la presión es provocada por motivos innecesarios. De modo que trato de determinar si es algo por lo que necesito preocuparme. *¿Debería estar ansiosa por esto? ¿Se trata de algo que debe hacerse en este momento?* El solo hecho de hacerme estas preguntas me evita llegar al punto en que la presión me supere y yo me venga abajo."

Debe haber percibido un par de miradas escépticas, porque rápidamente agregó: "Quiero decir, no me malinterpreten. Tengo días en los que me siento muy abrumada y en los que las cosas parecen esmerarse en salir mal, y que no sé quién se presentará ese día. No obstante, por lo general, como consecuencia de hacerme esas preguntas, he sentido gran paz, e incluso la sensación de logro. Y también ayuda el hecho de tener a las personas adecuadas en los puestos indicados para lograrlo."

Miles agregó su reflexión sobre el tema: "Yo descubrí que, por medio de la presión, Dios purifica mi corazón. ¿Cómo se puede preparar el líder para la presión? Manejándola. Fogueándose. No hay otra manera."

Hubo murmullos de consentimiento hacia los comentarios de Miles en cuanto a cómo prepararse para la presión. Cuando disminuyeron las réplicas, Rich Stearns tomó la palabra para mencionar una de las oportunidades que la presión y las críticas le dan al líder. Habló de transformar un entorno fértil para la crítica, e incluso la hostilidad, en una oportunidad para estimular a las personas a superar la situación inmediata.

"Anteriormente mencioné que tuvimos un congelamiento salarial, y esa no fue una decisión recibida con simpatía. En esa oportunidad, no tuve tiempo de consultar con todos de antemano y de conseguir su aceptación. Debíamos hacer algo con urgencia, pero después de lo sucedido, tuvimos una reunión con todos los empleados, e intenté transmitirles un poco de la visión. Les pregunté: '¿Pueden entender por qué estoy haciendo esto? No lo estoy haciendo por mí. No lo hago para castigarlos. Estoy haciéndolo porque nuestra misión nos llama a proteger a los más vulnerables. Y les pido que me apoyen en esto, aunque sea doloroso.'

"Eso fue usar la inspiración de nuestra visión para hacer que las personas estuvieran en la misma sintonía. Después de esa reunión, me enteré de que unas cuantas personas habían ido a recursos humanos y habían ofrecido el aumento de su salario durante todo un año para apoyar la causa. Yo había dicho que se trataría solamente de un retraso de tres meses en el aumento de los salarios, pero la gente voluntariamente ofreció donar su aumento salarial de todo un año. Obviamente, algunas personas abrazaron la misión, pero eso fue el resultado de transformar lo que podría haber sido un momento de quejas en una oportunidad para restablecer nuestro compromiso con la visión."

Todas estas anécdotas sobre las críticas y las presiones parecían enfatizar la noción de que liderar personas no es un concurso de popularidad. Como había bromeado uno de nuestros líderes: si quiere amigos, vaya a un club deportivo o a la reunión social de alguna iglesia; si quiere liderar, la presión, las críticas y la necesidad de reaccionar apropiadamente no son más que parte del trabajo. La incapacidad para responder apropiadamente puede socavar la oportunidad y su capacidad de liderar.

Los líderes propician el cambio, el cual genera resistencia y críticas. Los líderes establecen las metas y deben motivar y movilizar a las personas para que las cumplan; es un proceso que crea presiones y tirones. Los líderes deben ayudar a que las personas sepan y hagan lo correcto, lo cual estimula controversias y disputas. El liderazgo no es para los que se acobardan fácilmente.

Nuestro debate me recordó que nada que valga la pena viene sin pagar un precio. Para el líder, parte de ese precio es soportar la montaña rusa emocional de ser el receptáculo de las quejas, de los desafíos y de la penuria física de sentir la presión de estar a la altura de las expectativas, aun si se trata sólo de las propias. Usted debe creer en la visión y en su capacidad de lograr que sus críticos se conviertan en sus fanáticos y en aliviar la presión para alcanzar las metas establecidas.

CAPÍTULO 16

HABILIDADES Y DISCIPLINA

ERA DIFÍCIL DE CREER, pero casi estábamos llegando al final del encuentro. ¿Dónde se había ido el tiempo? Podría haber pasado algunos días más interactuando con estas grandes mentes y corazones, perforando más profundo para extraer más del oro intelectual que parecía manar de estas personas como si poseyeran un caudal infinito de sabiduría.

Como sólo faltaba una sesión, la mayoría de los expertos que no tenía que participar en ella estaba guardando sus papeles y demás pertenencias, y se dirigía al autobús que los llevaría de vuelta al hotel, al aeropuerto o adondequiera que fueran. Era una despedida triste. Sentía que algunos de ellos estaban reacios a marcharse, ya que habíamos pasado un hermoso tiempo aprendiendo unos de otros y conociéndonos. No obstante, todos tenían otras obligaciones que atender, de modo que nos despedimos y nos concentramos en el siguiente paso.

En mi caso, la siguiente tarea era conducir la sesión de clausura en el escenario principal, un panel de debate que incluía a siete de nuestros invitados. El tema que había sido elegido para nosotros tenía que ver con las habilidades y las disciplinas que necesita una persona para convertirse en un gran líder. Normalmente me pongo nervioso antes de dirigirme a cualquier público, pero esta vez, no estaba nervioso para nada; lo único que tenía que hacer era facilitar la conversación entre un elenco de líderes de alto calibre. No era distinto a lo que habíamos estado haciendo en la sala de espera durante los dos últimos días.

Mientras el público volvía al auditorio luego de su último receso, el equipo y yo entramos a escena y nos sentamos bajo las luces calientes y cegadoras que nos impedían ver a las personas a las cuales les hablaríamos. Nos sentamos detrás de una serie de mesas de bar de patas altas, mirando al público y tratando de acomodarnos en los taburetes que estaban alineados detrás de las mesas. Rápidamente probamos los micrófonos y esperamos en silencio a que el director de escena nos diera la indicación. Cuando lo hizo, di la bienvenida a las personas para la presentación final y establecí las pautas del debate para todos los que estaban en el escenario y para el público. Nos enfocaríamos en identificar y entender las habilidades, competencias y disciplinas que necesita una persona para maximizar su liderazgo.

Sin dirigirme a alguien en particular, planteé la pregunta: "¿Qué habilidad es, quizás, la más necesaria para ser un líder eficaz?" Me sorprendió recibir una respuesta inmediata; de hecho, ¡fue la misma respuesta que dieron seis de los siete panelistas!

"Escuchar" era la disciplina que habían identificado. Luego de que el público se riera de la coincidencia del grupo, invité a Ken Blanchard para que diera inicio a nuestra reflexión sobre la importancia de escuchar.

"Una vez, Tony Robbins me dio un gran concepto," comenzó, haciendo alusión al exitoso experto sobre autoayuda. "Dijo que se puede escuchar de dos formas. Una es interpretar desde uno mismo y la otra desde los demás. Los que son malos oyentes interpretan desde sí mismos. Si uno les dice: 'Es un día hermoso,' ellos dirán: 'Sí, pero tendría que haber visto el clima que hubo en Michigan, donde estuve ayer.' Le quitan la conversación. Interpretan desde sí mismos.

"Las personas que interpretan por los demás," continuó, "mantienen la pelota en el campo del otro. Si usted dijera: '¿No es un día hermoso?' la persona que interpreta desde los demás diría: '¿En qué lo beneficia un día hermoso?' Si usted responde: 'Bueno, me da energía,' entonces esa persona preguntaría: '¿Qué sucede cuando usted consigue ese tipo de energía?'

"Creo que se puede enseñar a escuchar de esta manera, pero primero es necesario que la persona tenga la suficiente humildad como para escuchar y entender que tiene un problema, y para realmente querer cambiar. Yo he trabajado con gerentes de primera línea, y muchas personas no creen que usted debiera establecer objetivos relacionados con la conducta. No estoy de acuerdo. Si la evaluación sobre un colega es que es un pésimo oyente, tenemos la obligación de identificar eso como una conducta a modificar. El primer grupo al que tiene que hablarle de esto es a su equipo de gerencia. Puede acercarse y decirles: 'Miren, he recibido comentarios de ustedes y de otras personas de que soy un pésimo oyente. Quiero establecer aquí una pauta para cuando tengamos reuniones, de manera que yo no pueda hacer ningún comentario sobre lo que alguien esté diciendo hasta que haya repetido al último orador lo que dijo él, y me haya confirmado que entendí correctamente lo que dijo.' Es sólo un viejo truco de Carl Rogers para enseñarle a la gente a quedarse callada.

"Paul Meyers una vez tuvo una gerente de finanzas que era formidable en lo económico, pero era malísima con las nuevas ideas. A todo le echaba un balde de agua fría. A Paul realmente le gustaba todo lo que ella podía hacer con las finanzas, pero la llamó y le dijo: 'Eres una de las mejores que he tenido en finanzas, pero tu capacidad de sabotear las ideas nuevas es perjudicial. De ahora en adelante, si estás en una reunión conmigo o con cualquiera del equipo y surge una idea nueva, no podrás decir nada negativo. Te pongo a cargo del "pensamiento de luz verde." Tendrás que decirnos todos los motivos por los cuales *debiéramos* hacer eso.' Luego de un tiempo, abandonó el hábito de desvalorizar las cosas. La esencia de escuchar es hacerlo con la actitud de que lo que otro diga podría hacer que usted cambie de opinión."

Ken hizo una pausa para recorrer con la mirada al público y evaluar el grado de conexión que tenían con su relato, pero las luces del escenario nos cegaban, así que prosiguió. "Otra cosa importante es conocer la diferencia entre escuchar y decidir. Uno de los motivos por los que las personas no escuchan es porque, cuando usted les da información, se ponen a pensar en todos los problemas de implementar lo que acaba de decirles y entonces le dicen por qué va a ser difícil hacerlo, en lugar de pedirle más información sobre cómo podría funcionar, para luego poder decidir si quieren avanzar con la idea.

"Una de mis historias favoritas sobre escuchar," confesó Ken, "es de cuando estuve en un centro comercial hace algunos años. Iba caminando detrás de una mujer y su hijo, que debía tener diez u once años. Pasaron por una tienda de artículos deportivos que tenía una hermosa bicicleta roja en el escaparate. El chico se paró en seco y le dijo a su madre: '¡Mira!, me gustaría tener una bicicleta como esa.' La mujer se puso como una fiera; empezó a gritar y a chillar: 'No puedo creerte. Acabo de darte una bicicleta nueva para Navidad y ahora que estamos en marzo, ya quieres otra. No te voy a dar otra.' Pensé que iba a demoler al chico.

"Ojalá alguien le hubiera enseñado la diferencia entre escuchar y decidir, porque si ella hubiera escuchado, habría dicho: 'Cariño, ¿qué te gusta de esa bicicleta?' Tal vez él hubiera dicho: 'Bueno, mira esos banderines que le salen del manubrio.' Bien, ese es un regalo de cumpleaños bastante barato, ¿no? '¿Qué más te gusta de ella?' 'Bueno, mi asiento es realmente muy angosto, y me gustaría ese más grande.' Bueno, eso es interesante, y si escuchaba al chico, incluso podía preguntarle luego: 'Cariño, ¿por qué piensas que no te podría comprar una bicicleta nueva?' El chico no es tonto. Diría: 'Má, me acabas de regalar una para Navidad.' Así que yo les digo: escuchar es probablemente una de las habilidades más importantes, y todos podríamos usarla. Me encanta la idea de liderar con nuestros oídos. Hace poco escuché esa frase; me sonó bien."

A través del brillo de las luces, me pareció ver a un grupo de padres hundirse en sus asientos mientras Ken contaba la anécdota, aunque daba la impresión de que el público estaba captando el mensaje de Ken. La reacción positiva del auditorio alentó a otro panelista, bendecido con sabiduría y humor sencillos, a dar su opinión sobre la importancia de escuchar.

"Bueno, en primer lugar, yo nunca he aprendido nada hablando, y eso que soy un hombre bastante mayor," comenzó Lou Holtz. "Las únicas veces que aprendí alguna cosa, fue escuchando o leyendo. Ahora bien, con su equipo, tiene que darse cuenta de que hay un momento para escuchar y un momento para no escuchar. Yo he estado en el campo de fútbol, y durante el juego tenemos una cantidad mínima de tiempo, así que no me interesa escuchar a un jugador contándome algo. Me interesa conseguir que juegue bien. Ahora, si usted viene a mi oficina, tomaré asiento y escucharé cualquier cosa que quiera decir. No obstante, hay un momento para que hable y un momento para que escuche, y también hay un momento para que cumpla.

"Lo mismo sucede en una reunión del personal. Cuando estábamos en una reunión del personal, y yo planteaba algo, escuchaba a cada uno de los entrenadores en la sala. Todos tenían la oportunidad de expresar su opinión. Yo no hablaba mucho; sólo tomaba notas. Cuando terminaban, les decía: 'Esto es lo que vamos a hacer, por este motivo,' y les explicaba mis decisiones después de haber escuchado sus ideas. No sentía que si la vez anterior habíamos rechazado la idea de alguien, la próxima vez teníamos que aceptarla. Todos estábamos ahí por un propósito, que era ganar. Nuestro objetivo era ganar partidos y que los estudiantes se graduaran. Si usted maneja un negocio, lo único que trata de hacer es satisfacer las necesidades del cliente y las de los accionistas, punto. Todo lo demás es irrelevante. No se preocupa por los egos, no se preocupa por los sentimientos; su propósito es satisfacer sus metas.

"De manera que yo escuchaba a las personas, pero cuando tomaba una decisión, no volvíamos a repetir el asunto. Oiga, a usted ya lo dejaron hablar. Entiendo lo que está diciendo. Entiendo por qué cree en lo que hace, pero yo estoy tomando la decisión. Los he escuchado a todos. Esta es la decisión, aquí es donde iremos, por este motivo es que iremos allí, y no lo discutiremos más. Al salir de esta sala, todos estarán ciento por ciento de acuerdo en que es lo más apropiado para hacer. La lealtad es absolutamente necesaria, y lealtad no es sólo decir que sí; es expresar vehementemente en esa reunión lo que usted cree, pero aceptar la decisión final como propia. Cuando salimos de esa reunión, somos una sola voz y un acuerdo."

Mi interpretación de sus palabras fue que escuchar las ideas de todos y elegir las que ayudan a realizar la visión no quiere decir que liderar a las personas se convierta en una democracia. A veces me he sentido frustrado por el hecho de que algunas personas que tenían roles de liderazgo se han visto obligadas a reconocer la opinión general. Valoré la advertencia del entrenador de escuchar a todos hasta el final, pero que el papel del líder es tomar la decisión final. Las palabras de Lou abrieron la puerta a los pensamientos de Rich Stearns sobre el tema. Se hizo eco del concepto del entrenador de que dar una oportunidad a las personas de expresar sus opiniones y de influir en la decisión final es una práctica valiosa.

El papel del líder es tomar la decisión final.

"Para el líder es importante escuchar múltiples puntos de vista," afirmó. "Que esté dispuesto a escuchar, y no sólo finja que está escuchando; al contrario, que escuche realmente qué piensan las personas y reúna información de distintos puntos de vista. Esto incluye hacer que su gente se sienta segura, dejándoles ver que está bien disentir y decirlo en voz alta. Es fundamental crear la cultura de decir la verdad a las autoridades y de decirla en amor.

"Hace algunos años estaba sin trabajo; estaba desempleado, y estaba colaborando con un asesor en reubicación laboral. Me dijo algo que nunca olvidaré, lo cual creo que se aplica tanto a los líderes como a sus seguidores. Me dijo: 'Intente esto con su actitud. Si suena el teléfono, o si se encuentra con alguien, formule su primera pregunta: "¿En qué puedo ayudarlo?" Si tiene la actitud de estar ahí para ayudar a que los demás tengan éxito y ayudarlos a resolver sus problemas, será un gran líder y un gran seguidor.' Si en el momento que las personas acuden a usted con un asunto, les pregunta: '¿Cómo puedo ayudarlo? ¿Cómo puedo ayudar a mejorar esto? ¿Cómo puedo agregarle valor? ¿Qué puedo hacer para que su trabajo sea más fácil y darle más posibilidades de tener éxito?' estará demostrando una gran actitud, sea usted un seguidor o un líder."

Ese enfoque causó una buena impresión en Laurie Beth Jones, quien afirmó que la actitud y el objetivo del líder al escuchar marcan una gran diferencia en el valor de hacerlo.

"Muchos líderes se ponen de pie y creen que las personas serán persuadidas de la nada. No obstante, sólo cuando escuche profundamente comenzará a comprender cuál es el conjunto de valores y cuáles son las necesidades de las personas que están a su alrededor, y entonces tendrá la capacidad de persuadirlas para que avancen en una nueva dirección.

"Tal vez, la cualidad más importante que el líder puede tener es la indagación apreciativa y el escuchar sin ideas preconcebidas. Imagínese cuánto podría cambiar el mundo si las personas comenzaran a escuchar sin prejuicios y a entender qué es lo que la otra persona quiere, antes de atropellarla con una aplanadora. Si escucha, no sólo evita que sean atropellados, sino que además los anima a subirse a la aplanadora y a traer a doce de sus amigos para que ayuden. Es un arte perdido. Para llegar ahí, primero hay que reconocer la belleza de las diferentes personalidades y darse cuenta del reconocimiento que viene con ello. Si usted no incorpora los valores de los demás, nada de lo que haga se sostendrá por mucho tiempo."

Nuestros líderes mencionaron cómo y por qué escuchar era una necesidad, pero yo me preguntaba exactamente cómo hacerlo. Después de todo, mi investigación había comprobado que la mayoría de los líderes piensa que es bastante buena escuchando. ¿De qué se trata escuchar con éxito? ¿Qué hace falta para hacerlo? Barry Black aportó un enfoque.

"Creo que la manera de escuchar a las personas es a través del proceso intencional, como dirían los consejeros. Hay un método que en inglés se conoce con el acróstico SOLER. ¿Lo conocen?" preguntó Barry. Reconocí que no había estado en contacto con ese sistema y le pregunté de qué se trataba.

"El método consiste en *sentarse frente a frente*; mantener una *actitud abierta*, sin cruzar las piernas o las manos." Discretamente, traté de descruzar mis piernas mientras lo miraba a los ojos, con la esperanza de que no se diera cuenta de mi intento por reincorporarme. "Además, debe *inclinarse hacia adelante* y mantener el *contacto visual.* Y por último, *repetir para confirmar* lo que han dicho las personas, parafraseando lo que usted cree que ha escuchado, para mayor clarificación. Si usa esas tácticas de atención al escuchar intensamente a las personas, o escuchar activamente, como se le llama algunas veces, podrá intuir cosas y de esa manera escuchará lo que no se dice. Luego, parafraseando lo dicho, podrá confirmar si ha escuchado correctamente o no, incluyendo en su paráfrasis lo que no se ha dicho, a lo cual las personas responderán y elaborarán sobre eso."

Esa fue una de las lecciones más concisas que había tenido en un arte complejo. Barry dio un consejo más sobre el arte de escuchar.

"Cuando usted escucha, no sólo tiene que oír lo que las personas dicen, sino que además debe aprender a captar lo que no dicen. Muchas veces, ese mensaje expresa más de lo que se dice."

Me volví hacia John Townsend, quien todavía no había dicho casi nada. ¡Esperaba que no estuviera enviando un mensaje oculto con su silencio! Le pregunté su opinión en cuanto a ayudar a los líderes para que se convirtieran en mejores oyentes. Luego de apoyar las ideas de Barry, John aportó algo más.

"Permíteme agregar dos factores," empezó, haciendo que me tranquilizara. "Uno es que el líder debe ser capaz de reconocer el valor que tiene escuchar. Muchos líderes piensan que están demasiado ocupados para que los molesten: tienen que atender la empresa. No obstante, si usted revisa la investigación, descubrirá que se pueden alcanzar más metas y mejores resultados si se escucha bien; pero si no lo hace, perderá más oportunidades y pasará por alto problemas que debería manejar. Así que los líderes tienen que entender que es valioso escuchar, porque beneficia al resultado y a los objetivos esperados.

"En segundo lugar, yo creo en la dramatización. Creo que, como a menudo los líderes no consiguen naturalmente esa aptitud, necesitan verla. Recordarán lo que puedan ver y experimentar. Con frecuencia, si pueden estar con una persona —un entrenador, un consejero o alguien que sea bueno en estas cuestiones— y dramatizar la situación, se aclaran las dudas. Cuando lo hago, probablemente haga contacto visual con la persona y le pregunte: '¿Qué le pareció? ¿Cómo se sintió?' Después de que la persona responda, puedo decir: 'Hábleme más del tema,' o 'Debe haber sido difícil para usted.' Así es como se abren algunas personas, y cómo descubro qué es lo que realmente les pasa. La dramatización simple puede ser realmente poderosa para el líder."

Pregunté qué otras habilidades y disciplinas necesita un líder para alcanzar su potencial. Rich Stearns vio que había relación entre lo que se estaba diciendo sobre el acto de escuchar y la necesidad de que los líderes se comprendieran mejor a sí mismos y entendieran el efecto de su rol como líderes.

"El líder necesita conocerse a sí mismo y ser sumamente consciente de cómo lo perciben los demás. Yo suelo usar mucho el humor para hacer que las personas se sientan cómodas o se relajen estando conmigo. Me he dado cuenta de que cuando uno es el gerente general, las personas a menudo se sienten aterradas cuando están con uno. No importa cuál sea su personalidad; cuando las personas se reúnen con el gerente general, se ponen en guardia, están nerviosas, se preocupan por su rendimiento. Si usted es capaz de tranquilizarlos mostrando que es una persona normal, que sabe cómo reírse de sí mismo y crear un ambiente cómodo, las personas se animarán a compartir sinceramente sus opiniones y sus convicciones.

"Los líderes deben ser muy conscientes del poder que ejercen. Cuando usted está en la parte inferior de la escala jerárquica, a veces tiene que gritar para ser escuchado, porque no tiene ningún título o no tiene autoridad. Sin embargo, cuando es el gerente general o un líder superior, puede hablar suavemente y, para algunos, sonará como si estuviera gritando. De manera que cuando critica a alguien, tiene que ser muy cuidadoso de no ser demasiado directo o mordaz, porque cualquier cosa que diga será amplificada por diez por el simple hecho de ser el presidente. Tiene que adaptar su estilo y darse cuenta de que no se trata solamente de usted, la persona, que está hablando, sino que también es el puesto que usted tiene el que habla."

Alguien señaló que a veces los líderes se sienten tan cómodos en su rol que pierden de vista cómo se sienten los demás en su presencia. Eso llevó a Rich a mencionar otro punto.

"Otro elemento del autoconocimiento es entender cómo lo ven las demás personas de la organización. ¿Cómo lo perciben sus compañeros de trabajo? ¿Como un colaborador, como alguien que sabe trabajar en equipo, o como un partidista y causante de divisiones? ¿Lo ven útil y constructivo, o ven que se resiste y levanta barreras? Y ¿cómo lo perciben sus subordinados? ¿Cómo reciben ellos sus palabras?"

Luego de un par de comentarios al margen sobre la sensibilidad a la imagen y a la posición, John interpuso algunos conceptos sobre otro aspecto del autoconocimiento.

"Los líderes deben tener cierta dosis de dominio propio. De hecho, si mira en la Biblia, el dominio propio está enumerado entre los dones del Espíritu; está ahí y es tan importante como para tenerlo en cuenta. Todos los líderes deben desarrollar una disciplina, una estructura y un sentido de enfoque, y deben ser capaces de decir que no a las cosas que no están entre las que deben concentrarse. Junto con eso, el líder necesita tener una especie de análisis continuo de sus valores. Siempre tenemos que volver a aquello que nos sostiene. Es fácil perder el contacto con esas cosas. En efecto, si lee la investigación realizada entre los líderes visionarios, son ellos los que siempre, sin importar sobre qué trate la conversación, nos recuerdan los valores esenciales. Ellos nos ayudan a volver a enfocarnos, a colocarnos en cero. La clave es la disciplina de volver a los valores esenciales.

"Y otro elemento que es importantísimo, y que probablemente no se cumpla en el liderazgo tanto como debiera ser, es enfocarse en el crecimiento personal. Esta es la disciplina de someterse usted mismo al proceso de examinar su vida, sus valores, su espiritualidad, sus relaciones, y de someterse a otras personas y dejar que escudriñen regularmente estas cosas, no por una única vez. Lo ideal es que alguien esté siempre evaluando su vida y que usted se someta a ese proceso, sea que reciba una reacción positiva o negativa."

Barry continuó sobre los pensamientos de John. "Absolutamente. Los líderes necesitan continuar con la disciplina de mantener su buen estado en las áreas física, intelectual y espiritual. Muchas veces podemos ser buenos en una, pero malos en otra. Recuerdo haber visto la fotografía de un gran líder religioso en un periódico. Obviamente, él tenía una vida devocional poderosa, pero tenía una triple papada. Así que debemos desarrollar esta capacidad de mantener un buen estado en todo, no sólo en el área espiritual, sino también en las áreas intelectual y física."

"Me referiría a eso como la integración," contestó John, "quiero decir, creo que Dios nos diseñó para tener diferentes partes o aspectos que debieran trabajar juntos sin problemas. Un líder completo tiene las cualidades de las que hemos hablado previamente: la capacidad de liderar y de relacionarse con las personas en un nivel profundo y comprenderlas; la capacidad de ser claro y definido; la capacidad de asumir los fracasos. Si todas esas capacidades funcionan juntas, son personas integradas."

Laurie Beth conectó las últimas declaraciones con una de las disciplinas que ella se esfuerza por desarrollar en los líderes que entrena.

"Los líderes, naturalmente, son buenos para entusiasmar a las personas y dispensar los recursos para hacer cosas; pero una de sus debilidades comunes es no basarse en los datos y en las investigaciones, no conocer en detalle los hechos antes de lanzarse a una campaña. Jesús dijo que no debíamos comenzar algo sin considerar los costos, pero eso es algo que sucede todo el tiempo en el liderazgo."

John observó que el concepto de Laurie Beth de asegurarse de que el líder se base en la realidad estaba relacionado con su deseo de que los líderes sean capaces de recibir las malas noticias de buena manera.

"Muchos líderes no quieren escuchar las malas noticias," confirmó John, "así que se rodean de personas que les dan solamente buenas noticias, aunque no sean verdaderas. A comienzos de esta semana hablaba con un ejecutivo sobre consultoría para su organización, y me dijo que una de las cosas con las que podía ayudarle es que él necesita que su equipo presente informes, y están aterrados porque no quieren decepcionarlo ni alterarlo. Tienen miedo de defraudarlo al escribir la verdad, de manera que lo único que le dicen es lo bien que anda todo, mientras que entre ellos hablan de lo mal que están las cosas. Él quiere romper ese círculo; es una buena persona y ve el problema, pero es una disciplina importante que los líderes no poseen de manera natural."

Yo señalé que, si una de las funciones básicas de los líderes es comprender la realidad para poder mejorarla, esa clase de comunicación sincera es fundamental para el éxito. Según Barry, una de las vías para lograrlo era tener suficiente dominio propio para darle a Dios su legítimo lugar durante el proceso, y esperar que él proporcione la orientación que el líder necesita para llevar a cabo la visión.

"Esperar en Dios es una disciplina que a muchos líderes les resulta difícil," explicó Barry. "Es el caso de Abraham y de Agar: Dios no actúa lo suficientemente rápido." Esa era una de las cosas que había llegado a valorar en el capellán; dijo muchas de las cosas que a veces tememos reconocer por nosotros mismos. ¿Qué líder que siga a Cristo no se ha frustrado en ocasiones porque parecía que Dios no mantenía el ritmo, nuestro ritmo?

Sin embargo, para Rich, el desafío de bajar la velocidad y de aceptar las señales de Dios planteó el tema de las prioridades.

"Los líderes más eficaces," observó Rich, "son buenos en rechazar constantemente las cosas que los agobian y que, al final del día, no aportan ningún valor, y tratan de pasar más tiempo en aquellas cosas que sí son valiosas.

"Les daré un ejemplo de mi época en Lenox. Yo reconocía que el éxito de Lenox dependía en gran parte de tener nuevos productos que llegaran a ser éxitos de venta. Si usted fuera cantante, ser exitoso es tener un álbum entre los primeros diez de la lista de los más escuchados. Si fuera autor, querría tener un éxito editorial en la lista del *New York Times*. Lenox, en cierta forma, es como muchos otros negocios en los que, si usted logra productos que captan el apoyo del público y una gran cantidad de gente quiere comprarlos, podrá hacer mal muchas otras cosas en su negocio, y aun así tendrá éxito porque está en la corriente ascendente de los productos exitosos que se introducen en el mercado. La vajilla, esencialmente, es un negocio de moda en el que usted introduce productos nuevos y la nueva moda para la nueva temporada. Trata de captar la imaginación de las novias y de las mujeres que compran esas cosas.

"Cuando reconocí eso, me pregunté: *¿Cómo debería utilizar mi tiempo? ¿Cuánto tiempo debería pasar en reuniones sobre información tecnológica? ¿Cuánto tiempo debería pasar en reuniones sobre asuntos legales y temas financieros? ¿Cuánto tiempo en reuniones sobre desarrollo del producto, estrategias de mercadeo y diseño de nuevos productos?* Deliberadamente traté de pasar cada vez más tiempo en reuniones que tuvieran que ver con el diseño y el desarrollo del producto, la investigación del mercado y ese tipo de cosas, porque realmente creía que, en definitiva, esos aspectos nos darían ganancias. A fin de año, al revisar y evaluar qué había hecho que el año fuera exitoso o infructuoso, casi siempre era resultado de que nuestras líneas de productos habían sido fuertes o débiles.

"Era un poco inusual que un gerente general sirviera en ese contexto, pero yo me pasaba dos o tres días en reuniones de desarrollo del producto, examinando cada nuevo diseño, cada nuevo concepto, participando de las cuestiones de fabricación y de mercadeo. Esos son temas que la mayoría de los gerentes generales delega en los especialistas, pero, al estar en esas reuniones, jerarquicé la importancia del proceso para todas las demás personas de la organización. El mensaje era: 'Esto es lo más importante que hacemos. Es el alma de nuestro negocio.' Luego traté de dejar de lado las cosas que agotaban la energía y que realmente no cambiaban el resultado final."

Eso me recordó algo que Bob Dees había dicho en la sala de espera, cuando estaba explicando las anécdotas de cómo era ser un líder en combate. Le pedí a Bob que compartiera algunas ideas sobre lo que significa la presencia del líder en medio de los momentos importantes.

"Con frecuencia, y en especial cuando recién comienza en el puesto de liderazgo, las personas se preguntan si el líder se preocupa por ellos, o si es competente. Esos interrogantes persisten hasta que el líder toma su primera decisión importante, o hasta que juntos enfrentan su primera crisis. Es ahí donde se define el carácter del líder, ya sea para bien o para mal: las personas estarán o no con el líder y él podrá guiarlos o no, según como haya reaccionado.

"El 31 de octubre de 1998, yo era nuevo como autoridad," recordó Bob con la mirada intensa por la remembranza. "Durante mi descanso, estaba pegándoles a algunas pelotas de golf, cuando entró una llamada. Dijeron que un transportador blindado, con personal a bordo, que volvía de su servicio de guardia en la zona desmilitarizada en la frontera de Corea del Norte, había caído desde un puente a un río, hundiéndose unos treinta metros. Los buzos estaban tratando de rescatarlos, pero ya había transcurrido mucho tiempo. Así que inmediatamente me metí en un helicóptero y me dirigí al lugar, pero para esa hora ya todo estaba a oscuras.

"El coronel a cargo era un hombre maravilloso, un verdadero estudiante de los soldados y del liderazgo. Es uno de esos que no parecen líderes naturales a primera vista. Llegué al lugar y hablé con él y con algunos de sus otros oficiales. Uno de ellos era de sus líderes de batallón, un hombre que ahora encabeza el departamento de liderazgo de West Point. Evalué la situación y les dije: 'Vamos a hacerlo; va a salir bien.' Estos líderes desesperados se sentían cargados por muchas preocupaciones: qué pensar y qué decir; qué significaría esta situación para sus carreras, las cuales habían visto pasar como un rayo delante de sus ojos; qué significaba para los hombres a los que ellos lideraban. Usted puede imaginarse la confusión interna. Con unas pocas y simples palabras dejamos de lado esas cuestiones por el momento. Les dije: 'Ahora, pongámonos a trabajar; analicemos este asunto y trabajemos sobre las posibilidades.' Ellos me han recordado varias veces este suceso, y me han dicho que lo que los impactó no fue lo que dije, sino lo que no dije."

Señalé que también fue trascendental que Bob eligiera acompañar a sus hombres en el momento de la crisis. Le importaban lo suficiente como para meterse en medio de su angustia y sus necesidades, para tenderles la mano firme y segura que necesitaban en ese momento. Con su humildad característica, Bob respondió a ese comentario.

"Es necesario que, en una crisis, usted sea capaz de dirigir con serenidad y claridad; pero los líderes poderosos además captan la emoción del momento. No deben manipular las emociones de la gente, pero deben ser lo suficientemente transparentes para mostrar empatía, compasión, enojo justificado y pasión por la causa común para movilizar las emociones humanas que experimenta el equipo que lideran.

"Cuando era un teniente joven, de tanto en tanto me sorprendía a mí mismo dejando escapar algunas lágrimas delante de las tropas cuando lográbamos algo importante o cuando habíamos sufrido una gran pérdida; y siempre me avergonzaba por ello. Un día, uno de mis oficiales subalternos entró y me dijo: 'Señor, está bien llorar.' Las personas consagradas al arte de liderar tienen que poner su corazón tanto como su cabeza en el proceso. Es cierto que tiene que haber un equilibrio, pero muchos líderes superiores se equivocan, basados en la falsa impresión de que dejar ver una emoción es demostrar debilidad, y que el líder jamás debería hacer eso. No obstante, un leve toque de vulnerabilidad es muy positivo entre las personas que lideran."

Mientras nuestro tiempo llegaba a su fin, el entrenador Holtz le dio al público un pensamiento de despedida, inspirándose en la autenticidad del general Dees.

"Esto nos lleva de nuevo a los valores esenciales. Usted tiene que cuidar a las personas; a pesar de lo talentosas que puedan ser, si no se puede confiar en ellas, si no van a hacer lo correcto, si no están comprometidas con la excelencia, si no les importa, usted tiene un problema. Usted debe preocuparse por su familia y por su gente.

"Yo trabajaba como entrenador. Nos preparábamos para jugar contra Michigan, y uno de nuestros muchachos cayó en coma. En esa circunstancia, el partido contra Michigan no significaba nada para mí."

Interrumpí al entrenador un momento para explicar a los inexpertos en fútbol americano que había entre nosotros que el partido Notre Dame–Michigan en los años de 1990 estaba en el pináculo de importancia para el fútbol universitario. ¡Que el entrenador del mejor equipo del país en ese momento describiera ese partido como que "no significaba nada" era casi una blasfemia! Sin embargo, desde luego, el entrenador estaba marcando un punto importante en cuanto a mantener la perspectiva y a amar a las personas que lidera.

Inmutable a la interrupción —o, tal vez, sin poder creer que algún norteamericano responsable desconociera la magnitud del partido Notre Dame–Michigan—, el entrenador siguió adelante. "Lo importante era que mi familia me necesitaba. Trato de asegurarme de que la gente honre mis valores esenciales. No es complicado. No soy la luz más brillante del árbol de Navidad, pero trato de simplificar la vida, no sólo para entenderla yo, sino para que la gente con la que tengo trato también la entienda. Los líderes a veces se olvidan de la importancia de los fundamentos. A nadie le gusta tocar 'Chopsticks'; todos quieren interpretar a Chopin. No obstante, son los fundamentos los que permiten alcanzar los objetivos. Son los fundamentos los que le permiten armar una organización, y hay fundamentos involucrados en las relaciones interpersonales. Uno de ellos es cuidar a su gente."

Miré a las siete personas que había sentadas en los taburetes a mi derecha y les brindé una gran sonrisa de admiración. Estos próceres del liderazgo podrían haber conquistado cualquier montaña, cualquier batalla que les hubieran presentado. ¡Qué honor haber podido tomar de su sabiduría y absorber su pasión por el liderazgo! Todos los líderes que habían participado del encuentro eran admirables por algún motivo. Tenían un nivel de liderazgo al cual yo esperaba acercarme con el paso del tiempo y cuando las nuevas experiencias me dieran la oportunidad de aplicar los conceptos que ellos habían impartido.

Después de darles las gracias por sus contribuciones y de hacer algunos comentarios de cierre para el público, los despedí, y nuestro equipo caminó de regreso a la sala de espera. Una vez allí, intercambiamos apretones de manos y abrazos, direcciones de correo electrónico y números de teléfono, y prometimos mantenernos en contacto.

Sin embargo, con la decepción basada en la realidad, supe que, para la mayoría, era improbable que eso sucediera. Eran grandes líderes muy solicitados. Tenían batallas que pelear y victorias que ganar; tenían personas para cuidar y organizaciones a las cuales hacer crecer. Como había dicho Rich durante nuestro panel de debate: estaban enfocados en sus prioridades.

Estas eran personas, como todos los grandes líderes, ocupadas en crear el futuro.

LOS PRÓXIMOS PASOS

A VECES, DESPUÉS DE hablar en una conferencia, me encuentro con que baja la descarga de adrenalina y me siento aniquilado. Así me sentía camino al aeropuerto para tomar el vuelo de regreso a casa, después del Encuentro de Grandes Líderes. Luego de meses de preparativos y dos días de experiencias únicas y estimulantes, había mucho para reflexionar, ahora que la aventura no era más que una nota al pie de página de la historia.

Mirando distraídamente por la ventanilla del asiento posterior del taxi, me preguntaba con qué se habían ido a casa las miles de personas que habían asistido al evento. ¿Qué ideas habían satisfecho sus necesidades? ¿Qué pensamientos los habían desafiado a escalar nuevas cumbres? ¿Quién era el que había dicho algo que dejaría una marca indeleble en su mente y en su corazón? ¿Cómo cambiarían los que habían asistido al encuentro: se convertirían en mejores líderes, en mejores seguidores, en mejores personas?

En realidad, eran preguntas que necesitaba hacerme a mí mismo. Más que ninguna otra persona en ese lugar, yo tenía motivos para sentirme comprometido y desafiado. Después de reunir toda la información que los mejores del mercado habían puesto a mis pies, ahora era mi responsabilidad hacer algo con ese recurso inestimable. Conformarme con menos habría sido desaprovechar la experiencia, y una bofetada para los mentores que, de buena gana, habían contestado todas mis preguntas y habían ofrecido toda la sabiduría que tenían para comunicar.

Mientras estábamos atrapados en un embotellamiento, saqué un bloc de notas de mi bolso de viaje y comencé a resumir los temas principales que habíamos tocado en la sala de espera y en el escenario principal. Luego los agrupé y encontré que eran dieciséis las dimensiones más importantes que habíamos tratado a lo largo del encuentro. Aquí está lo que había en mi listado:

1. Definir el liderazgo y qué atributos forman al líder
2. Definir el éxito en el liderazgo
3. Saber cómo identificar, comunicar y lograr el compromiso con la visión, así como determinar los valores esenciales
4. Usar los valores esenciales para establecer una cultura institucional viable
5. Identificar a las personas que son líderes e implementar prácticas que estimulen su desarrollo
6. Entender a quién contratar, cómo prepararlo para el éxito, protegernos de perjuicios, y descubrir cuándo y cómo separarlo de la organización
7. Encontrar puntos de referencia para liderar eficazmente, sabiendo qué buscar y cómo medir el rendimiento
8. Ganarse la confianza de las personas y mantenerla
9. Ocuparse de la confrontación positiva, de resolver conflictos, de negociar apropiadamente
10. Desarrollar rasgos del carácter que honren a Dios, que sirvan a las personas y que otorguen poder al líder

11. Fortalecer a los seguidores para que sean eficaces colaborando con otros líderes y con otros seguidores

12. Crear equipos de líderes cuyos dones y aptitudes complementen los de los demás miembros del equipo

13. Establecer la autoridad moral para liderar y mantenerla; integrar, a la vez, la propia fe y los principios basados en la fe en las decisiones y prácticas del liderazgo

14. Saber de dónde proviene el poder y cómo usarlo apropiadamente

15. Esperar la crítica y las presiones, adaptarse a ellas y aprovecharlas al máximo

16. Identificar las habilidades y disciplinas necesarias para rendir a un alto nivel de liderazgo, y perfeccionarlas

Mientras la experiencia aún estaba fresca en mi mente, quería usar el viaje de vuelta en avión para anotar los conceptos y los desafíos clave obtenidos en el evento. Luego transformaría esas revelaciones en un plan de acción personal que me guiaría a convertirme en un mejor líder. En el pasado, este ejercicio me había ayudado a convertir las interesantes experiencias de las conferencias en acontecimientos que me habían cambiado la vida. Si había algún acontecimiento que me había cambiado la vida, ese había sido el Encuentro de los Grandes Líderes. Se lo debía a Dios, a mí mismo, a las personas que yo lidero y a los entrenadores que me habían ofrecido sus mejores conceptos para aplicar la experiencia de esa manera.

Permítame sugerir que, aunque usted haya vivido el Encuentro de Grandes Líderes a través de mi óptica, es posible que para usted sea beneficioso hacer lo mismo. Si le parece bien, siéntase libre de usar las dieciséis dimensiones que enumeré anteriormente para ayudarse a organizar los conceptos que haya extraído de la experiencia, aunque para usted haya sido de manera indirecta. Si tiene el privilegio y la responsabilidad de liderar a otras personas, utilice la información que ha obtenido para edificar sus capacidades y compromisos de liderazgo a un nivel más elevado. Después de todo, los biólogos han descubierto que todos los organismos vivos están en uno de estos dos estados: en crecimiento o en decadencia. No existe algo como mantenerse; quedarse quieto equivale a decaer. Según lo que han proporcionado los grandes líderes, ni usted ni yo tenemos excusa para decaer.

Tome la determinación de hacer crecer sus capacidades de liderazgo a diario. Estoy seguro de que la orientación que han brindado los grandes líderes puede aumentar su capacidad.

ACERCA DE LOS GRANDES LÍDERES

John Ashcroft sirvió como ministro de justicia de Estados Unidos durante el primer período de la presidencia de George W. Bush, de 2001 a 2005. Previo a ese cargo, fue gobernador de Missouri (1985–1993), senador de Estados Unidos por el estado de Missouri (1995–2001), fiscal general de Missouri (1976–1985) y auditor estatal (1973–1975). Se graduó en la Yale University; luego obtuvo un doctorado en derecho de la University of Chicago en el año 1967. Después de la facultad de derecho, dio clases de derecho empresarial durante un tiempo breve y trabajó como administrador en la Southwest Missouri State University. Actualmente dirige una firma de consultoría estratégica, el Ashcroft Group, LLC, ubicado en Washington DC. También se desempeña como Catedrático Distinguido de Derecho y Gobierno en la Regent University School of Law.

Colleen Barrett fue presidente y secretaria general de Southwest Airlines. Ha estado en la empresa desde sus inicios en 1971. Está relacionada con el fundador de Southwest, Herb Kelleher, desde 1967, cuando comenzó a trabajar como su secretaria legal. Desde marzo de 1978, ha trabajado como secretaria de Southwest, como vicepresidente administrativa de 1986 a 1990 y como vicepresidente ejecutiva desde 1990 hasta 2001. Colleen ha figurado permanentemente entre las mujeres de negocios más poderosas de Estados Unidos. Renunció como presidente y secretaria corporativa de Southwest en julio de 2008, pero seguirá siendo empleada de la corporación hasta julio de 2013.

Warren Bennis es ampliamente reconocido como pionero del actual campo de estudios sobre el liderazgo. Es Profesor Universitario, Catedrático Distinguido de Administración de Empresas y presidente fundador del Instituto para el Liderazgo en la University of Southern California. Sus artículos y libros han definido el campo y han ayudado a cambiar las prácticas de liderazgo en un arte menos jerárquico, más democrático y flexible. Además de dar clases en la USC, Harvard University y Boston University, Warren ha sido asesor de cuatro presidentes de Estados Unidos y de otras figuras públicas, ha asesorado a numerosas empresas de la lista *Fortune* 500 y se ha desempeñado como presidente de la University of Cincinnati. Su libro *An Invented Life* (*Una vida inventada*) fue nominado al premio Pulitzer. Entre los libros más conocidos de sus veintinueve obras están los éxitos de venta *Leaders* (*Líderes*) y *On Becoming a Leader* (*Cómo llegar a ser líder*); ambos han sido traducidos a veintiún idiomas.

Barry Black es el capellán del Senado de Estados Unidos; fue elegido para ese cargo en 2003. Es el primer capellán del Senado de origen afroamericano, el primero que es miembro de la Iglesia Adventista del Séptimo Día y el primero que fue capellán militar. Antes sirvió durante más de veintisiete años como capellán de la Marina de Estados Unidos, ascendiendo al rango de contralmirante y culminando su carrera como jefe de capellanes de la marina. Se retiró de la marina el 15 de agosto de 2003. Además de sus maestrías en teología, consejería y administración, ha recibido un doctorado en ministerio y un doctorado en psicología. Entre los premios del capellán Black está el Renowed Service Award de la NAACP (Asociación Nacional para el Fomento de la Gente de Color) por su contribución a la igualdad de oportunidades y a los derechos civiles, y el Benjamin Elijah Mays Distinguished Leadership Award de la Morehouse School of Religion.

Jimmy Blanchard trabajó como gerente general de Synovus desde 1971 hasta que fue nombrado presidente del directorio en julio de 2005. El ejercicio de su cargo abarcó los períodos de mayor crecimiento en la historia de la firma, la cual se transformó en una empresa de servicios financieros de 33 mil millones de dólares, con capacidad de brindar una variedad de productos y servicios. Synovus encabezó la lista de las 100 mejores compañías para las cuales trabajar de la revista *Fortune* y fue reconocida en el Salón de la Fama por aparecer consecutivamente en la lista desde sus comienzos, en 1998. Synovus también fue nombrada como una de las empresas más admiradas de Estados Unidos. Jimmy ha puesto un tremendo énfasis en la formación para el liderazgo en Synovus, enfatizando los principios del liderazgo de servicio. Se retiró como presidente de la compañía en 2006. Se recibió de licenciado en administración de empresas y en derecho en la University of Georgia.

Ken Blanchard inició una revolución en el gerenciamiento con su libro *The One Minute Manager* (*El manager al minuto*), escrito con Spencer Johnson, el cual ha vendido unos 13 millones de ejemplares y ha sido traducido a treinta y siete idiomas. Blanchard es el "director espiritual" de las Ken Blanchard Companies, una consultora internacional de entrenamiento para gerentes que él y su esposa, Marjorie Blanchard, fundaron conjuntamente en 1979. Ken es cofundador, con Phil Hodges, de Lead Like Jesus, un ministerio comprometido con glorificar a Dios inspirando y preparando a las personas para liderar como Jesús. Con otros autores ha escrito alrededor de treinta éxitos de venta. Entre sus muchos premios, Blanchard ha sido honrado como uno de los diez mejores profesionales del liderazgo del mundo. Ken completó la licenciatura en gobierno y filosofía en la Cornell University, la maestría en sociología y consejería en la Colgate University, y un doctorado en educación, administración y liderazgo en la Cornell University. Trabaja en la Cornell University como miembro emérito del consejo de administración y como catedrático visitante de la facultad de administración hotelera de la Cornell University.

Kirbyjon Caldwell es pastor de la Windsor Village United Methodist Church, una megaiglesia de 14.000 miembros en Houston, Texas. Después de la universidad, Kirbyjon trabajó como banquero especialista en inversiones en Wall Street y en Houston, antes de sentir el llamado al ministerio a tiempo completo. Luego de obtener una licenciatura en el seminario, fue nombrado pastor principal de la Windsor Village United Methodist Church en 1982, cuando la iglesia sólo contaba con veinticinco miembros. Mientras lideraba Windsor Village, convirtió a la iglesia en un centro multiusos de ayuda comunitaria. Para alojar a la gran congregación, la iglesia compró un ex hipermercado Kmart en una de las zonas más deterioradas de Houston y lo restauró como el Power Center, con un espacio de adoración, una escuela, una clínica médica, salones satélites de una universidad comunitaria local, un espacio de bajo costo para oficinas, un banco y varias organizaciones benéficas. La misión del Power Center es crear puestos de trabajo en este barrio de bajos ingresos y enseñar a los miembros del barrio cómo generar riqueza. Kirbyjon ha sido presidente de la junta directiva de Continental Airlines desde 1999 y fue uno de los consejeros espirituales más influyentes del presidente George W. Bush. Recibió su licenciatura en economía del Carleton College; su maestría de la Wharton School of Business de la University of Pennsylvania y su maestría en teología de la Perkins School of Theology de la Southern Methodist University.

Ben Carson es director de neurocirugía pediátrica de Johns Hopkins Hospital, puesto que mantiene desde que tenía treinta y tres años. En 1987, Ben y un equipo de más de setenta médicos, cirujanos y enfermeras hicieron historia en Johns Hopkins con una operación de veintidós horas en la que lograron separar con éxito a dos siameses. En 1997, Ben viajó a Sudáfrica, donde trabajó con un equipo de cincuenta personas en la exitosa operación de veintiocho horas para separar a siameses zambianos de once meses que estaban unidos por la cabeza. Es miembro de numerosos directorios, incluyendo los de Kellogg, Costco y Yale University. Además fue presidente y cofundador del Carson Scholars Fund, que reconoce jóvenes de todos los ámbitos por sus excepcionales logros académicos y humanitarios. La película televisiva sobre su vida, *Manos milagrosas*, se estrenó en TNT en 2009, con el ganador del Oscar Cuba Gooding Jr. en el papel protagónico. Ben recibió la Presidential Medal of Freedom en 2008.

Sam Chand fue pastor, presidente universitario y rector, y ahora sirve como presidente emérito de Beulah Heights University. Criado en un hogar pastoral en India, posteriormente asistió a Beulah Heights University mientras trabajaba ahí como conserje, cocinero y lavaplatos. Después de graduarse, trabajó en varios puestos antes de regresar a la universidad como su presidente. Bajo su liderazgo, Beulah Heights University se convirtió en la universidad bíblica más grande del país predominantemente integrada por afroamericanos. Sam es autor de ocho libros y asesora a muchos líderes y organizaciones de todo el mundo. Posee un doctorado honorario en teología de Heritage Bible College, una maestría en consejería bíblica de Grace Theological Seminary y una licenciatura en educación bíblica de Beulah Heights University.

Henry Cloud es psicólogo clínico. Tiene vasta experiencia en medicina privada, en asesoramiento sobre liderazgo y en medios de comunicación. Es reconocido por su libro *Boundaries* (*Límites*), que ha vendido dos millones de ejemplares, y que escribió con John Townsend. Ha escrito unos veinte libros más, con un total de cuatro millones de ejemplares impresos. Henry es cofundador de la Minirth-Meier ClinicWest y ha trabajado como su codirector clínico durante diez años, dirigiendo centros de tratamiento médico en treinta y cinco ciudades del oeste de Estados Unidos. Es presidente de Cloud-Townsend Resources y ejerce la práctica privada con John Townsend en Newport Beach, California. Tiene intereses filantrópicos en las áreas de los sin techo, de los barrios urbanos, y en misiones y desarrollo para el Tercer Mundo. Henry posee una licenciatura en psicología de Southern Methodist University y un doctorado en psicología clínica de Biola University.

Bob Dees es general de división retirado del Ejército de Estados Unidos. Al dejar el ejército, fue director ejecutivo para estrategias de defensa de Microsoft, antes de asumir el cargo de director ejecutivo de la división del ministerio militar de Cruzada Estudiantil y Profesional para Cristo, que lidera en la actualidad. Su iniciativa más reciente en Ministerio Militar se dedica a prevenir y a sanar las heridas psicológicas de guerra en los soldados de Estados Unidos y en sus familias. El general Dees ha servido en una gran variedad de puestos de mando en el ejército. Ha estado al mando de fuerzas aerotransportadas, de asalto aéreo y de infantería mecanizada, en todos los niveles. Ha recibido muchos premios y condecoraciones por su servicio meritorio. Obtuvo su licenciatura de la U.S. Military Academy (West Point) y tiene una maestría en investigación de operaciones y en análisis de sistemas de la Naval Postgraduate School. Además ha recibido considerable educación militar y fue becario de investigación del Royal College of Defence Studies en Londres.

Tony Dungy es un ex jugador de fútbol americano profesional y entrenador de la NFL. Luego de trabajar como entrenador asistente, se convirtió en entrenador principal de los Tampa Bay Bucaneers y luego de los Indianapolis Colts. En 2007 se convirtió en el primer entrenador principal afroamericano en ganar el Super Bowl. Un año después, marcó un nuevo record en la NFL al figurar en eliminatorias consecutivas como entrenador principal, y anunció su retiro como entrenador de los Colts cuando finalizara la temporada. Tony ha ganado amplio respeto dentro y fuera del campo de juego por su fuerte compromiso con los principios y la conducta éticos.

Ha estado muy activo en muchas organizaciones de servicio a la comunidad en las ciudades donde trabajó como entrenador; inició un programa de consejería para jóvenes llamado Mentors for Life y sigue apoyando muchos otros programas benéficos. Es autor de tres libros que han figurado en las listas de éxitos de venta del *New York Times*, dos de ellos en el primer puesto. Como estudiante universitario asistió a la University of Minnesota, y tiene un doctorado honoris causa de Indiana Wesleyan University.

Michael Franzese, oriundo de Brooklyn, Nueva York, es hijo del supuesto capo de la familia Colombo John "Sonny" Franzese. Se unió a la familia mafiosa Colombo cuando era un adulto joven. Creció en autoridad hasta convertirse en *caporegime* o capitán de la familia. Planeó y organizó lucrativos fraudes de contrabando de gasolina. La revista *Fortune* ubicó a Michael en el decimoctavo lugar de los cincuenta capos de la mafia más ricos y poderosos. Según un informe federal, Franzese hizo más dinero para una familia del crimen que cualquier otro mafioso desde el legendario gángster Al Capone. Michael estuvo involucrado en muchas iniciativas comerciales, desde el manejo de concesionarias de automóviles hasta la producción de películas. Luego de convertirse al cristianismo, abandonó a la familia Colombo y el crimen organizado. Fue enviado a la cárcel por su papel en el contrabando de gasolina. Tras cumplir su condena, creó una fundación para ayudar a los jóvenes y se convirtió en un conferencista motivador. Suele dar charlas a grupos eclesiásticos, así como a profesionales y atletas estudiantes sobre los riesgos de los juegos de azar. Su autobiografía, *Blood Covenant* (Pacto de sangre), fue un éxito de venta. En la aclamada película de Martin Scorsese *Buenos muchachos*, Michael está representado por el personaje de Mickey Franzese.

Newt Gingrich sirvió como Presidente de la Cámara de Representantes de Estados Unidos de 1995 a 1999. Fue Personaje del Año de la revista *Time* en 1995 por su rol de liderazgo en la revolución republicana en la Cámara. Profesor universitario de historia, líder político y escritor, Gingrich fue electo para once períodos de mandato en la Cámara antes de renunciar a su banca y al cargo de presidente. Newt se ha mantenido activo en asuntos de política pública como socio mayoritario del comité asesor de los conservadores American Enterprise Institute; como fundador del Center for Health Transformation; como distinguido socio invitado del comité asesor conservador Hoover Institute; como comentarista en programas televisivos de noticias y como fundador de American Solutions for Winning the Future y del comité de expertos American Solutions. Ha obtenido una licenciatura de Emory University, y una maestría y un doctorado de Tulane University. Ha escrito varios libros sobre política y cultura, además de varios tomos de ficción histórica.

Seth Godin es autor de libros de negocios y un conocido conferencista. Popularizó el tema del mercadeo del permiso. Como empresario de larga trayectoria, inició su primer negocio a los catorce años. Después de la universidad trabajó en las industrias de software, publicación y en la industria de mercadeo por Internet. Fue el primer vicepresidente de mercadeo directo de Yahoo! antes de dejarlo para trabajar otra vez por su cuenta. Desarrolló ChangeThis, un sitio Internet dedicado a difundir ideas mediante archivos PDF; y Squidoo, una comunidad Internet que permite a sus usuarios crear páginas para temas de interés y que se ha convertido en uno de los sitios más visitados del mundo. Seth es autor de una docena de libros, incluyendo los éxitos de venta *The Purple Cow* (*La vaca púrpura*), *The Dip* (*Salir del abismo*), *Tribes* (*Tribus*) y *Permission Marketing* (*El marketing del permiso*). Su libro electrónico gratuito, *Unleashing the Ideavirus* (*Liberando los ideavirus*), ha sido calificado como "el e-libro más popular que se haya escrito." Es consultor de muchos líderes y negocios en todo el mundo. Seth se graduó de Tufts University con una licenciatura en sistemas y filosofía, y obtuvo su maestría de mercadeo de Stanford Business School.

Wilson Goode fue el primer alcalde afroamericano de Filadelfia, donde sirvió desde 1984 hasta 1992. Previo a ello, se desempeñó como el primer comisionado negro para la comisión estatal de servicios públicos, y como administrador general para la ciudad de Filadelfia. Desde su época como alcalde, Wilson ha ocupado cargos de nivel medio en el Departamento de Educación de los Estados Unidos, ha sido pastor y ha enseñado en Eastern University. En la actualidad sirve como asesor superior para Public/Private Ventures, donde supervisa Amachi, un programa de mentores para hijos de padres que están en prisión. Obtuvo su licenciatura de Morgan State University; luego una maestría en administración gubernamental de la University of Pennsylvania y un doctorado en ministerio de Palmer Theological Seminary.

Jon Gordon es una de las voces emergentes en el campo del liderazgo. Es orador y consultor, y es autor del éxito de venta internacional *The Energy Bus* (El autobús de la energía). Trabaja con muchas organizaciones deportivas (NFL, PGA); agencias gubernamentales (FBI); empresariales (Campbell Soups, Northwestern Mutual, Publix Super Markets y JP Morgan Chase); y con líderes educativos (The Principal's Partnership y la National Association of Schools Principals). Jon es graduado de Cornell University y tiene una maestría de Emory University.

Lou Holtz ha sido entrenador de la NCAA de fútbol y entrenador principal de la NFL; comentarista deportivo de CBS Sports y de ESPN, y conferencista motivador. Famoso por su sagacidad y habilidad para inspirar a los jugadores, es el único entrenador en la historia de la NCAA en llevar seis universidades a los partidos del tazón y el único que condujo cuatro programas diferentes hasta la clasificación de los veinte mejores. Ha ganado varias veces el premio National Coach of the Year y fue elegido para el salón de la fama del fútbol americano universitario. También ha escrito varios libros. Lou se graduó en Kent State University.

Mike Huckabee fue gobernador de Arkansas desde 1996 hasta 2007, y terminó segundo en las elecciones primarias republicanas para la presidencia en 2008. Actualmente es el conductor de su propio programa de televisión y brinda servicios como comentarista político para el canal Fox News. Tiene, además, una columna diaria, *The Huckabee Report*, en ABC Radio Networks. Mike es pastor bautista del sur y autor de seis libros, los cuales incluyen el éxito de venta *Do the Right Thing* (Haga lo correcto). Se graduó con honores de Ouachita Baptist University, y completó su licenciatura en religión en dos años y medio, antes de asistir a Southwestern Baptist Theological Seminary.

Laurie Beth Jones es una escritora conocida internacionalmente; es conferencista, especialista técnica y entrenadora. Sus libros de negocios, escritos desde una perspectiva espiritual, han recibido reconocimiento mundial. Como conferencista y especialista técnica se ha presentado ante presidentes de países y de empresas; ante equipos empresariales, del gobierno y del sistema judicial; ante iglesias, pastores, organizaciones de servicios y educadores. Su libro *Jesus CEO* (*Jesucristo, presidente ejecutivo*) se ha convertido en un éxito de venta internacional, superando el millón de ejemplares vendidos. Como dueña de una exitosa empresa de mercadeo y publicidad, Laurie además asesora a muchas organizaciones y clientes particulares, para ayudarlos a definir pragmáticamente su misión y a alcanzarla. Ha escrito, además, otros libros populares.

John Kotter ha sido catedrático de Harvard Business School desde 1972. Goza de fama mundial como autoridad en liderazgo y cambio. Su éxito de venta internacional, *Leading Change* (*Al frente del cambio*), se convirtió en la biblia del cambio para los gerentes de todo el mundo. La revista *Business Week* lo ha clasificado en el primer lugar como "gurú del liderazgo" en Estados Unidos, en base a una investigación realizada por ellos. Sus artículos en el *Harvard Business Review* publicados durante los últimos veinte años han vendido más copias —un millón y medio— que los de cualquier otro autor destacado, y sus libros están en lo más alto del porcentaje de ventas de Amazon.com. Su licenciatura y su maestría son de MIT, y obtuvo un DBA de Harvard Business School. Ingresó al cuerpo docente de Harvard en el año 1972. En 1980, a los treinta y tres años, fue nombrado catedrático titular permanente. Ha escrito dieciséis libros, entre los cuales están *A Sense of Urgency* (*El sentido de la urgencia*), *Our Iceberg is Melting* (*Nuestro témpano se derrite*) y *John P. Kotter on What Leadres Really Do* (*Qué hacen los líderes*). Es un conferencista popular y ha ganado numerosos premios por enseñar, escribir, investigar y por sus ideas innovadoras.

Patrick Lencioni es asesor, escritor y conferencista. Ha escrito ocho libros, entre ellos el éxito de venta *The Five Dysfunctions of a Team* (*Las cinco disfunciones de un equipo*). Ha trabajado en Bain & Company, Oracle y Sybase. Actualmente, es presidente de The Table Group, una firma consultora que se especializa en el desarrollo de equipos de ejecutivos y en la salud institucional. Como asesor y orador principal ha trabajado con miles de altos ejecutivos y con equipos de ejecutivos de organizaciones que figuran en *Fortune* 500, y en iniciativas de alta tecnología, así como para universidades y organizaciones sin fines de lucro. Suele dar charlas sobre liderazgo, cambios institucionales, trabajo en equipo y cultura corporativa. La revista *Fortune* lo ha clasificado como "uno de los diez nuevos gurús que usted debe conocer."

Erwin McManus es el pastor principal de Mosaic, una comunidad de fe de Los Ángeles, y dirige la Mosaic Alliance, una organización informal de iglesias que comparten una perspectiva similar. También fundó Awaken, un grupo de poetas, artistas, cineastas y filántropos que se han fijado la meta de "maximizar el potencial creativo" de cada ser humano. Ha escrito una docena de libros sobre cultura, liderazgo y posmodernismo. Fue nombrado como uno de los cincuenta cristianos más influyentes de Estados Unidos. Obtuvo su licenciatura de la University of North Carolina y su maestría en teología de Southwestern Baptist Theological Seminary.

Miles McPherson asistió a la University of New Haven, donde se especializó en ingeniería. Fue el primer jugador de esa universidad en alcanzar la alta distinción en el fútbol americano universitario y en ser reclutado para la

NFL. Siguió jugando como defensor para los San Diego Chargers, pero a los dos años de su carrera profesional, McPherson enfrentaba un problema de drogadicción y vivía una vida inmoral, tras lo que sufrió un colapso y, finalmente, le entregó su vida a Jesucristo. Experimentó un cambio rápido y dramático, y como resultado, ingresó al ministerio para trabajar con jóvenes. Luego de obtener su maestría en teología en Azusa Pacific University, fundó Miles Ahead, una organización sin fines de lucro para apoyar a la juventud de Estados Unidos. También fundó Rock Church, a la que asisten más de doce mil personas cada fin de semana. Es una de las iglesias de más rápido crecimiento del país, y tiene sesenta ministerios dirigidos por líderes voluntarios que sirven a la comunidad de San Diego. McPherson es autor de varios libros y artículos, y en 2007 ganó un premio Emmy por un documental sobre la metanfetamina.

Ken Melrose trabajó en la Toro Company como presidente, gerente general y presidente del directorio, antes de retirarse. Se hizo cargo de la empresa, que estaba al borde de la quiebra, e hizo que fuera nuevamente rentable, con ventas que saltaron de los 247 millones de dólares en 1981, a casi dos mil millones de dólares anuales. Bajo su liderazgo, la empresa expandió radicalmente su línea de producción para servir a clientes de los mercados de los deportes, de la administración de campos y de la agricultura. Ken es autor de *Making the Grass Greener on Your Side: A CEO's Journey to Leading by Serving* (Estar contento con su suerte: La jornada de un gerente general hacia el liderar por servir). Se graduó como licenciado en Princeton, obtuvo una maestría de la Sloan School of Management en MIT y una maestría en administración de empresas de la University of Chicago.

Don Soderquist se sumó a Wal-Mart Stores, Inc., a pedido de Sam Walton, y sirvió como director general de operaciones y como vicepresidente superior. Antes de ello, Soderquist trabajó durante dieciséis años en Ben Franklin, donde fue presidente y gerente general. Fue incorporado como miembro del Retailing Hall of Fame y, en 1998, John Brown University creó en su honor el

Soderquist Center for Business Leadership and Ethics. El centro brinda entrenamiento en liderazgo ético para estudiantes universitarios, dos programas de maestrías (incluyendo una en administración de empresas) y seminarios sobre liderazgo empresarial para personas que trabajan en el mundo corporativo. Participa en los directorios de varias corporaciones y organizaciones benéficas. Don adquirió su licenciatura en administración de negocios de Wheaton College y ha recibido varios doctorados honoris causa.

Rich Stearns comenzó su carrera profesional en mercadeo con la Gillette Company. Posteriormente asumió distintos cargos en Parker Brothers y llegó a ser su presidente. Luego sirvió como vicepresidente en la Franklin Mint; más tarde se unió a Lenox como presidente de Lenox Collections. Algunos años más tarde, Rich fue nombrado presidente y gerente general de Lenox, Inc. Desde que dejó Lenox, se ha desempeñado como presidente de Visión Mundial, la agencia cristiana de ayuda y desarrollo. Bajo la dirección de Rich, Visión Mundial ha experimentado un crecimiento sin precedentes y se ha convertido en un actor cada vez más importante de la ayuda humanitaria mundial. Además de sus frecuentes artículos de opinión en importantes periódicos y revistas, es autor de *The Hole in Our Gospel: What Does God Expect of Us? The Answer That Changed My Life and Might Just Change the World* (El punto débil de nuestro evangelio: ¿Qué espera Dios de nosotros? La respuesta que cambió mi vida y que, quizás, cambiará al mundo). Rich tiene una licenciatura de Cornell University y una maestría en administración de empresas de la Wharton School en la University of Pennsylvania.

Lou Taylor ha sido la dueña y gerente general de Tri Star Sports and Entertainment Group durante diecisiete años. Tri Star es una firma de representación que brinda servicios de manejo empresarial y administración de personal a atletas profesionales, artistas y clientes de la industria del entretenimiento. Lou es conocida por su "modelo de manejo de vida," que aborda los asuntos más importantes que enfrentan las personas célebres, proporcionándoles una estructura sólida para apoyarlas en todos los aspectos de sus vidas. Tri Star hace negocios, e influencia a los influyentes, ministrando sobre la base de valores y verdades bíblicas a los que están influyendo la cultura popular. Lou también es coautora de *Becoming Devotional Bible for Women* (Realización: Una Biblia devocional para mujeres).

John Townsend es un psicólogo clínico con amplia experiencia en la práctica privada, en dar asesoramiento para el liderazgo y en los medios de comunicación. Con Henry Cloud es coautor de *Boundaries*, que vendió más de dos millones de ejemplares. Ha escrito otros veinte libros, con un total de cuatro millones de ejemplares impresos. Es coconductor del programa radial de difusión nacional *New Life Live*, y conduce un programa de entrenamiento para el liderazgo al sur de California. Fue cofundador de la Minirth-Meier ClinicWest, la cual tiene centros de tratamiento en treinta y cinco ciudades del oeste de Estados Unidos, y sirvió como su codirector clínico durante diez años. Es codirector de Cloud-Townsend Resources y maneja una clínica privada con su socio, Henry Cloud. Integra los directorios de varias organizaciones sin fines de lucro. Es licenciado en psicología de North Carolina State University, tiene una maestría en teología de Dallas Theological Seminary y un doctorado en psicología clínica de Biola University.

Ralph Winter es un productor de películas de Hollywood: entre sus éxitos de taquilla están las series X-Men, Los Cuatro Fantásticos y Star Trek. También es socio de Thomas Winter Cooke, que produce comerciales para televisión y representa a numerosos directores comerciales. Miembro de la Directors Guild of America y de la Academy of Motion Picture Arts and Sciences, ha apoyado a las escuelas de cine en Biola University y en otras instituciones. Su primera experiencia en la producción fue realizando videos de entrenamiento para Broadway Department Stores. Después trabajó para Paramount Pictures Television en series exitosas como *Happy Days*, *Laverne & Shirley* y *Mork and Mindy*. Ralph se graduó de la University of California en Berkeley con una licenciatura en historia.

LA BIBLIOTECA DEL GRAN LÍDER

Muchos de los grandes líderes a cuyas sabias palabras nos hemos referido han escrito libros que serían un elemento valioso en su biblioteca personal sobre el liderazgo. Enumeramos a continuación algunos de esos títulos.

George Barna

The Seven Faith Tribes: Who They Are, What They Believe, and Why They Matter (Las siete tribus de fe: Quiénes son, cuáles son sus creencias y por qué son importantes)

The Power of Vision: Discover and Apply God's Vision for Your Life and Ministry (El poder de la visión: Cómo captar y aplicar la visión para desarrollar su liderazgo)

The Power of Team Leadership: Achieving Success through Shared Responsibility (El poder del liderazgo de equipo: Alcanzando el éxito mediante la responsabilidad compartida)

Revolution (Revolución)

Warren Bennis

On Becoming a Leader (Cómo llegar a ser líder)

Leaders: Strategies for Taking Charge (Líderes: Estrategias para un liderazgo eficaz) —con Burt Nanus

Organizing Genius: The Secrets of Creative Collaboration (Organizar a los genios: Los secretos de la colaboración creativa) —con Patricia Ward Biederman y Charles Handy

Reinventing Leadership: Strategies to Empower the Organization (Reinventando el liderazgo: Estrategias para capacitar a la organización) —con Robert Townsend

Learning to Lead (Aprender a liderar) —con Joan Goldsmith

Why Leaders Can't Lead: The Unconscious Conspiracy Continues (Por qué los líderes no pueden liderar: la conspiración inconsciente continúa)

Co-Leaders: The Power of Great Partnerships (Colíderes: El poder de las grandes asociaciones) —con David Heenan

Barry Black

From the Hood to the Hill: A Story of Overcoming (Del barrio al capital: Una historia de superación)

Ken Blanchard

The One Minute Entrepreneur: The Secret to Creating and Sustaining a Successful Business (Empresario en un minuto: Descubra los secretos para crear y mantener una empresa exitosa) —con Don Hutson y Ethan Willis

Leading at a Higher Level: Blanchard on Leadership and Creating High Performing Organizations (Liderazgo al más alto nivel: Cómo crear y dirigir organizaciones de alto desempeño)

Lead Like Jesus: Lessons from the Greatest Leadership Role Model of All Time (Un líder como Jesús: Lecciones del mejor modelo a seguir del liderazgo de todos los tiempos) —con Phil Hodges

Heart of a Leader: Insights on the Art of Influence (El corazón de un líder, El arte de influir)

The One Minute Manager: The Quickest Way to Increase Your Own Prosperity (El manager al minuto) —con Spencer Johnson

Full Steam Ahead: Unleash the Power of Vision in Your Company and in Your Life (¡A toda máquina!: Libere el poder de la visión en su empresa y en su vida) —con Jesse Stoner

Kirbyjon Caldwell

The Gospel of Good Success: A Road Map to Spiritual, Emotional, and Financial Wholeness (El evangelio del éxito debido: Hacia la integridad espiritual, emocional y financiera) —con Mark Seal

Entrepreneurial Faith: Launching Bold Initiatives to Expand God's Kingdom
(Fe empresarial: Lancar inciativas audaces para expandir el reino de Dios)
—con Walt Kallestad y Paul Sorenson

Ben Carson

Think Big: Unleashing Your Potential for Excellence (Piense en grande:
¡Libera tu potencial de excelencia!) —con Cecil Murphey

Sam Chand

Who's Holding Your Ladder? (¿Quién te está apoyando?)

What's Shakin' Your Ladder? 15 Challenges All Leaders Face (¿Qué te está
sacudiendo? 15 desafíos que enfrenta cada líder)

Ladder Shifts: New Realities, Rapid Change, Your Destiny (Cambios: Nuevas
realidades, el cambio rápido, su destino)

Planning Your Succession: Preparing for Your Future (Planificar la sucesión:
Prepararse para su futuro) —con Dale C. Bronner

Henry Cloud

Boundaries: When to Say Yes, How to Say No to Take Control of Your Life
(Límites: Cuándo decir sí, cuando decir no, tome el control de su vida)
—con John Townsend

*9 Things a Leader Must Do: How to Go to the Next Level—and Take Others
with You* (9 cosas que todo líder debe hacer: Alcanzando el próximo nivel)

Integrity: The Courage to Meet the Demands of Reality (Integridad: Valor para
hacer frente a las demandas de la realidad)

*The One-Life Solution: Reclaim Your Personal Life While Achieving Greater
Professional Success* (La solución: Toma las riendas de tu vida y
emprende tu camino al éxito)

Tony Dungy

Quiet Strength: The Principles, Practices, and Priorities of a Winning Life
(Fuerza silenciosa: Los principios, las prácticas y las prioridades de una
vida exitosa) —con Nathan Whitaker

Uncommon: Finding Your Path to Significance (Poco común: Encontrar su
camino a la trascendencia) —con Nathan Whitaker

You Can Do It (Puedes hacerlo)

Michael Franzese

Blood Covenant: The Michael Franzese Story (Pacto de sangre: La historia de
Michael Franzese)

*I'll Make You an Offer You Can't Refuse: Insider Business Tips from a Former
Mob Boss* (Una ofertà que no podrá rechazar: Consejos empresariales de
un ex capo)

Newt Gingrich

Real Change: From the World That Fails to the World That Works (Cambio verdadero: Del mundo del fracaso hacia el mundo del éxito)

The Art of Transformation (El arte de la transformación) —con Nancy Desmond

Lessons Learned the Hard Way: A Personal Report (Lo que aprendí cometiendo errores)

Winning the Future: A 21st Century Contract with America (Ganar el futuro: Un contrato con Estados Unidos para el siglo XXI)

Seth Godin

Purple Cow: Transform Your Business by Being Remarkable (La vaca púrpura: Diferénciate para transformar tu negocio)

Tribes: We Need You to Lead Us (Tribus: Necesitamos que tú nos lideres)

Jon Gordon

The Energy Bus: 10 Rules to Fuel Your Life, Work, and Team with Positive Energy (El autobús de la energía: 10 reglas para infundir energía positiva a su vida, su trabajo y su equipo)

The No Complaining Rule: Positive Ways to Deal with Negativity at Work (Prohibido quejarse: Una historia para dar energía a los equipos de trabajo)

Training Camp: What the Best Do Better Than Everyone Else (Entrenamiento: Lo que los mejores hacen mejor que los demás)

Lou Holtz

Winning Every Day: The Game Plan for Success (Ganar cada día: Un plan para el éxito)

Wins, Losses, and Lessons: An Autobiography (Triunfos, derrotas y lecciones: Una autobiografía)

Mike Huckabee

Do the Right Thing: Inside the Movement That's Bringing Common Sense Back to America (Haga lo correcto: Dentro del movimiento que está volviendo el sentido común a Estados Unidos)

Character Is the Issue: How People with Integrity Can Revolutionize America (Se trata del carácter: Cómo las personas íntegras pueden revolucionar a Estados Unidos) —con John Perry

From Hope to Higher Ground: 12 Steps to Restoring America's Greatness (Desde la esperanza hacia el terreno alto: 12 pasos para restaurar la grandeza a Estados Unidos)

Character Makes a Difference: Where I'm From, Where I've Been, and What I Believe (El carácter importa: Mi origen, mis experiencias y mis creencias) —con John Perry

Laurie Beth Jones

Jesus CEO: Using Ancient Wisdom for Visionary Leadership (Jesucristo, presidente ejecutivo)

The Path: Creating Your Mission Statement for Work and for Life (Encuentra tu camino)

Jesus, Life Coach: Learn from the Best (Jesús, entrenador para la vida: Aprenda de lo mejor) —con Charles Stanley

The Four Elements of Success: A Simple Personality Profile That Will Transform Your Life (Los cuatro elementos del éxito: Un perfil sencillo de la personalidad que transformará su vida)

John Kotter

A Sense of Urgency (El sentido de la urgencia)

Leading Change (Al frente del cambio)

Our Iceberg Is Melting: Changing and Succeeding Under Any Conditions (Nuestro témpano se derrite: Cómo cambiar y tener éxito en condiciones adversas) —con Holger Rathgeber

The Heart of Change: Real-Life Stories of How People Change Their Organizations (Las claves del cambio: Casos reales de personas que han cambiado sus organizaciones) —con Dan Cohen

John P. Kotter on What Leaders Really Do (Qué hacen los líderes)

Power and Influence (Poder e influencia)

Patrick Lencioni

The Four Obsessions of an Extraordinary Executive: A Leadership Fable (Las cuatro obsesiones de un ejecutivo: El reto del nuevo líder pasa por una excelente claridad institucional)

Death by Meeting: A Leadership Fable about Solving the Most Painful Problem in Business (Reuniones que matan: La solución para que sus reuniones sean más eficaces y productivas)

The Five Dysfunctions of a Team: A Leadership Fable (Las cinco disfunciones de un equipo)

The Five Temptations of a CEO: A Leadership Fable (Las cinco tentaciones de un gerente)

The Three Signs of a Miserable Job: A Fable for Managers (and Their Employees) (Señales: indicios para hacer satisfactorio cualquier trabajo)

Erwin McManus

Wide Awake: The Future Is Waiting within You (Despierto: Su futuro le espera)

Soul Cravings (Hambre del alma)

An Unstoppable Force: Daring to Become the Church God Had in Mind (Una fuerza incontenible: Decididos a ser la iglesia que Dios tenía en mente)

Chasing Daylight: Seize the Power of Every Moment (Perseguir el sol: Captar el poder de cada momento)

Ken Melrose

Making the Grass Greener on Your Side: A CEO's Journey to Leading by Serving (Estar contento con su suerte: La jornada de un gerente general hacia el liderar por servir)

Don Soderquist

The Wal-Mart Way: The Inside Story of the Success of the World's Largest Company (El estilo Wal-Mart: La historia interna del éxito de la compañía más grande del mundo)

Live Learn Lead to Make a Difference (Vivir, aprender y liderar para efectuar el cambio)

Rich Stearns

The Hole in Our Gospel: What Does God Expect of Us? The Answer That Changed My Life and Might Just Change the World (El punto débil de nuestro evangelio: ¿Qué espera Dios de nosotros? La respuesta que cambió mi vida y que, quizás, cambiará al mundo)

John Townsend

Leadership Beyond Reason: How Great Leaders Succeed by Harnessing the Power of Their Values, Feelings, and Intuition (Liderar más allá de la razón: Cómo los grandes líderes tiene éxito aprovechando sus valores, sentimientos e intuición)

Boundaries: When to Say Yes, How to Say No to Take Control of Your Life (Límites: Cuándo decir sí, cuando decir no, tome el control de su vida) —con Henry Cloud

Who's Pushing Your Button? Handling the Difficult People in Your Life (Cómo manejar personas difíciles: Qué hacer cuando la gente te pone el dedo en la llaga)

Loving People: How to Love and Be Loved (Cómo amar a las personas: Cómo amar y ser amado)

ACERCA DE LOS AUTORES

GEORGE BARNA ha desempeñado cargos ejecutivos en política, mercadeo, publicidad, desarrollo de medios de comunicación, investigación y ministerio. Fundó el Barna Research Group en 1984 (conocido actualmente como The Barna Group), que ha llegado a ser la empresa líder en investigación de mercado especializada en la relación entre fe y cultura. Su empresa ha servido a varios cientos de ministerios paraeclesiásticos y a miles de iglesias cristianas, así como a empresas destacadas en *Fortune* 500, instituciones educativas, agencias gubernamentales y al ejército. Puede obtener más información sobre The Barna Group en www.barna.org.

Hasta la fecha, Barna ha escrito más de cuarenta libros, la mayoría sobre el liderazgo, las tendencias culturales, la dinámica eclesiástica y el desarrollo espiritual. Sus libros incluyen éxitos de venta como *Revolución* (Revolution), *Pagan Christianity?* (¿Cristianismo pagano?, con Frank Viola), *The Frog in the Kettle* (La rana en la tetera), *Transforming Children into Spiritual*

Champions (*Cómo transformar a los niños en campeones espirituales*) y *The Power of Vision* (*El poder de la visión*). Varios de sus libros recibieron premios nacionales. Ha publicado más de cien artículos en periódicos y escribe una crónica quincenal de investigación (The Barna Update), a la cual se puede acceder gratis a través de Internet. Los medios de comunicación suelen citar su trabajo como una fuente de autoridad. Ha sido aclamado como "la persona más citada en la iglesia cristiana de la actualidad" y ha sido nombrado por varios medios como uno de los líderes cristianos más influyentes del país.

Es un conferencista muy conocido y ha enseñado en las universidades de Pepperdine y Biola, y en muchos seminarios. Barna ha servido como pastor de una gran iglesia multiétnica, ha sido parte del nacimiento de varias iglesias y en la actualidad dirige una congregación pequeña. Suele desempeñarse también como anfitrión y presentador de CCN, la red de entrenamiento via satélite.

Después de graduarse con los más altos honores de Boston College, Barna obtuvo dos maestrías de Rutgers University y un doctorado honorario de Dallas Baptist University. Vive con su esposa y sus tres hijas al sur de California. Su dirección en Internet es: www.georgebarna.com.

BILL DALLAS es gerente general de Church Communication Network (CCN), empresa de comunicación satelital y de Internet que entrena a líderes, a clérigos y a padres por todo Norteamérica. Es conductor de *Solutions*, un programa semanal transmitido via satélite que presenta a Henry Cloud y a John Townsend. Anteriormente fue promotor inmobiliario y líder de Young Life. Bill obtuvo su licenciatura de Vanderbilt University. Su historia está relatada en un libro del que es coautor, *Lessons from San Quentin* (Lecciones de San Quentin). Vive con su esposa e hijos al norte del estado de California. Para más información sobre CCN, visite www.ccn.tv.

ÍNDICE